新形式下
我国商业银行发展：
现状分析与路径选择

王楠 ◎ 著

Development of China's Commercial Banks
in the New Form:
Current Situation Analysis and Path Selection

中国财经出版传媒集团
经济科学出版社
Economic Science Press

图书在版编目（CIP）数据

新形式下我国商业银行发展：现状分析与路径选择/
王楠著．—北京：经济科学出版社，2019.1
ISBN 978 - 7 - 5218 - 0273 - 3

Ⅰ.①新⋯　Ⅱ.①王⋯　Ⅲ.①商业银行 - 银行发展 -
研究 - 中国　Ⅳ.①F832.33

中国版本图书馆 CIP 数据核字（2019）第 030669 号

责任编辑：庞丽佳
责任校对：蒋子明
版式设计：齐　杰
责任印制：邱　天

新形式下我国商业银行发展：现状分析与路径选择
王　楠　著
经济科学出版社出版、发行　新华书店经销
社址：北京市海淀区阜成路甲 28 号　邮编：100142
总编部电话：010 - 88191217　发行部电话：010 - 88191522
网址：www.esp.com.cn
电子邮件：esp@esp.com.cn
天猫网店：经济科学出版社旗舰店
网址：http://jjkxcbs.tmall.com
固安华明印业有限公司印装
710×1000　16 开　17.5 印张　300000 字
2019 年 4 月第 1 版　2019 年 4 月第 1 次印刷
ISBN 978 - 7 - 5218 - 0273 - 3　定价：62.00 元
（图书出现印装问题，本社负责调换。电话：010 - 88191510）
（版权所有　侵权必究　打击盗版　举报热线：010 - 88191661
QQ：2242791300　营销中心电话：010 - 88191537
电子邮箱：dbts@esp.com.cn）

前言

近年来，我国商业银行面临着更加严峻的挑战，也迎来了从"大"到"强"的难得机遇。规模发展不是商业银行的错，但如果一味地、单纯地追求资产总量的扩张，那将是不可持续的。以前，对商业银行"大"的概念缺乏正确的认识，将"大"简单地定义为"资产多"。随着商业银行业务经营复杂程度的不断提高，同时在新的形势下，无论是政策监管还是银行业绩评价，都需要重新定义规模，重新审视规模发展的含义，需要探索"新规模发展理念"和"新经济发展环境"下商业银行规模发展的路径及效果，以及不同路径发展的思路和建议。唯有如此，才有助于商业银行从资产大行向实力强行的转变。

本书首先在借鉴国内外企业规模测度方法的基础上，结合我国商业银行的独特性，提出了中国上市商业银行的规模测度方法，并利用上市商业银行数据进行了验证；其次在国内外商业银行规模发展路径理论基础上，结合我国商业银行的实际情况，研究了我国商业银行规模发展的四个主要路径，分别是内生化发展、综合化发展、国际化发展和互联网化发展；再次对供给侧改革下商业银行的适度规模发展进行了延伸性研究；最后为我国商业银行规模发展路径提出了建议。

本书采用了定性分析与定量分析相结合的研究方法，采用先理论论证分析，再建立测量指标模型，最后运用工商银行、中国银行、建设银行等上市银行数据进行验证。本书既非一味地追求"理论性"，也非单纯地追求"实践性"，而是采用两者结合的方式，在商业银行规模测度、规模发展路径等方面注入"新理念"和"新环境"的思考，提出自己的见解。并针对内生化发展、综合化发展、国际化发展、互联网化发展等主要的商业银行规模发展方式提供了衡量的方法和评价的维度，并提出了发展对应模式的一些建议。本书的研究结果为商业银行规模发展，提升竞争实力提供参考借鉴，也为下一步加强银行监管提供依据。

本书主体内容共九章，具体内容如下：

第一章，阐述商业银行规模发展研究这一问题提出的现实背景和理论意义，明确本书的研究问题和方向、研究思路和方法以及全书的内容架构。

第二章，综述研究问题相关文献。包括商业银行规模测度研究、规模经济与适度规模研究、商业银行规模发展动因研究、商业银行规模发展方式研究、商业银行规模与效益关系研究，以及新形势下商业银行规模发展研究六方面。最后，对国内外相关研究进行评述。

第三章，重点进行商业银行规模测度研究。首先，在借鉴国内外相关规模度量方法的基础上，结合我国商业银行实际情况，采用主成分分析方法提出了商业银行规模测度指标体系与建议；其次，对上市商业银行的规模进行了测度，分析了我国商业银行规模现状；最后，本章还对商业银行规模发展进行了路径分解和分析。

第四章，重点研究商业银行内生化发展路径及其效果。首先分析了我国商业银行所面临的金融生态环境；其次利用 SWOT 分析商业银行经营形势；再次从可持续发展角度研究了中国商业银行内生化发展的现状，论证了实际增长率与可持续增长率之间的关系；最后以"问题为导向"，从收益结构、资源盘活、经营效率等方面对内生化发展进行了延伸研究。

第五章，重点研究商业银行综合化发展路径及其效果。首先回顾了我国监管部门对银行综合化经营从趋紧到趋松的历程；其次分析了当前商业银行进入基金、租赁、保险、证券、信托、投行领域的现状；再次归纳了德国、日本、美国的综合化经营模式，比较了不同模式的优点和不足；又次研究了综合化经营程度的测量方法和经营业绩衡量方法，并利用商业银行数据进行了测算；最后对我国商业银行综合化经营提出了建议。

第六章，重点研究商业银行国际化发展路径及其效果。首先建立了国际化程度和国际化效益测度体系；其次利用商业银行的样本数据，运用聚类分析法比较其国际化发展程度；再次从总量绩效、平均绩效、边际绩效、联动效应四个维度分析了国际化发展程度与银行绩效的关系；最后利用国家投资吸引力指数的方法，对国际化经营首选国家和地区进行了排名，从进入难度、风险大小两个维度对海外机构布局方式进行了评价，提出了中国商业银行国际化发展的若干建议。

第七章，重点研究商业银行互联网化发展路径及其效果。首先分析了我国商业银行所面临的互联网生态环境；其次对商业银行在互联网高速发展的环境下，所具备的自身优势、劣势，所面临的挑战与机遇进行分析；再次从渠道与产品两个方面探索商业银行互联网化的路径选择；最后提出了评估商业银行渠道与产品互联网化的衡量指标及商业银行互联网化发展建议。

第八章，重点研究供给侧改革下商业银行适度规模发展。首先从宏观视角分析供给侧改革下我国商业银行内、外部环境；其次从微观层面，综合组织规模（员工数量、分支机构数量）、资本规模（总资产、资产质量）、业务规模（资产业务、负债业务、中间业务）以及盈利规模（净利润、净息差、资本回报率）四个角度分析我国商业银行供给侧改革下的发展现状，进一步找出我国商业银行在供给侧改革背景下存在的问题；最后从人才引进、信贷结构、客户需求、产品创新等方面对商业银行适度规模发展提出有效建议。

第九章，研究结论与展望。结合本书的研究，提出新常态下我国商业银行规模发展的建议，并明确未来研究的方向。

写在最后的致谢。首先要感谢团队中的研究生们，与你们一起阅读文献和相关资料，进行访谈和讨论，使得一些模糊的框架渐渐清晰完善，使得一些含糊的观点渐渐论证充实；其中第七章由研究生李瑶、陈详详撰写，第八章由研究生冯伊萌、王莉雅撰写，全书由王莉雅协助校对。其次，要感谢我在企业界、学界的各位朋友们，感谢他们的观点交流、思想碰撞，他们的经验使我对商业银行发展中的中国情境有了更深的认知和理解，汲取了无法从文献中得到的营养，他们是魏洁、张海洋、张开宇、熊飞、厉大业等。最后，要感谢经济科学出版社的庞丽佳编辑等人，正是他们的努力才使本书最终面世。

　　另外本书得到北京工商大学商学院的协助，受北京市"高精尖学科建设（市级）—工商管理"项目（项目号：19005902053）的资助。

王　楠

2018 年 12 月

目 录

第一章

绪　论

第一节　研究背景和选题意义

商业银行是一种具有特殊职能的企业，在我国起步较晚。20 世纪 90 年代初，专业银行改造为商业银行，开始履行企业职能，标志着商业银行真正诞生。21 世纪初期，大银行纷纷股改上市，逐步建立起现代商业银行制度，银行业迎来了一个快速发展的时期。这么多年以来，大部分商业银行以贷款投放为主，通过不同的方式和路径，实现了资产规模的急剧扩张，年均资产增速达到 20%（见图 1-1），资产规模达到一个新的高度。

但目前的经济形势对商业银行规模发展提出了严峻的挑战：一是 GDP 增速降低，商业银行面临的宏观经济形势非常复杂；二是利率市场化改革提速，政策层面将进一步收窄银行利差，给银行业规模发展提出了新的课题；三是 2008 年国际金融危机之后，各国政府都加强了对商业银行资本充足率的监管，提出了系统性重要银行的概念，《巴塞尔协议 Ⅲ》开始实施，商业银行发展过程中的资本压力更大；四是银行准入"门槛"放低，放松了民营资本进入银行业的限制，市场竞争日趋激烈，市场份额将进一步被摊薄；五是以大数据为依托的互联网金融对商业银行发展构成了潜在的竞争；六是银行片面追求规模所造成的"大企业病"日渐显现，提高银行内部效率成为一个需要解决的重要问题。

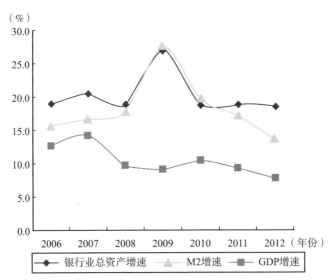

图 1 - 1　近年我国银行业总资产增速、GDP 增速与 M2 增速对比

资料来源：根据公开资料整理。

商业银行保持适当的规模是必要的，也是必然的。但如果单纯追求资产规模的扩张，不追求规模发展的可持续性，漠视银行业成长规律，继续以规模驱动和总量扩张来拉动商业银行的发展，继续走贷款带动资产增速的老路，继续以存贷利差作为收入的主要来源，带来资本的较高耗用，则是行不通的。继续如此发展的出路可能有三条：第一，当规模发展到一定时期，银行被迫"瘦身"卖资产，以应对资本压力，就像次贷危机后国际各大银行那样；第二，出现了大的风险，银行内部出现危机；第三，由于资产过大，出于防范"大而不能倒"的考虑，政府对银行实行分拆。这三条道路，对银行而言，都是死路。因此，银行继续走这种高速资产扩张的道路，向着总量扩张的方向发展得越快，就越接近生命的终点。

从国外商业银行发展历史看，20 世纪 80 年代国际上那些业务总量最大的银行，如法国的农业信贷银行，日本的三菱银行、住友银行等，都曾经名噪一时，称雄世界，现在也都沦为二流银行，可见总量最大并不等于"百年老店"，并不一定持久。企业也是一样，回想 80 年代上海国棉一厂、二厂、三厂，甚至十厂，是何等的辉煌，都是几万人的大厂，厂子里挂满了国家领导人视察的照片。90 年代全部破产了，说到底就是没有与时俱进，没有及时调整。这对商业银行规模发展而言，无疑是一个需要认真汲取的教训！

"大"并没有错，"大"是商业银行规模发展的正常现象，也是履行自身业务功能的必然结果。但对"大"要重新认识，这种"大"不是刻意的、单调的规模发展，需要结合中国乃至世界经济金融发展的实际情况，探索银行业内部发展的规律，追求长期稳定盈利的新思维。

第一，这启示我们首先需要重新认识规模，规模不仅仅指银行的资产，也应包括银行业务发展的广度和深度，而这些不一定体现为资产的增加。党的十八届三中全会之后，银行业改革基调日益明晰化，总体朝着更加市场化的方向发展，商业银行面临着更加严峻的竞争形势，同质化更加明显，在这种情况下，对商业银行规模的区分越来越重要；其次，银行业在新的经营形势下，不再片面追求信贷总量，而强调走低资本占用的内涵式发展道路，中间业务收入占比逐步提高，表外资产大幅增加，业务复杂性越来越高，以单一指标衡量规模有些"捉襟见肘"；最后，2008 年国际金融危机之后，商业银行面临着更为严格的监管，国际上确定了一些全球系统性重要银行，中国银监会也制定了国内系统性重要银行评估标准，确定了一些商业银行作为系统性重要银行。随着利率市场化的推进，下一步存款保险制度还将出台，存款保险制度与商业银行规模大小紧密相关。因此，对商业银行规模的重新认识是加强商业银行监管的重要根据。

第二，要重新考察商业银行规模发展的路径，从大的角度来看，目前包括四类路径：

一是综合化发展的路径。随着监管政策的宽松，社会上无论是企业还是居民，都对银行能够提供"一站式"的金融服务提出了较高的要求，同时银行也在考虑分散经营风险、改善收益结构、发挥范围经济的效应，因此在新的形势下选择综合化发展是一种有效的规模发展路径。

二是国际化发展的路径。如果说综合化是分散行业风险有效途径的话，那么国际化就是分散区域风险的重要方式，随着中国开放程度的进一步提高，中国企业"走出去"的步伐加快，银行服务客户的视角需要延伸，甚至银行要先于客户迈出国门，从而对客户起到引导作用；再者，商业银行必须是国际化的，在国内发展空间有限的情况下，一些新兴市场成为了商业银行发展的"蓝海"；此外，人民币国际化、利率市场化步伐加快，这都为商业银行在境外经营提供了非常好的机遇。因此，国际化是商业银行规模发展的重要途径，而且空间广阔。

三是内生化发展的路径，即指银行在上述综合化、国际化之外，通过内部效率提升、潜力挖掘所获得的规模发展。内生化发展路径应该是可持续的，应该主动抑制贷款增速，努力扩大中间业务收益。当然这条路径也是很难的，当市场上其他银行都在走贷款扩张和市场份额竞争的道路，如果不走不争，银行内部难以接受，市场也会有"误解"，成为一个很难破解的"魔咒"。当所有银行都没有放弃"资产总量第一"思维的时候，就表明我们的制度、体制和市场环境为资产扩张提供了土壤。

四是互联网化发展的路径，即指网络迅速发展时代，商业银行除了实体规模的发展外，也应该注重通过互联网化实现虚拟情景下的发展。互联网化发展路径势在必行，互联网金融与商业银行两种本身都具有极大的发展优势，但是相互之间又存在着诸多矛盾。将商业银行与互联网金融进行融合，可以取长补短，实现互利共赢。结合商业银行的发展需求和发展理念，保证商业银行与互联网金融的融合稳定发展。

第三，要研究不同规模发展路径的效果。效果是检验发展情况的标尺。"大银行"在人们的观念中，总是能获得更大的效益。表面上看似如此，规模大所以盈利多，但"大而不强"是一种通病，ROA、ROE、业务线并不与规模成正比，人均、网均效率指标也不与规模成正比，大银行的风险管理、经营灵活性反而不如小银行，长期来看不能够客观地从效益角度衡量规模发展的利弊，没有真正以效益作为检验的标准。

第四，要研究提出我国商业银行规模发展的建议。其实中国商业银行不应再单纯追求资产总量扩张，无论是学术界还是商业银行经营管理人员，都提出了银行要"摒弃单纯总量扩张、追求长期稳定盈利"的新思维，将其对应到各种规模发展路径上，应该如何落实，商业银行应该注意些什么，这是在实务界必须面对的重要且现实的问题。特别是当前在供给侧改革的大背景下，商业银行作为金融体系的重要组成部分，应从"生产者"的角度进行供给侧改革，这不仅是提高商业银行要素生产效率的必要途径，也有利于银行业更好地支持和服务于实体经济的发展。

基于上面的论述，本书选择研究商业银行规模发展的有关问题，是非常有意义的，在对商业银行进行规模测度的基础上，深入分析商业银行规模发展的路径及效果，为我国包括商业银行在内的银行业经营发展提供一些理论依据和实际素材，为监管机构实行更有针对性、更有效率的监管提供一些参考借鉴。

本书研究议题主要有六个：一是我国商业银行规模度量的方法、现状；二是商业银行规模发展的内生化发展路径研究；三是商业银行规模发展的综合化路径研究；四是商业银行规模发展的国际化路径研究；五是商业银行规模发展的互联网化路径研究；六是供给侧改革下商业银行适度规模发展。

第二节　研究问题的提出

基于对研究背景的分析，综合考虑已有文献的研究成果，本书提出了商业银行规模发展的测度、规模发展的路径及效果研究，期望能够为新形势下商业银行的改革发展提供理论依据和政策建议，为监管部门实行更具针对性的银行业监管提供参考和借鉴。

通过本书的研究，主要回答以下几个方面的问题：

（1）如何度量商业银行的规模？传统意义上，我们总有一个"大"银行和"小"银行的主观印象，这些银行可能基于市值、可能基于市场份额、可能基于存贷款总量等，不一而足，但在当前银行业务日趋复杂，表外资产不断增加的情况下，单纯以资产总量来衡量规模的大小并不适宜。比如，目前系统性重要银行是否就是"大"银行？在现实当中，有些相对较大的银行反而不是系统重要性银行，这就是评判的"尺子"不同所造成的结果。因此，需要建立更为综合性的衡量指标对我国上市商业银行进行规模测算，更为科学地反映银行业务发展和可持续发展的情况。

（2）商业银行规模发展可通过哪些路径？商业银行规模发展的方式多样化，各个商业银行的历史沿革不同，发展战略存在一些差异，对规模发展的认识也不相同；同时，监管部门对中国商业银行的经营范围限制也在不断变化，总体上呈现出更为开放的改革趋势；此外，社会对商业银行的服务需求不断提高。综合理论研究，结合我国商业银行的发展现状，规模发展路径可以归纳为内生化发展、综合化发展、国际化发展、互联网化发展。各自的发展程度如何，需要建立理论度量模型，并运用中国商业银行的数据进行实证研究。

（3）商业银行规模发展路径的效果如何？效益是检验发展成果的标尺，

规模发展的效益到底如何，这是需要进行实证研究的。尤其需要研究内生化发展的可持续增长问题，综合化发展程度与绩效关系问题，国际化发展与绩效关系问题，互联网化发展效果问题。

（4）商业银行规模发展需要注意哪些问题？商业银行规模发展存在边界，受制于 GDP 和 M2 的增速，以及金融"脱媒"、利率市场化、银行业内的竞争以及银行自身因规模扩张所导致的"大企业病"对商业银行规模发展的掣肘，在供给侧改革大环境下，需要从实务层面，进一步明确商业银行各种规模发展路径的重点和问题。

第三节 研究的方法及架构

一、研究方法

本书以定量分析与定性分析为主要研究方法，广泛采用统计分析方法，一般采用先理论论证、再模型建立、后实证研究的方式。本书的实证研究对象大多为工商银行、建设银行、中国银行，这不仅因为这三家商业银行上市时间相对较早，数据口径一致，公开披露信息较为准确，还因为这三家商业银行具有差异化的发展战略和模式，在中国银行业具有一定的代表性。

（一）理论模型论证

本书的理论模型分为两类：一是定性类的，如对商业银行内生化发展的研究中，将借鉴管理学中迈克尔·波特的竞争战略"五力模型"，从我国的实际情况出发，建立商业银行规模发展压力模型。二是定量类的，如文中对综合化程度的衡量，采用了熵值方法和原理，对加强国际化布局，建立了海外吸引力指数的方法进行了分析，探讨不同国家和地区与我国的贸易关联性、投资安全性和收益性等有关问题。

（二）实证研究

本书的一个显著特点是边分析边实证，采用中国商业银行历年的数据，对理论模型和分析得出的结论进行验证。为保证数据口径的一致性，保证数据质量，本书的数据均来自国泰安数据库、Bankscope 数据库，并根据各行 2006 ~ 2012 年年报进行了核对。另有部分数据来自行业统计数据以及三大商业银行内部交换数据。

（三）计量和统计分析

本书广泛采用计量经济学和统计学的有关方法，包括回归分析、K – S 检验等，也包括降维的方法，比如主成分分析、因子分析、聚类分析等，以便于考察我国上市商业银行规模和规模发展的现状，论证不同发展路径的效果。

（四）比较研究方法

本书将比较国内外有关商业银行规模的测度方法，以及不同规模商业银行的规模发展方式、动因以及效益情况，并采用实证的方法对研究结果进行检验。

二、 本书架构

本书研究商业银行规模发展路径的有关问题，规模度量是全书的基础。在规模度量之后，结合中国商业银行的实际，本书对规模发展的路径进行了分解，主要包括内生化发展、综合化发展、国际化发展，互联网化发展。接下来，本书分四个章节分别论证了这四种路径及各自的发展效果，在这四个章节中，一是分析采取该路径的原因，二是研究该路径的规模发展程度，三是研究该路径的规模发展绩效，四是对商业银行提出政策建议。最后分析供给侧改革下商业银行适度规模发展。本书以定量分析与定性分析为主要研究方法，广泛采用统计分析方法，一般采用先理论论证、再模型建立、后实证研究的方式。全书共分九章。

第一章，阐述本书的研究背景、研究意义，基于对研究背景的分析提出研究问题，确定本书的研究方向、研究问题、研究思路和方法以及研究难点、创新之处。

第二章，对以往的相关文献进行回顾、综述。阐述了企业规模的测度研究，主要从五个方面对国内外文献进行归纳、总结。第一，规模经济以及基于规模经济的适度规模问题研究；第二，规模发展动因的研究；第三，规模发展方式的研究；第四，规模与效益关系的研究，包括研究规模与效率的关系、规模与效益的关系、规模与风险的关系、规模与竞争力增长的关系、规模与银行绩效的关系；第五，研究新形势下商业银行规模发展。同时，本章对国内外相关研究进行评述。

第三章，阐述了商业银行规模度量的标准，借鉴国内外有关规模度量的方法，并结合我国实际情况进行了比较研究。本章节是全书的研究基础，重点研究了商业银行在表外资产日益扩张的形势下，规模度量的方法与建议，采用主成分分析方法研究得出了规模度量的综合指标，并对上市商业银行的规模进行了测度，分析了我国商业银行规模的现状。本章还在综合国内外有关规模发展路径的基础上，结合我国商业银行的实际情况，对商业银行规模发展进行了路径分解和分析。

第四章，重点研究内生化发展情况并考察其效果，文章首先分析了我国商业银行所面临的金融生态环境；其次对商业银行经营形势进行了 SWOT 分析，包括优势、劣势、机会和威胁等；再次从可持续发展角度研究了中国商业银行内生化发展的现状，论证了实际增长率与可持续增长率之间的关系；

最后从当前商业银行需要注意的问题角度，以"问题为导向"，从收益结构、资源盘活、经营效率等方面对内生化发展进行了延伸研究。

第五章，重点研究综合化发展情况及其效果，分析了加强商业银行综合化发展的原因，回顾了我国监管部门对银行综合化经营由趋紧到趋松的历程，研究了当前商业银行进入基金、租赁、保险、证券、信托、投行领域的现状，归纳了德国、日本、美国的综合化经营模式，比较了不同模式的优点和不足，研究了综合化经营程度的测量方法和经营业绩的衡量方法，并利用三大商业银行数据进行了实证测算，最后还对我国商业银行综合化经营提出了一些意见建议。

第六章，重点研究国际化发展情况及效果，回顾了国际化的含义及有关理论，建立了国际化程度、国际化效益测度体系，采用三大商业银行 2006～2012 年的样本数据，运用聚类分析法比较了其国际化发展程度，并从总量绩效、平均绩效、边际绩效、联动效应四个维度分析了国际化发展程度与银行绩效的关系，最后利用国家投资吸引力指数的方法，对国际化经营首选国家和地区进行了排名，从进入难度、风险大小两个维度对海外机构布局方式进行了评价，提出了中国商业银行国际化发展的若干 建议。

第七章，重点研究互联网化发展情况及其效果，首先研究了我国商业银行互联网化所面临的互联网生态环境，并对商业银行在此形势下，所具备的自身优势与劣势，所面临的挑战与机遇进行分析；其次从渠道与产品两个方面阐述了商业银行互联网化的路径选择；最后提出了评估商业银行渠道与产品互联网化的衡量指标，并对商业银行互联网化的进一步发展提出了建议。

第八章，重点研究供给侧改革下商业银行适度规模发展，首先从宏观角度分析供给侧改革下我国商业银行内、外部环境；其次从微观层面，综合组织规模（员工数量、分支机构数量）、资本规模（总资产、资产质量）、业务规模（资产业务、负债业务、中间业务）以及盈利规模（净利润、净息差、资本回报率）四个角度分析我国商业银行供给侧改革下的发展现状，进一步找出我国商业银行在供给侧改革背景下存在的问题；最后本章从人才引进、信贷结构、客户需求、产品创新等方面对商业银行适度规模发展提出有效建议。

第九章，总结研究结论，提出我国商业银行发展的建议，明确下一步研究的方向（见图1-2）。

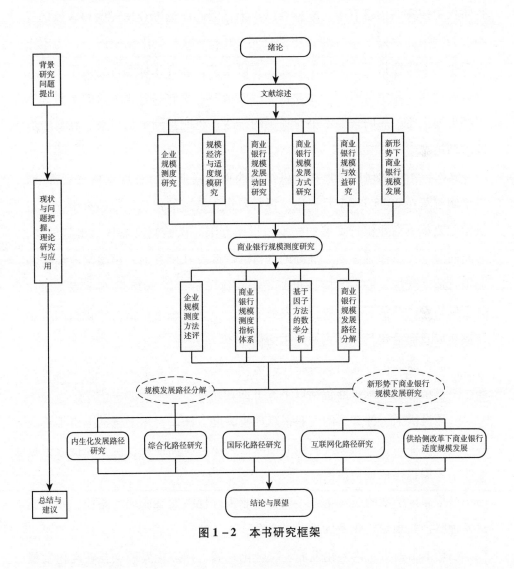

图 1-2 本书研究框架

三、 本书研究难点和创新之处

本书的研究难点在于综合化部分，因为各家商业银行综合化进程差异较大，不同年份比较的基础不同；而且综合化子公司一般都不是上市公司，银行年报中披露的信息有限，数据难以收集，因此衡量综合化程度和绩效的样本较为有限。幸好各银行综合化子公司 2012 年的数据比较全面，这为本书进行小样本研究提供了基础。因此，在研究上，综合化章节将更侧重于研究方法和步骤，相信随着综合化经营年限的增加，今后综合化经营的素材和数据将更加丰富，届时按照本书所提供的方法，将能得到更加可靠、针对、有效的结论。

其次，本书的研究难点在于供给侧改革下商业银行适度规模发展部分，供给侧改革在 2015 年 11 月提出，银行年报中披露的信息、数据有限，衡量供给侧改革下商业银行发展的样本、指标有限。供给侧改革从提出到现在，时间尚短，无法做到全面、准确的分析。因此，在研究上，供给侧改革下商业银行适度规模发展章节应该更侧重于对比分析，以 2015 年为节点，对比分析供给侧改革前后商业银行的发展变化、供给侧改革带给商业银行的机遇与挑战以及商业银行如何去适应供给侧改革。

本书在商业银行规模发展路径的研究上较为全面、系统，谈不上有所创新，一点微薄的贡献可能包括以下五方面：

一是提供了一种新型的商业银行规模测度方法，可用于包括上市银行在内的所有商业银行规模测度，研究结果能为下一步加强银行监管和推进银行业改革发展提供依据与借鉴。

二是探讨了新的金融生态环境下商业银行规模发展的现实路径，并对通过各种路径实现规模化发展进行了考察。

三是本书提供了内生化发展、综合化发展、国际化发展、互联网化发展程度的衡量方法以及绩效评价体系，并且提出了在供给侧改革背景下，商业银行存在的问题，对下一步其他商业银行的规模发展程度和绩效评价具有一定的参考借鉴作用。

四是本书研究得出了一些商业银行改革发展的建议，比如提供了关于可持续发展的建议，综合化发展的建议以及完善海外布局应遵循的原则和关注的重点地区等，具有较强的实务性。

五是本书在互联网时代背景及国家供给侧改革的号召下，提出了商业银行互联网化发展路径分析以及供给侧改革背景下商业银行适度规模发展，符合新时代发展情景和要求，具有一定的前瞻性。

|第二章|
文献综述

目前，国内外研究商业银行规模发展的学术文献大致可以分为以下五类：一是规模经济以及基于规模经济的适度规模问题研究；二是规模发展动因的研究；三是规模发展方式的研究；四是规模与效益关系的研究；五是新形势下商业银行规模发展的研究。

上述几类研究中，专门针对商业银行规模测度的研究较少，但有关企业规模的研究可以为商业银行规模测度提供参考。与本书较为密切相关的是规模发展方式的研究，其他一些研究虽与本书没有直接关系，但由于本书在研究中，涉及商业银行经营管理的有关思路和建议，因此，规模发展动因、适度规模、规模与效益关系研究的有关文献可以作为本书的借鉴。

第一节　商业银行规模测度方法述评

关于企业规模的决定因素，即企业的生产边界到底在哪里，经济学界的不同流派对此有不同的解释，新古典理论认为企业的规模定在企业生产平均成本曲线的最低点上，但是该理论存在着诸多矛盾①；以马克思为代表的古典经济学理论认为，企业规模取决于生产技术，同时生产技术的变化可能导致生产所需的最低资本发生变化，随着合作规模的扩大，企业规模不断扩大②；近代以来，以科斯为代表的交易成本理论，认为企业规模决定于交易成本，这是关于企业规模决定比较现代的观点③。

另外，关于企业规模决定问题，也有些学者避开正面与各流派的争论，而主要针对某一类规模的企业进行研究。比如张玉利等在《中小企业生存与发展的理论基础》一文中介绍中小企业生存与发展的理论基础，试图说明中小企业生存的关键因素④。中小企业为什么能够生存下来？文章从经济学角度、战略管理角度以及社会心理学角度分别给出了理由，这也是目前的研究方向之一。

关于企业规模测度的研究，目前的学术文献不多，国内外学者研究表明，主营业务收入、企业从业总人数等各指标在规模测度中具有不同的作用，并非完全可替代，除非限定条件，各指标之间才呈较为显著的正相关关系。国内外一些学者建立了线性回归方程，利用行业性数据，实证研究了各种度量指标之间的相关性关系，研究结果表明，Sales income（销售收入）、Assets（总资产）、Number of staff（员工总人数）、Stock value（股票市值）、Market value（年末公司市场价值）等不同指标之间，有部分指标是可以互相替代的，而另一些指标则不能互相替代⑤。

关于企业规模作为企业各种实证研究的变量，主要体现于研究企业规模

①　徐刚. 企业规模理论的批判性回顾 [J]. 经济科学，1997 (1)：54 – 63.

②　卡尔·马克思. 资本论（第一卷）[M]. 北京：人民出版社，1975.

③　科斯. 企业、市场与法律 [M]. 上海：上海三联出版社，1990.

④　张玉利，段海宁. 中小企业生存与发展的理论基础 [J]. 南开管理评论，2001 (2)：4 – 8.

⑤　David J. Smyth, William J. Boyes, Dennis E. Peseau The measurement of firm size: Theory and evidence for the United States and the United Kingdom [J]. The review of economics and statistics, 1974 (3)：111 – 114.

经济以及规模经济的形态，甚至当把外界因素考虑进去时，研究中小企业是否也能实现规模经济等。国外还有学者对企业规模经济进行了测算，以寻找最佳的企业规模，关于企业规模的应用研究有：企业规模和企业成长关系的研究；企业规模与企业社会业绩（CSP）、企业财务业绩（CFP）关系的研究，研究结果表明，企业规模对 CSP、CFP 具有正向影响，平均影响系数为 0.166[1]；关于企业规模与企业竞争力关系的研究，有研究表明两者之间并无显著的相关关系[2]，甚至还有文献研究企业规模在决定企业成败因素中的角色作用[3]。

有关我国企业规模的现状，研究表明我国企业规模以中小型企业为主，与国外的企业规模有相当大的差距，建议政府应通过对企业规模结构的调整和资源的优化配置来加速我国的经济发展[4]。

亚当·斯密有一个著名的论断，他在《国富论》中强调了分工的作用，分工能提高劳动生产力，提高劳动的熟练程度和技巧。根据这个论断可以推出，企业规模与市场规模密切相关，随着市场规模扩展而扩展，后来的学者将其称之为"斯密定理"[5]。

马克思提出了国家垄断资本主义的理论，企业规模的存在是因为人们在生产中需要协作，协作能够提高劳动力，协作是有规模的，因为协作中技术具有不可分性。那么所支持的最小的协作规模就是企业的最小规模。由于技术的变革，协作更加密不可分，从而使得协作规模不断扩大，企业规模也随之扩大，极限情况就是一个国家成为一个大型企业，这就是国家

---

① Meng-Ling Wu. Corporate Social Performance, Corporate Financial Performance, and Firm Size: A Meta-Analysis [J]. The Journal of American Academy of Business, 2006 (8): 163 – 1710.

② 孙洛平. 竞争力与企业规模无关的形成机制 [J]. 经济研究, 2004 (3): 81 – 87.

③ Afsaneh Assadian, Jon M. Ford Determinants of business failure: The role of firm size [J]. Journal of Economics and Finace, 1997 (21): 15 – 23.

④ 殷醒民. 中国工业企业规模的变动趋势研究 [J]. 管理世界, 1997 (3): 136 – 146.

⑤ 亚当·斯密. 国民财富的性质和原因的研究 [M]. 北京: 商务印书馆, 1972.

垄断资本主义①。

西方微观经济学是这样考虑企业规模问题的，企业的目标函数是利润最大化，产出最小化，因此企业生产的规模就是目标函数的极值，即边际收益等于边际成本。此时的企业规模是最佳的。

科斯于 1937 年提出了著名的交易成本理论，企业存在是由人的有限理性、信息的不完全性等因素导致的，企业的规模由交易费用和企业管理成本共同决定，当交易费用大于管理成本时，企业规模将不断扩大，当交易费用小于管理成本时，企业规模将不断缩小②。

威廉姆森量化了科斯的交易成本理论，1985 年，他提出了人的有限理性，资产专用型以及机会主义等关键假设，并区分了不同的交易类型，不同交易类型产生的交易费用不同，对应的治理结构也不相同，他将其分为三种：市场治理形式、混合治理形式、科层治理形式。相较于市场治理形式，企业治理形式在生产成本方面存在劣势，但随着资产专用性的不断加强，企业治理形式在交易费用方面表现出优势，并能够抵消其在生产成本方面的劣势。根据这个理论，最佳企业规模由治理成本与生产成本之和的最小值决定。

20 世纪 70 年代以来，随着科学技术的不断进步以及交叉学科的发展，一些学者从不同角度对企业最优规模问题进行了研究，归纳起来有四点③。

一是要素决定论。实际上新古典学派也是要素决定论的一种，主要是指生产技术要素。要素决定论主要阐述了资本、劳动力以及生产技术对企业规模发展的影响。如卢卡斯（Lucas，1978）研究指出，在生产技术和劳动力不变的情况下，企业规模与资本呈正相关；罗斯（Rose，

---

① 卡尔·马克思. 资本论（第一卷）[M]. 北京：人民出版社，1975.

② 科斯. 企业、市场与法律 [M]. 上海：上海三联出版社，1990.

③ 鲍新仁，孙明贵. 企业规模或边界——内生的生产与外在的市场理论研究综述和评价 [J]. 生产力研究，2007（18）：147-148.

1982）研究认为，企业规模与企业高管人员的薪酬水平呈正相关；克雷默（Kremer，1993）在研究中强调劳动力的匹配性，劳动力分为高技能工人和低技能工人，两类工人的巧妙组合会达到帕累托最优状态，此时的企业规模最大。

二是产权决定论。也有许多学者认为产权决定企业规模。格罗斯曼和哈特（Grossman & Hart，1986）、哈特和摩尔（Hart & Moore，1990）、哈特（Hart，1995）提出了比较著名的 GHM 理论，这个理论主要解决了企业兼并扩张时企业的最佳规模问题，他们认为企业是一个物质资产的大集合，兼并扩张时，如果兼并企业和被兼并企业一体化程度较强，则企业规模边界相应扩大；与此不同的是，拉詹和津加莱斯（Rajan & Zingales，1998，2000）研究认为，企业的最佳规模取决于企业所能有效控制的资源。

三是激励成本决定论。霍姆斯特姆和米格罗姆（Homstrom & Milgrom，1994）、霍姆斯特姆和罗伯特（Homstrom & Roberts，1998）、霍姆斯特姆（Homstrom，1999）研究认为，企业是一种激励系统，企业的激励手段包括产权激励等，但是企业的激励也存在成本。企业的资源供应是内源性补充还是外源性补充，由决策人所需要的激励成本和激励效果等因素决定。企业的激励手段包括：产权激励、授权激励，还包括严格的工作安排，企业规模的边界取决于不同激励手段的平衡值。

四是信息成本决定论。这种理论把企业与信息联系在一起，认为企业的存在是企业员工信息收集、处理、传播的过程。马尔沙克和拉德纳（Marschak & Radner，1972）认为，由于人是有限理性的，企业保持一定规模的优势，就是企业的员工可以各自分工，分别收集和处理不同的信息，从而节约企业成本。博尔顿和德沃特里庞（Bolton & Dewatripont，1994）在研究中发现，企业处理信息时存在一种平衡关系，即在处理专业化的成本和收益之间达到平衡，这种平衡关系决定了企业的最佳规模。

表 2 - 1   关于企业规模测度研究文献

理论视角	观点	作者（年份）
要素决定论	在生产技术和劳动力不变的情况下，企业规模与资本呈正相关	卢卡斯（Lucas，1978）
	企业规模与企业高管人员的薪酬水平呈正相关	罗斯（Rose，1982）
	高技能和低技能两类工人组合会达到帕累托最优状态，此时的企业规模最大	克雷默（Kremer，1993）
产权决定论	企业兼并扩张时，如果兼并企业和被兼并企业一体化程度较强，则企业规模边界相应扩大	格罗斯曼和哈特（Grossman & Hart, 1986）、哈特和摩尔（Hart & Moore, 1990）、哈特（Hart, 1995）
	企业的最佳规模取决于企业所能有效控制的资源	拉詹和津加莱斯（Rajan & Zingales, 1998, 2000）
激励成本决定论	企业规模的边界取决于不同激励手段的平衡值	霍姆斯特姆和米格罗姆（Homstrom & Milgrom, 1994）、霍姆斯特姆和罗伯特（Homstrom & Roberts, 1998）、霍姆斯特姆（Homstrom, 1999）
信息成本决定论	企业员工各自分工，分别收集和处理不同的信息，节约成本的同时，企业规模达到最佳	马尔沙克和拉德纳（Marschak & Radner, 1972）
	企业处理专业化的成本和收益之间达到平衡时，企业达到最佳规模	博尔顿和德沃特里庞（Bolton & Dewatripont, 1994）

第二节 商业银行规模经济与适度规模的研究

一、 规模经济的研究

20 世纪 50 年代开始，国外陆续有一些学者研究商业银行的规模经济问题，80 年代中后期，对于银行业规模经济的研究日益深入，大多集中于研究银行业是否存在规模经济，银行业在多大范围内存在规模经济。

在理论研究方面，得夫（Alhadeff，1954）研究指出，银行业产出规模效率递增，成本规模效率递减；此后，很多学者研究认为，银行业平均成本呈现出正"U"型曲线，在降低平均成本方面可以采取两方面措施，实现规模经济：一是加强劳动力的专业分工，从而配置更多的资本，达到降低单位成本的效果；二是通过资产的投资组合，降低风险和拨备，达到降低资金平均成本的效果。

在实证研究方面，克拉克（Clark，1988，1996）、伯杰（Berger，1993）运用美国银行业数据进行了实证研究，研究结果表明，中小银行存在规模经济，大银行反而规模不经济[1]。纽拉斯、瑞和米勒（Noulas，Ray and Miller）利用 1986 年美国银行业的数据，实证研究了总资产规模大于 10 亿美元的情况，研究结果表明，银行规模与效率之间呈现负相关关系，规模经济的临界点为 60 亿美元[2]。曾雅妮（Tseng，1999）实证研究了美国加利福尼亚州银行业 1989～1994 年规模经济的情况，研究结果表明，加利福尼亚州银行业 1989～1991 年间规模不经济、1991～1994 年间规模经济，这表明规模经济与否并不是一成不变的[3]；阿什顿（Ashton，1998）研究了英国银行业规模经济的情况，研究结果表明，小银行规模经济效应较高，规模经济的临界点为 50 亿英镑总资产，总资产在此以上的银行规模不经济[4]。阿尔通巴斯

---

[1] Clark J. A. Economic cost, scale efficiency, and competitive viability in banking [J]. Journal of Money, Credit, and Banking, 1996, 28 (3): 242–264; Clark J. A. Economies of scale and scope at depository institution: a review of the literature. Federal Reserve Bank of Kansas City. Economic Review, 1988, 73: 16–33.

[2] Nourlas A. G, S. C. Ray, S. M. Miller. Returns to scale and input substitution for large banks [J]. Journal of Money, Credit and Banking, 1990, 22: 94–108.

[3] K. C. Tseng. Bank scale and scope economies in California [J]. American Business Review, 1999, 17 (1): 79–85.

[4] John Ashton. Cost efficiency, economies of scope in the British retail banking sector. Bourne mouth University, School of Finance & Law, Working Paper Series No. 98–13, 1998.

（Altunbas，1994）研究了不同模式银行之间的效率问题，研究结果表明，综合化程度较高的德国银行，效率比其他类型银行效率要高[①]。劳拉卡·瓦洛（Laura Cavallo，2001）实证研究了欧洲银行业的规模经济情况，研究采用了超越对数成本函数方法，研究结果表明，欧洲所有银行都存在规模经济[②]。艾伦和刘颖（Allen & Ying Liu，2005）实证研究了澳大利亚银行业的有关情况，研究对象为澳大利亚最大的6家银行，研究结果表明，这6家银行都存在规模经济[③]。米斯拉和达斯（Misra & Das，2005）研究了印度银行业的规模经济情况，研究认为印度银行业资产的扩张并未明显提高经济效应，银行规模效应并不明显[④]。

国内关于商业银行是否存在规模经济，存在四种观点：

一是认为我国商业银行整体存在规模经济。杜莉等（2003）运用投入产出的方法考察了中国商业银行1994～1999年的规模经济情况，其中以投入营业费用和存款的比值、利息支出和存款的比值、固定资产净值和存款的比值等相对指标来表示；产出采用贷款总量和投资总量来表示。研究结论表明，中国商业银行存在规模经济[⑤]。陈东领（2005）采用中国商业银行2001年的截面数据，研究认为所有银行都存在规模经济[⑥]。孙秀峰等（2005）通过1998～2003年的银行业数据，实证研究了中国银行业的规模经济情况，

---

① Altunbas. Y. , Molyneaus. P. Economies of scale and scope in European banking [J]. Applied Financial Economics，1996，6（4）：367 – 375.

② Laura Cavallo. Scale and scope economies in the European banking systems [J]. Journal of Multinational Financial Management，2001，11：515 – 531.

③ Jason Allen and Ying Liu. Efficiency and economies of scale of large Canadian banks [N]. Banke of Canada Working Paper，2005 – 13，2005.

④ A. K. Mistra and A. K. Das. Bank scale economies，size & efficiency：the Indian experience. IBA bulletin special issue，2005，1：145 – 155.

⑤ 杜莉，王峰，齐树天. 我国商业银行规模经济及其状态比较 [J]. 吉林大学社会科学学报，2003（1）：88 – 95.

⑥ 陈东领. 商业银行规模经济和范围经济的超成本函数实证研究 [J]. 商业现代化，2005（9）：186 – 187.

研究结果表明，中国商业银行规模经济按时间分成两个阶段，其中 2001 年之前规模经济不明显，2001 年所有商业银行都存在规模经济[1]。王鹏飞等（2013）根据 2005～2011 年的银行业数据证实了国内商业银行在消除了产权和治理结构等体制方面的问题后，普遍存在着规模经济。邱靖平（2016）根据 2010～2014 年我国商业银行相关数据，通过建立超越对数成本函数模型求得我国商业银行的成本产出弹性，根据商业银行的成本产出弹性值来判断我国商业银行的规模经济效益情况，实证研究结果表明，我国商业银行整体表现出规模经济。其中在我国商业银行业资产中占主导地位的国有商业银行表现为规模不经济，但规模不经济的状况有所改善，而我国中小型股份制商业银行和城市商业银行却表现出规模经济，但城市商业银行的规模经济效益明显高于中小型股份制商业银行，并表明中小型股份制商业银行和城市商业银行可以通过增加贷款的数量来获得规模经济效益。

二是国有银行规模经济、股份制银行规模不经济或相反。刘宗华（2003）实证研究了中国国有商业银行、股份制商业银行的规模经济和技术进步效应，研究以 1994～2001 年银行业数据为样本，结论表明，规模小的股份制银行、规模大的国有银行存在规模不经济，规模大的股份制银行、规模小的国有银行存在规模经济。但刘宗华（2004）在另一篇文章中，采用超对数成本函数的方法，以 1994～2001 年商业银行数据为样本，将资本、员工总数和存款总量作为投入，将贷款总量、投资总量作为产出进行了规模经济方面的研究，结果表明，股份制商业银行规模经济效应不明显甚至规模不经济，国有商业银行存在规模经济[2]。王聪、邹朋飞等（2004）通过对

---

① 孙秀峰，迟国泰，杨德. 基于参数法的中国商业银行规模经济研究与实证 [J]. 中国管理科学，2005（4）：24 - 32.

② 刘宗华，范文燕，易行健. 中国银行业的规模经济与技术进步效应检验 [J]. 财经研究，2003（12）：32 - 38；刘宗华，邹新月. 中国银行业的规模经济和范围经济——基于广义超越对数成本函数的检验 [J]. 数量技术经济研究，2004（10）：5 - 14.

1996～2001 年中国商业银行效率结构的实证分析，也发现国有商业银行存在规模经济，而股份制商业银行不存在规模经济效应，产权制度可能是造成这种差异的重要原因。张正平和何广文（2005）同样采用超越对数成本函数的方法，计量分析了中国工商银行、农业银行、中国银行、建设银行四大国有商业银行 1994～2001 年的规模经济情况，研究结果表明，四大国有商业银行的生产成本随规模扩大而降低，因此存在规模经济①。徐传堪（2002）实证分析了中国商业银行 1994～2000 年的经营情况，初步估算出四大国有银行的规模成本弹性，如果考虑不良贷款比例以及对非国有经济放款比例，则四大国有商业银行均为规模不经济，股份制商业银行则存在规模经济，但是随着规模的增大，规模经济效应越来越小②。于良春和高波（2003）通过超越对数成本函数方法以及生存竞争方法，对中国商业银行进行了研究，研究认为四大国有商业银行规模不经济③。奚君羊等（2003）将商业银行的产出定义为贷款、非利息收入，利用超越对数成本函数方法，实证研究了中国商业银行的规模经济效率情况，研究发现，1996～2000 年，国有商业银行规模不经济，股份制商业银行规模经济④。陈敬学等（2004）采用随机前沿方法，实证研究了中国商业银行 1994～2002 年的规模经济情况，研究得出股份制商业银行规模经济，国有商业银行规模不经济⑤。可以看出，关于国有商业银行和股份制商业银行是否存在规模经济的问题，研究结论并不一致。

---

① 张正平，何广文. 我国国有商业银行规模经济效应的实证研究 ［J］. 广东社会科学，2005（2）：29－34.

② 徐传湛，郑贵廷，齐树天. 我国商业银行规模经济问题与金融改革策略透析 ［J］. 经济研究，2002（10）：23－30.

③ 于良春，高波. 中国银行业规模经济效益与相关产业组织政策 ［J］. 中国工业经济，2003（3）：40－48.

④ 奚君羊，曾振宇. 我国商业银行的效率分析——基于参数估计的经验研究 ［J］. 国际金融研究，2003（5）：17－21.

⑤ 陈敬学，别双枝. 我国商业银行规模经济效率的实证分析及建议 ［J］. 金融论坛，2004（10）：46－50.

三是认为我国商业银行规模不经济。赵怀勇等（1999）运用成本费用指标、经营效率指标比较研究了中国商业银行的规模经济情况，研究认为中国银行业整体规模不经济，他还分析了产生规模不经济的原因，主要包括国民经济效益太低、国家对银行业的管制比较严格等①。王聪等（2003）利用超越对数成本函数方法，对中国商业银行规模经济情况进行了检验，研究发现，大部分商业银行都呈现出规模不经济，而且规模不经济的程度随银行资产规模的增大而增大②。翟莉莉（2017）以2006～2012年五大国有商业银行的数据为研究样本，运用超越对数成本函数进行实证分析，研究认为我国国有商业银行的规模经济系数虽有所下降，但整体上仍处于规模不经济状况。规模不经济状况有所改善是因为一系列的政策促使国有商业银行的风险意识有所加强，监管力度增强，对于规模扩张也更理性化。此外，移动互联网的不断发展也推动了银行的变革和创新，网上银行、手机银行等功能不断增多，使得银行得以节省大量基础设施建设和人工费用，提高了工作效率，降低了交易成本。所有这些因素共同促进了国有商业银行的规模经济情况不断得到改善。

四是大型城市商业银行规模经济出现波动。殷孟波、王松（2014）通过超越对数成本函数法，对15家城市商业银行2008～2012年规模经济情况进行实证分析。结果表明中小型城市商业银行规模经济，大型城市商业银行规模不经济。高蓉蓉、盖锐（2015）运用同样方法对2006～2012年数据进行统计，认为大型城市商业银行也存在规模经济，但中小型城商行规模经济更为显著。强浩桐（2017）以超越对数成本函数为模型，选择有代表性的商业银行，并对其2005～2014年这10年间的总成本、存款余额、贷款余额、存款价格和劳动力价格之间的关系进行了测算。结果表明：具有代表性的大

---

① 赵怀勇，王越. 论银行规模经济［J］. 国际金融研究，1999（4）：27－31.
② 王聪，邹鹏飞. 中国商业银行规模经济与范围经济的实证分析［J］. 中国工业经济，2003（10）：21－28.

型国有商业银行并未达到规模经济效应，而小型的地方性商业银行则体现出相对较高的规模经济水平；但是在风险控制方面，国有商业银行的表现更为优秀。从总体上来讲，我国商业银行的规模经济系数总体呈下降趋势，这表明我国的银行业正在不断地往规模经济方向发展。

表 2 – 2　　　　　关于商业银行是否存在规模经济的研究文献

观点	作者	文章题目	年份
整体存在规模经济	杜莉	我国商业银行规模经济及其状态比较	2003
	陈东领	商业银行规模经济和范围经济的超成本函数实证研究	2005
	孙秀峰	基于参数法的中国商业银行规模经济研究与实证	2005
	王鹏飞	中国商业银行规模经济状况的实证再分析	2013
	邱靖平	我国商业银行规模经济效益研究	2016
国有银行规模经济、股份制银行规模不经济或相反	徐传堪	我国商业银行规模经济问题与金融改革策略透析	2002
	于良春、高波	中国银行业规模经济效益与相关产业组织政策	2003
	奚君羊	我国商业银行的效率分析——基于参数估计的经验研究	2003
	刘宗华	中国银行业的规模经济与技术进步效应检验	2003
	陈敬学	我国商业银行规模经济效率的实证分析及建议	2004
	王聪、邹朋飞	中国商业银行效率结构与改革策略探讨	2004
	刘宗华	中国银行业的规模经济和范围经济——基于广义超越对数成本函数的检验	2004
	张正平、何广文	我国国有商业银行规模经济效应的实证研究	2005
商业银行规模不经济	赵怀勇	论银行规模经济	1999
	王聪、邹朋飞	中国商业银行规模经济与范围经济的实证分析	2003
	翟莉莉	国有商业银行规模经济实证研究	2017

续表

观点	作者	文章题目	年份
大型城市商业银行规模经济出现波动	殷孟波、王松	基于超越对数成本函数的我国城市商业银行规模经济实证研究	2014
	高蓉蓉、盖锐	基于 TCF 函数的银行规模经济的实证研究	2015
	强浩桐	我国商业银行规模经济研究基于超越对数成本函数的实证分析	2017

资料来源：根据中国知网个人整理。

二、 适度规模的研究

国外有关适度规模的研究主要从以下几个角度进行：

一是相对于金融市场的银行适度规模。根据金融体系中银行规模的占比情况，可将金融体系分为两种类型：银行主导型、市场主导型。德米尔古茨·库特和莱文（Demirguc-Kunt & Levine，1999）通过实证发现，随着国家越来越富有，银行、其他金融中介、股票市场也随之增长并更加活跃；收入越高的国家，金融市场更活跃，且比银行更有效率，金融体系也变得更加以市场为主[①]。博伊德和史密斯（Boyd & Smith，1998）认为股权融资的比例随着经济发展而增加，在发展水平较低时，将不存在股票市场。同时，监督所消耗资源的数量也将随着经济发展而降低[②]。查克拉博蒂和瑞（Chakraborty & Ray，2006）在一个内生增长模型中对银行主导和市场主导的金融系统进行了比较，结论是两个系统没有哪个明显更有利于增长，经济增长主要依赖金融和法律体系的效率，但是银行主导体系在其中一个方面比市场主导体系

[①] Asli Demirguc-Kunt, Ross Levine. Bank-Based and Market – Based financial systems cross country comparisons [Z]. World Bank Policy Working Paper No. 2143, 1999.

[②] J. H. Boyd, B. D Smith. The evolution of debt and equity markets in economic development [J]. Economic Theory, 1998, 12.

好，即投资和人均收入更高，收入不平等程度更低，银行主导体系在推动工业化方面也更为有利①。徐高、林毅夫（2008）研究发现，随着经济的不断增长，商业银行资本逐步积累，银行适度规模是动态变化的，呈现出逐步变大的趋势②。

二是从银行微观角度研究得出的适度规模。关于这方面的研究，一个前提假设即是默认商业银行存在规模经济，银行平均成本与规模之间呈现出平坦的"U"型曲线关系。研究的焦点则在于"U"型曲线的底部位置，即规模经济的规模点处在何种水平上。科拉里和扎德库（Kolari & Zardkoohi，1991）研究认为，规模经济点与商业银行规模大小有关③。（1）对小银行而言，劳伦斯（Lawrence，1989）认为规模经济点处在1亿美元的水平上；伯杰、汉维克和汉弗莱（Berger，Hanweek & Humphrey，1987）也研究得出了相同的结论。但是科别尼扬（Cebenoyan，1988）实证研究了美国商业银行1980～1983年的规模经济情况，发现银行存款规模在2500万美元以上时，1980～1981年、1983年三个年度存在规模经济，但1982年规模不经济。（2）对大银行而言，亨特和提姆（Hunter & Timme，1986）研究发现，单一银行持股公司的规模经济临界点为42亿美元，多银行持股公司的规模经济临界点为125亿美元；纽拉斯等（Nourlas et al.，1990）研究认为规模经济的临界点为总资产60亿美元；享特等（1991）研究认为，规模经济的临界点为总资产250亿美元；谢弗和大卫（Shaffer & David，1991）研究认为，规模经济的临界点为总资产370亿美元，可以看出，有关规模经济的临界点，实证得出的结论存在较大差异。阿科格伯和麦克纳尔蒂（Akhigbe & McNulty，2005）以美国商业银行1995～2001年的数据为样本

---

① Shankha Chakraborty, Tridip Ray. Bank-Based versus Market-Based Financial systems: a growth theroretic analysis [J]. Journal of Monetary Economics, 2006 (2).

② 徐高，林毅夫. 资本积累与最优银行规模 [J]. 经济学（季刊），2008.

③ Kolari J, A. Zardkoohi. Futher evidence on economies of scale and scope in commercial banking [J]. Quarterly Journal of Business and Economics, 1991, 30: 82 – 107.

进行了研究，并将大中小银行定义如下：小型银行——资产在 1 亿美元以下；中型银行——资产在 1 亿～10 亿美元之间；大型银行——资产在 10 亿美元以上[①]，通过研究发现，大型银行的经济效益最好，而且比小型银行的效益要高出不少，大型银行存在规模经济。总而言之，银行适度规模的临界点并没有定论，随着国家经济环境、社会发展、技术进步等情况而在不断变化。

三是从银行业集中度和竞争角度而言的适度规模。谢弗（Shaffer，1998）运用美国 1979～1989 年的有关数据研究发现，在家庭收入增长率既定的情况下，市场上银行数目越多越分散，即集中度越低，则家庭收入增长的速度越快[②]。艾伦和盖尔（Allen & Gale，2000）反驳了银行业竞争越激烈越好的传统观点，他认为美国商业银行竞争非常激烈，但银行系统存在扭曲，储户在搜索银行、识别银行方面存在较高的选择成本[③]。切托雷利和冈博拉（Cetorelli & Gambera，2001）实证检验了银行市场结构与经济增长的关系，研究结果表明，银行发展水平与长期经济产出正相关，在银行集中度较高的地区，中小企业能够获得更多的信贷便利，从而促进外部融资产业部门的增长。但是，过高的集中度总体上对经济增长具有抑制作用，这种抑制作用对所有部门和所有企业都有影响[④]。布莱克和斯特拉姆（Black & Straham，2002）通过对美国不同州不同行业数据的研究分析发现，银行集中度越高，新企业反而越少[⑤]。卡林和迈耶（Carlin & Mayer，2003）研究发现，

① Aigbe Akhigbe and James McNulty. Profit efficiency sources and differences among small and large U. S. commercial banks [J]. Journal of Economics and Finance，2005，29：289 – 299.

② Shaffer. The winner's curse in banking [J]. Journal of Financial Intermediation，1998 (4).

③ Franklin Allen，Douglas Gale. Comparing Financial systems [M]. Cambride，MA：MIT Press，2000.

④ Nicola Cetorelli，Michele Gambera. Banking market structure，financial dependence and growth international evidence from industry data [J]. The Journal of Finance，2001 (2).

⑤ S. E. Blace，P. E. Straham. Entrepreneurship and bank credit availability [J]. Journal of Finance，2002 (6).

银行集中度与 OECD 成员国的经济增长水平负相关[①]。克莱森和莱文（Clae-ssens & Laeven，2005）基于产业组织理论建立了衡量银行部门内竞争程度的方法和指标，并考察了 16 个国家的工业增长情况，最后发现银行组织内部，不同部门之间的竞争，可以促使外源性融资程度较高的行业获得较快增长[②]。科科雷塞（Coccorese，2008）实证分析了意大利 1991～2001 年 20 个地区的有关情况，并通过两种检验方法进行了检验，从短期看，银行集中度大大促进了经济增长，但从长期看，银行集中度与经济增长呈现负向关系，经济增长倾向于降低银行集中度[③]。杨天宇和钟宇平（2013）在对 1995～2010 年 125 家商业银行数据进行实证分析后认为，银行的集中度和竞争度越低，风险越低，并且建议监管部门放松银行管制，鼓励民间资本进入。

表 2 - 3　　　　　　　　　国外关于银行适度规模的研究文献

研究角度	观点	作者（年份）
金融市场	国家越富有，金融市场越活跃，则银行效率越高，发展越快	德米尔古茨·库特和莱文（Demirguc-Kunt & Levine，1999）
	股权融资的比例随着经济发展而增加，在发展水平较低时，将不存在股票市场。同时，监督所消耗资源的数量也将随着经济发展而降低	博伊德和史密斯（Boyd & Smith，1998）
	相比市场主导的金融体系，银行主导的金融体系更有利于银行的内生化增长	查克拉博蒂和瑞（Chakraborty & Ray，2006）

---

① W. Carlin, C. Mayer. Finance investment and growth [J]. Journal of Financial Economics, 2003 (1).

② S. Claessens, L. Laeven. Financial dependence, banking sector competition and economic growth [J]. Journal of the European Ecomomic Association, 2005 (3).

③ P. Coccorese. An investigation on the causal relationships between banking concentration and economic growth [J]. International Review of Financial Analysis, 2008 (3).

续表

研究角度	观点	作者（年份）
微观角度	银行适度规模的临界点并没有定论，会随着国家经济环境、社会发展、技术进步等情况而不断变化	科拉里和扎德库（Kolari & Zardkoohi, 1991） 劳伦斯（Lawrence, 1989） 伯杰、汉维克和汉弗莱（Berger & Hanweek & Humphrey, 1987） 科别尼扬（Cebenoyan, 1988） 亨特和提姆（Hunter & Timme, 1986） 纽拉斯等（Nourlas et al., 1990） 谢弗和大卫（Shaffer & David, 1991） 阿科格伯和麦克纳尔蒂（Akhigbe & McNulty, 2005）
银行业集中度和竞争度	在家庭收入增长率既定的情况下，市场上银行数目越多越分散	谢弗（Shaffer, 1998）
	以美国商业银行为例，商业银行之间竞争越激烈，储户在搜索银行、识别银行方面的选择成本就越高，则对银行的发展越不利	艾伦和盖尔（Allen & Gale, 2000）
	银行发展水平与长期经济产出呈正相关	切托雷利和冈博拉（Cetorelli & Gambera, 2001）
	以美国为例，银行集中度越高，新企业反而越少	布莱克和斯特拉姆（Black & Straham, 2002）
银行业集中度和竞争度	银行集中度与 OECD 成员国的经济增长水平呈负相关	卡林和迈耶（Carlin & Mayer, 2003）
	银行组织内部，不同部门之间的竞争，可以促使外源性融资程度较高的行业获得较快增长	克拉森和莱文（Claessens & Laeven, 2005）
	从长期看，银行集中度与经济增长呈负向关系	科科雷塞（Coccorese, 2008）

国内研究商业银行适度规模的文献目前不多。杜莉、王锋、齐树天（2003）通过投入产出分析方法，研究表明，1994～1999 年我国商业银行运

营存在规模适度的现象。陈东领（2005）对我国 2001 年商业银行的数据进行了面板分析，并且对比研究了各商业银行的规模经济程度，认为在 2001 年整个银行业普遍存在规模适度的现象。

谢朝华（2007）以 14 家商业银行 2001 ~ 2003 年的数据为基础，通过 DEA 方法实证研究了商业银行的适度规模问题，研究表明，2001 ~ 2003 年，最小规模经济临界点逐年上升，研究认为中国商业银行适度规模的临界点区间为 8000 亿 ~ 9500 亿元总资产。而且在样本年间，中国银行、建设银行分别达到过适度规模情况，因此，他推论出中国商业银行适度规模的临界点可以达到总资产 22500 亿 ~ 32000 亿元①。

陆岷峰等（2011）构建了中国商业银行饱和度的测评指标体系，研究分析得出，中国商业银行规模存在局部过度饱和的情况，系统性风险较大，他建议不断优化中国商业银行结构，推进利率市场化改革，从而促进中国商业银行规模适度、健康、协调发展②。

沈小胜（2013）从政策层面研究提出了促进商业银行适度规模发展的建议，提出国家层面、宏观调控部门层面、监管部门层面、地方政府层面、商业银行层面要协同用力，共同促进商业银行适度规模发展，具体的手段包括：完善地方政府金融管理体制、实施有效银行监管、强化宏观调控手段、加快推进银行体制改革③。刘艳（2013）探讨了商业银行规模扩张可能产生的规模风险，认为银行的适度规模应该是兼顾收益与风险（稳定）的适度规模、个体与整体双赢的适度规模，并从维护金融体系稳定的角度，给出了商业银行保持适度规模的建议。

杨青坪、袁伟雄等（2014）通过分析 2009 ~ 2012 年我国商业银行规模

---

① 谢朝华.基于 DEA 方法的我国商业银行适度规模的实证研究 ［J］.金融理论与实践，2007（3）：45 - 48.

② 陆岷峰，张惠.中国商业银行保持适度规模发展的研究——基于银行业饱和度与系统性风险的分析 ［J］.衡阳师范学院学报，2011（1）：42 - 49.

③ 沈小胜.促进商业银行实现适度规模的政策思考 ［J］.现代管理科学，2013（3）：86 - 88.

的现状，探讨了目前银行业发展中表现出的突出特征，辩证分析了困扰商业银行的规模与竞争的"两难选择"。从金融稳定角度探讨如何处理好规模与结构、效益等各方面关系，提出了兼顾垄断与竞争的平衡，实现商业银行的可持续发展。

吴琼（2014）运用 DEA 方法测度了中国商业银行 2008 ~ 2012 年的技术效率、纯技术效率和规模效率，并在实证结果的基础上分析了中国银行业的效率状况，进一步对比了不同产权制度、不同资产质量状况的银行的效率差异。通过对银行效率的测定找到了效率值变化拐点所对应的规模区间，在此规模区间内银行的效率最高，从而确定了银行的最优规模区间。

刘刚（2014）通过阐释商业银行适度规模与金融体系稳定的关系，分析了影响商业银行适度规模形成的原因，其认为通过提升监管有效性，避免政府过度干预，建立有效银行退出市场机制，提高商业银行公司治理水平，实施集约式发展等途径有助于商业银行实现适度规模。

表 2 - 4 　　　　　　　　　国内商业银行适度规模的研究文献

作者	文章题目	年份
杜莉	我国商业银行规模经济及其状态比较	2003
陈东领	商业银行规模经济和范围经济的超成本函数实证研究	2005
谢朝华	基于 DEA 方法的我国商业银行适度规模的实证研究	2007
陆岷峰	中国商业银行保持适度规模发展的研究——基于银行业饱和度与系统性风险的分析	2011
沈小胜	促进商业银行实现适度规模的政策思考	2013
刘艳	基于银行体系稳定角度的商业银行适度规模研究	2013
杨青坪、袁伟雄	商业银行适度规模分析研究——基于金融体系稳定角度分析	2014
吴琼	基于 DEA 方法的中国商业银行适度规模研究	2014
刘刚	商业银行适度规模分析——基于金融体系稳定的视角	2014

资料来源：根据中国知网个人整理。

第三节　商业银行规模发展动因的研究

关于商业银行规模发展动因的研究，主要包括以下几种理论：

一是大而不倒理论（Too Big to Fail）[①]。大而不倒原本是描述处理严重财务危机的大银行时，监管者如何应对的一个术语，具体包括两方面的含义，一是若出现危机的银行规模较小，则监管当局会放任其破产倒闭；二是若出现危机的银行规模足够大，则监管当局考虑到其破产的严重后果，会对其进行全力救助。20 世纪 90 年代以来，Too Big to Fail 逐渐回归其字面的含义，即银行太大，如果倒闭的话，则损失会转嫁给大多数没保险的存款者，所以大银行不能倒闭。

二是资本收益理论。该理论认为银行规模扩张的动因是为了追求资本增值，银行不断扩张市场份额，使得总资产规模不断增大，最终目的是要获得银行资本收益最大化。从传统信贷业务角度看，商业银行信贷交易具有跨时性，信贷资产的质量并不能马上得到检验，需要经过一定的时间后才能得到最终检验，此外商业银行的收入与贷款总量和利差水平高度相关。因此，商业银行只要有充足的备付金保证，能够满足存款人的支付要求，不出现挤兑的现象，就会不断扩大资产和负债。从中间业务角度看，商业银行为了获得更多的中间业务收入，就会扩大机构和网络的规模，延伸服务触角和服务的市场半径，相应地，商业银行规模越大，则提供中间业务服务的地域空间、市场半径和服务触角就越大，市场盈利的机会就越大。一些中小商业银行，为了获取收益的最大化，不断进行规模扩张，促进资本增值，这是

---

① Kaufman，G. G. . Too big to fail in banking: What remains？ [J]. The Quarterly Review of Economics and Finance，2002（3）：423 – 436.

大多数中小银行理性选择的结果。阿科格伯（Akhigbe，2003）综述了小银行效率的各种理论，包括关系发展说、成本表现说、信息优势说、市场结构说等，通过对总资产小于 500 万美元中小银行的考察后发现，商业银行规模越大则盈利能力越强，呈现出一种正相关的促进关系。而且，当市场上银行的集中度指数（HHI 指数）从 50% 上升至 75% 时，中小商业银行盈利能力上升幅度为 0.9%，他认为这种盈利能力增强与成本控制等因素关系不大，主要是因为中小商业银行规模扩张后，市场结构发生了变化，客户关系得到了发展①。

三是银行成长理论。该理论认为，中小银行的规模扩张不是原因，而是结果，是中小商业银行成长的结果与表现形式。该理论源于彭罗斯（Penrose，1959）开创的现代企业成长理论②，部分学者将现代企业成长理论延伸到了商业银行领域。即认为，中小银行存在着剩余生产性服务、资源，从而导致中小银行逐步成长，当其成长到一定程度时，在使用银行资源时可以获得更多的盈利，中小商业银行就有了扩张的动力。这个理论还可以换另一个角度进行表述，即中小商业银行在日常经营过程中，只要存在未被充分利用的资源，中小商业银行就会有充分利用资源的动力。但商业银行资源具有不可分性、不断创新性以及多重功效性，也即资源的状态是变化的，从而使得中小商业银行持续性地存在剩余资源，不可能处于完全充分利用的状态，所以商业银行永远存在成长的动力，规模必然持续性的扩张。西瑞（Cyree，2000）进一步研究指出，中小银行规模扩张的主要路径是外部成长，外部成长将体现为总资产增加、业务范围扩充以及分支机构增设，商业银行所面临的市场结构特质、监管环境特点以及绩效表现情

---

① Akhigbe, A., Mcnult y, J. The profit efficiency of small US commercial banks ［J］. Journal of Banking & Finance, 2003（2）：307－325.

② Penrose, Edith. The theory of the growth of the firm ［M］. Third Edition, Oxford University Press, 1959.

况共同决定了银行外部成长情况①。国内部分学者研究认为,中小商业银行通过并购的方式,可以迅速扩张规模,是促进成长的一种基本方式。同时,中小商业银行成长是从规模扩张到质量提升的量变到质变的过程,规模扩张到一定阶段后,就会从追求总量到追求质量,也就是从追求"大"到追求"强"②。

四是新银行理论。大多数中小银行都是新成立的银行,这个理论认为,中小商业银行进入市场的时间较短,资本充足率水平较高,资产基础相应较低,经营负担也不大,同时资产质量较高,基本没有不良资产,因此,其增速较高。同时,新银行初入市场,迫切需要得到市场的认可,因此必然会迅速扩大市场份额。德扬(De Young,1998)研究比较得出,新银行每单位资产产生的贷款与转账存款更多,他还通过对 8610 家老银行和新银行 1980 ~ 1994 年间的数据进行研究,得出以下结论:银行成立之初,平均资产增长速度较高,大概为 31%,随着银行成立年限的增长,平均资产增长速度逐渐降低,第 10 年时,与老银行(指成立年限 15 年以上的银行)平均资产增长速度趋于一致③。

五是高管势力扩张说。穆勒(Muller,1969)研究认为,管理者报酬与企业规模正相关,因此管理者具有扩大企业规模的动力。商业银行是一种特殊的企业,中小银行高管为了获得在市场上有足够竞争力的报酬,必须在经营过程中逐步扩大自己的规模,增强市场吸引力,展现自身的实力。同时,在委托代理机制下,由于信息的不对称,商业银行高管有足够的权力扩张银行规模。此外,商业银行的风险具有一定的潜伏期,因此,

---

① Cyree, K. B. Wansley, J. W., Black, H. A., Boehm, T. P. Determinants of bank growth choice [J]. Journal of Banking & Finance, 2000 (5): 709 – 734.

② 葛兆强. 银行并购、商业银行成长与我国银行业发展 [J]. 国际金融研究,2005 (2): 30 – 36.

③ De Young, R., Hason, I.. The performance of de novo commercial banks: a profit efficiency approach [J]. Journal of Banking & Finance, 1998 (5): 565 – 587.

在当期迅速扩大规模，获得高额的薪金，还可以暂时不考虑经营风险[①]。米尔本（Milborn，1999）研究指出，商业银行高管意识到规模的扩张可以获得巨大的声望收益，因此就会不断扩张银行的规模、产品和业务范围[②]。休斯（Hughes，2003）等认为，存款保险制度的存在，使得广大客户和债权人监管银行高管的动力不强，政府监管的存在，减少了外部市场等对银行高管的监管，所以，存款保险制度和政府监管反而降低了银行高管的外部压力，因此银行高管可能不从银行整体利益角度考虑，而进行银行规模扩张行为[③]。

表 2 - 5　　　　　　　　　　商业银行规模发展动因研究文献

理论视角	观点	作者
大而不倒理论	大规模银行若倒闭，则损失会转嫁给大多数未保险的存款者，所以大银行不能倒闭	考夫曼（Kaufman）
资本收益理论	银行规模扩张是为追求资本增值，最终目的是要获得银行资本收益最大化	阿科格伯（Akhigbe）
银行成长理论	中小银行存在着剩余生产性服务、资源，从而导致中小银行逐步成长	彭罗斯（Penrose）
	中小银行规模扩张的主要路径是外部成长	西瑞（Cyree）
	中小商业银行成长是从规模扩张到质量提升的量变到质变的过程	葛兆强
新银行理论	中小商业银行进入市场的时间较短，经营负担低，同时资产质量较高，增速较高	德扬（De Young，1998）

---

① Muller, D. C.. A theory of conglomerate mergers [J]. Quarterly Journal of Economics, 1969, 83: 643 - 659.

② Milborn, T. T. Boot, W. A., T hakor, A. V. Mega mergers and expanded scope: theories of bank size and activity diversity [J]. Journal of Banking & Finance, 1999 (2): 195 - 214.

③ Hughes, J. P., Lang, W. W., Mest er, L. J., et al. Do bankers sacrifice value t o build empires? Managerial incentives, industry consolidation, and financial performance [J]. Journal of Banking & Finance, 2003 (3): 417 - 447.

续表

理论视角	观点	作者
高管势力扩张说	管理者报酬与企业规模正相关	穆勒（Muller, 1969）
	规模的扩张可以获得巨大的声望收益	米尔本（Milborn, 1999）
	存款保险制度和政府监管降低了银行高管的外部压力	休斯（Hughes, 2003）

国内对商业银行规模发展的动因研究如下。

朱建武（2007）研究指出，中国中小商业银行资产规模扩张的动因并不是为了追求规模经济，而是被动适应当前金融制度环境和经营机制的结果[①]。中国中小银行资产规模扩张的动因主要包括：政策制度方面，大银行能获得额外的好处，因此中小银行有动力进行扩张，获得相应的政策利益；市场需求方面，大银行更能获得市场的认可，获得相应的准入"门槛"，从而获得相应的业务机会。资本约束方面，中小商业银行资本约束机制不健全，极其容易通过资产规模的扩张获得市场份额的扩张，由于中小商业银行盈利模式比较单一，因此通过资产规模的扩张是获取利益的一条快捷的途径。所以要改变中小商业银行单纯规模扩张的发展模式，必须改变外界的金融制度环境，同时要对中小商业银行内部的经营机制进行适当的变革和调整。

邹朋飞（2008）对我国城市商业银行 1998～2007 年的规模扩张情况进行了描述性统计，在此基础上，利用城市商业银行的年报数据对其规模扩张经济效应做了实证分析，并深入剖析了城市商业银行规模扩张的行为动机与行为逻辑，得出了我国城市商业银行的规模扩张并非为了追求规模经济，而是对现行环境和自身经营机制的被动适应。我国城市商业银行规模扩张的动因和行为逻辑为：地方政府拥有对城市商业银行的绝对控制权，城市商业银

---

① 朱建武. 中小银行规模扩张的动因与行为逻辑分析［J］. 财经理论与实践，2007（4）：2-7.

行行长面临地方政府（强激励主体）的晋升激励和银行（弱激励主体）的货币激励，地方政府的政绩需求激励官员使用晋升激励诱导城市商业银行不断扩张规模；分业经营体制、技术落后、管理不善，导致业务与盈利模式单一，城市商业银行必须依靠信贷扩张来实现收益最大化；产品价格管制和市场需求的规模偏好使城市商业银行必须通过规模扩张获取业务空间。因此，要合理引导我国城市商业银行的理性扩张，必须解决好外部环境问题和自身经营机制问题。

林再兴、陈一洪（2012）研究表明制度产品供给的规模偏好、追求规模经济的成长动力、追求信贷规模扩张的收益最大化是国内城市商业银行规模扩张的重要动力。通过分析可以发现，跨区域经营背景下的异地分支机构扩张及金融市场上的主动负债是城市商业银行规模扩张的两个重要途径。随着城市商业银行规模的增长，主动负债逐渐成为其重要资金来源。然而，一味追求规模扩张并不等于持续的价值创造，建立适应自身市场定位及战略目标的商业模式才是获取竞争优势的关键。

陈科（2018）研究指出，商业银行寻求规模扩张的主要动因：一是希望通过扩大规模来降低平均成本，从而实现规模经济或范围经济；二是希望通过扩大市场占有率来提升对产品的定价权，从而提高经营收益。同时，当规模经济效应足够大且市场内银行数量足够多时，就会有更多的银行希望通过并购的方式快速进行规模扩张。建议商业银行在提高规模经济效应方面要注重效益、质量、规模的协调发展，合理推进银行业并购和混业经营，加强金融创新，不断扩大规模经济边界，完善监管职能，合理规划地区银行业的规模发展。

第四节　商业银行规模发展方式的研究

商业银行规模发展方式或发展路径的研究，目前可知的文献比较少。国内王建平（2004）研究认为，商业银行规模发展的主要方式包括新建分行、投资网上银行、兼并与收购①，通过对各种方式的利弊的比较，得出兼并是商业银行规模扩张的快捷路径，我国商业银行可以选择兼并作为规模扩张的有效方式。

但实际上，我国商业银行业内的扩张并不多见，目前是大型银行成熟经营、中小银行刚刚迈步的时候，大小互不相犯，但随着中国商业银行竞争的日趋激烈，大银行并购小银行是早晚的事。

从另外一个层面，有些学者研究认为商业银行规模发展的方式主要包括：内生化发展、兼并与并购和网络化发展，这是一种新的划分商业银行规模发展方式的视角，可以作为本书研究商业银行规模发展路径的参考。

从商业银行内生化发展的角度来看，胡春生（2012）探讨了绿色金融作为金融可持续发展内生化的新经济发展模式，提出了构建我国绿色金融体系的路径。穆瑞（2018）从农村金融内生化的背景出发，对"互联网＋产业链"模式的概念与特征进行了分析。

从商业银行兼并与并购的角度来看，董金荣（2009）在界定银行并购、规模经济概念的基础上，首先分析了商业银行规模经济的存在性，通过银行的横向、纵向和混合并购方式分析了商业银行规模经济的形成。一方面是把商业银行的银行并购活动与规模经济分析相结合，分析银行扩张的途径与规模经济的形成之间的关系，为我国股份制银行特别是中小金融机构并购提供了理论借鉴。另一方面，将财务指标分析法和随机前沿分析法结合使用，采用财务指标分析比较全面地解释了银行规模经济的存在性及其潜在变化的原因，用随机前沿分析法对规模经济的存在性及其变化趋势进行验证。黄金鑫（2011）研究认为，商业银行的发展战略包括并购重组发展战略、跨区域发展战略、上市发展战略以及城市商业银行的单体内增长战略，四种发展战略

---

① 王建平.商业银行规模扩张方式初探［J］.经济问题，2004（11）：65－67.

不是孤立存在的，可以交叉存在和发展。发展战略对任何一家银行都具有重要意义，对中小银行更是如此。首先，中小银行可以依靠战略定位、地理位置等优势对产品和服务进行创新；其次，不论是大银行还是中小银行，只是风险暴露的大小不同，与表内和表外相联系的信贷风险和市场风险的性质并无多少不同之处，大银行和中小银行在制定发展战略的同时都必须考量风险因素；最后，中小银行必须利用自身优势，要比大银行更加灵活，对顾客的反应更快，更加优化成本结构。马汝银（2015）主要运用 DEA 方法对我国商业银行并购效率进行了分析。结果表明：银行并购的效率改善一般出现在并购后 1~3 年，而且规模较小的银行比规模较大的更容易获得效率改善收益。魏先华和沈强（2017）选取中国银行、中国农业银行等 8 家商业银行以及中信证券、华泰联合证券、国泰君安证券等 8 家投行机构，对其 2010~2015 年并购业务的技术效率、纯技术效率、规模效率等进行测算。结果表明，我国商业银行并购业务虽然近几年发展迅速，但仍存在一定的问题，规模较小，产出效率较低，未来仍有比较大的发展空间。

从商业银行网络化发展的角度来看，戴国强和方鹏飞（2014）基于"影子银行"、互联网金融的视角，通过模型分析和数值模拟对利率市场化进程中商业银行的风险演变进行研究。结果表明，互联网金融增加银行风险，而"影子银行"对银行风险有两种不同影响渠道。管仁荣、张文松和杨朋君（2014）从理论分析出发，在利用 DEA 方法测度出 11 家上市商业银行运行效率的基础上，实证分析了互联网金融对银行综合效率、规模效率及纯技术效率的影响。结果表明，互联网金融对银行综合效率、纯技术效率有正面影响，且对国有银行影响大于股份制银行；对银行业整体规模效率有负面影响，但对国有银行和股份制银行有正面影响。郑志来（2015）对零售业与商业银行的商业模式相似性进行比较研究，并基于"互联网＋零售"对传统零售业经营业绩、商业模式的影响视角来分析互联网金融对商业银行的影响。研究发现互联网金融通过对商业银行的负债业务、中间业务、资产业务三大业务产生深刻影响，从而引起金融"脱媒"并危及商业银行经营业绩和商业模式。王锦虹（2015）采用德尔菲法问卷调查与模糊层次分析法为基础，以此研究互联网金融对商业银行盈利影响，研究发现，互联网金融对商业银行负债影响较大，因而对商业银行盈利产生较大影响；对资产类和中间业务的影响较小，因而对商业银行盈利所产生的影响也较小。

表 2-6　　　　　　　　　商业银行规模发展方式研究文献

发展方向	作者	文章题目	年份
内生化发展	胡春生	绿色金融：将可持续发展内生化的新经济发展方式	2012
	穆瑞	农村金融内生化的途径——"互联网＋产业链"	2018
兼并与并购	董金荣	我国商业银行并购的规模经济效应研究	2009
	黄金鑫	对我国城市商业银行几种主要发展战略的思考	2011
	马汝银	我国商业银行并购效率的研究	2015
	魏先华、沈强	商业银行企业并购业务的绩效评价	2017
网络化发展	戴国强、方鹏飞	商业银行规模、治理与风险承担的实证研究利率市场化与银行风险——基于影子银行与互联网金融视角的研究	2014
	管仁荣、张文松	互联网金融对商业银行运行效率影响与对策研究	2014
	郑志来	互联网金融对我国商业银行的影响路径——基于"互联网＋"对零售业的影响视角	2015
	王锦虹	互联网金融对商业银行盈利影响测度研究——基于测度指标体系的构建与分析	2015

资料来源：根据中国知网个人整理。

第五节　商业银行规模与效益关系的研究

国内以商业银行规模作为变量的研究文献共约 10 篇，主要分为以下几类：

一是研究规模与效率的关系；二是研究规模与效益的关系；三是研究规模与风险的关系；四是研究规模与竞争力增长的关系；五是研究规模与银行绩效的关系。

一、 商业银行的规模与效率

郑兰祥（2006）研究了中国商业银行经营效率的影响因素，包括商业银行机构规模、人员规模等自变量对效率的影响，运用 Granger 因果检验方法，研究结果表明，商业银行规模和效率之间没有明显的相关关系。他的解释为，商业银行规模不断扩大，银行内部的竞争也不断加剧，成为效率提升的掣肘因素，所以，只有妥善解决商业银行内部竞争方面的问题，才可能使得规模与效率正向促进[①]。

王振山（2005）也对商业银行效率与规模之间的关系进行了研究，得出的主要结论是商业银行效率的主要影响因素是技术进步，而与规模无关[②]。

李成等（2009）对商业银行规模与效率之间的关系进行了理论分析和实证研究，理论分析研究表明，商业银行规模达到一定程度后，规模经济弹性系数开始上升，即规模不经济越来越强；实证研究方面，运用超越对数成本函数法，对 1994～2005 年间的规模弹性系数进行了研究，结果表明，中国商业银行规模弹性系数随规模增大而下降，也即规模经济性越来越强。理论分析和实证研究结果截然相反的主要原因包括：银行内部治理结果、信息技术、治理结构、联动情况以及宏观经济发展水平、政府监管力度、商业银行

---

① 郑兰祥. 基于 Granger 因果检验的商业银行规模与效率关系研究 [J]. 经济理论与经济管理, 2006（10）：28 – 33.

② 王振山. 银行规模与中国商业银行的运行效率研究 [J]. 财贸经济, 2000（5）：19 – 22.

业务创新等①。

秦宛顺等（2002）建立了银行间的古诺博弈模型，研究了银行管理者费用偏好、规模偏好对商业银行市场行为的影响。研究结果表明，在商业银行所有权与控制权分离的情况下，管理者费用偏好、规模偏好均会导致商业银行效率受损②。

姜永宏和蒋伟杰（2014）对 2004～2011 年 16 家商业银行的效率与多方面要素进行实证分析，认为国有商业银行规模效率低于股份制商业银行，并且规模效率呈现趋同性，意味着通过调整规模获取规模经济，从而提高效率难以实现。

张东龄（2016）对我国家 16 家商业银行的 2009～2015 年相关数据进行收集，确定了以负债总额为投入指标，ROA 为产出指标，通过软件对模型进行分析，得出我国家商业银行中五大国有控股商业银行的规模效率不理想，中小型商业银行的规模效率远超过这五家大型商业银行。我国商业银行整体呈现缓慢的规模效率下降趋势，因而规模靠前的五大国有商业银行应适当控制规模，而规模靠后的城商行可适当扩大规模。

王斌和李刚等（2017）选取 2015 年 19 家商业银行为研究对象，通过主客观组合赋权法对我国商业银行的规模和效率进行了评价，研究表明单纯从规模和效率来看，样本银行分别可以按照一定区间分为四个梯度，但规模和效率两者各自排名却表明商业银行的规模和效率存在不匹配现象。

二、 商业银行的规模与经营业绩

肖建军等（2009）通过案例研究的形式，实证研究了汇丰集团资产规

---

① 李成，赵琳. 我国商业银行规模与效率：理论与现实的悖论［J］. 西安财经学院学报，2009（1）：20 - 23.

② 秦宛顺，欧阳俊. 我国国有独资商业银行的费用与规模偏好［J］. 金融研究，2002（1）：63 - 74.

模、经营业绩、股东收益之间的相关关系，研究表明，汇丰集团资产规模、经营业绩、股东收益之间存在长期稳定的相关关系，经营业绩、股东收益因资产规模扩大而提升，而且通过并购方式实现的资产规模扩张能在较短时间内提高集团的经营业绩，但对于提高股东收益方面，还存在一定的时滞①。

朱东方（2003）对四大国有商业银行、新建商业银行以及国外银行进行了比较研究，研究认为，国有商业银行受产权、管理、技术等方面因素的影响，规模优势发挥得并不充分，没有显著提高经营业绩水平，而新建商业银行、国外银行规模对经营业绩的正向效应比较明显。因此，国有商业银行应该积极探索产权制度改革，提高公司治理水平，加强内部管理，提升技术效率，使国有商业银行规模优势得以充分发挥②。

王磊（2016）研究认为，规模、质量和效益关系是商业银行经营的永恒主题，经济新常态下银行业规模、质量和效益均呈现出新特点、新情况，给商业银行处理好三者关系带来了新的要求和挑战。结合王磊所在中国农业银行江西宜春分行经营实践，从新常态给银行业带来的影响分析入手，论述规模、质量和效益三者辩证关系，提出了新常态下实现规模、质量和效益平衡的方法与路径。

邵际树（2017）以 2000～2015 年我国商业银行数据为样本，分析不同规模的商业银行开展跨境经营业务对银行业绩和风险的影响机制，研究表明我国大型商业银行跨境经营会降低银行业绩，同时会降低银行的风险；中型商业银行跨境经营会提升银行业绩，同时会降低银行风险；小型商业银行跨境经营会降低银行业绩，同时会增加银行风险。

---

① 肖建军、李天锋、吴艳文. 商业银行资产规模与经营业绩、股东权益之间的协整分析——汇丰银行并购绩效实证分析［J］. 现代管理科学，2009（3）：109－111.

② 朱东方. 国有商业银行经营规模与效益探讨［D］. 长沙：湖南大学，2003.

三、　商业银行的规模与风险

任萍（2013）主要阐述了中国商业银行系统性风险的含义以及管理的现状，认为现代金融市场具有高关联度、高不对称性以及高杠杆率等新的特征，在这种背景下，研究商业银行规模与系统性风险的关系具有重要意义[①]。

宋清华等（2011）运用 SOM（联立方程模型）方法，以中国 15 家主要商业银行的数据为样本，实证研究了中国商业银行规模与风险的关系，研究发现，商业银行规模与风险之间没有显著的关系[②]。

张宗益和汪宇（2014）认为规模扩张有降低风险的作用，但在规模扩张到一定程度时，负相关关系转化为正相关，商业银行规模与风险直接呈"U"型关系，因此商业银行应该依据自身管理控制能力，避免盲目的规模扩张。

刘佳（2014）基于 2004~2012 年我国 20 家商业银行的相关数据，从实证出发研究我国商业银行规模与风险之间的关系，并对所得出的结论进行稳健性分析。研究结果表明，我国商业银行规模与风险之间存在显著的正相关关系，而且当银行资产增长率低于 40% 时，银行风险随着资产规模增长速度的加快逐步降低；当银行资产增长率高于 40% 时，随着资产规模增长速度的加快，银行风险是越来越大的。

刘志洋（2015）对 16 家上市商业银行 2006~2013 年的财务数据进行实证分析，得出中国上市的商业银行规模与其系统风险、非系统风险、经营整

---

① 任萍. 我国商业银行规模与系统性风险的现状探微 [J]. 科技创业月刊，2013（5）：50 - 53.

② 宋清华，陈雄兵，曲良波. 商业银行规模与风险：来自中国的经验证据 [J]. 财经政法资讯，2011（6）：13 - 20.

体风险以及系统性风险贡献度都是显著负相关的，这表明对于中国上市商业银行，银行规模增加并不意味着银行风险的增加，大型商业银行系统性风险贡献度也未必高。同时刘志洋指出，中国商业银行的低风险或与政府背书有关，因此在金融改革背景下，商业银行继续扩大规模的同时是否能控制风险具有很高的不确定性。

谢俊明（2015）基于我国 16 家上市商业银行 2004～2014 年的数据，就银行规模与银行的风险二者之间的关系进行了研究，研究表明商业银行规模与银行的风险承担呈正向关系，商业银行的盲目扩张会加剧银行的风险承担水平，而且大型商业银行面临的银行风险承担水平比股份制商业银行和城市商业银行更高。因此，必须适当限制商业银行的规模，加强对商业银行的监管。

穆丹丹（2017）选取了中国 92 家商业银行 2008～2015 年的年度财务数据，研究表明我国商业银行规模与破产风险以及经营风险负相关，与信用风险之间呈"U"型关系；其次，规模对风险的作用在不同子样本内不同，首先按照是否上市的分类标准来看，上市商业银行规模增长对于降低破产风险以及经营风险的影响更显著，其次按照中国银行业监督管理委员会的分类标准来看，大型商业银行规模增长对于降低破产风险及经营风险的影响更显著；最后，通过对破产风险指标的分解回归，得出资本资产比是商业银行规模扩张从而降低破产风险的主要因素，商业银行在扩张的同时会提高其自身资本，进而可以降低其所面临的破产风险。

四、 商业银行的规模与竞争力

单莉（2006）实证分析了国内外不同规模商业银行的竞争力情况，分析结果表明，在国内，四大国有商业银行的竞争力水平反而不及股份制中小商业银行；在国外，大规模银行的竞争力要强于中小规模的商业银行①。

根据 LPE 法则，企业增长与其初始的规模水平无关，因此在一段时期内，各种规模的企业都具有相同的增长机会。秦厉陈等（2007）将此法则用到我国商业银行规模与增长之间的关系上，并分别检验了资产和表外项目的有关情况，结果表明，对于资产项目，LPE 法则成立，对于表外项目，大银行表现出更强的增长能力，大银行在表外业务上具有优势②。

胡振兵和冯波等（2006）认为城市商业银行必须依靠核心竞争力的建立来实现规模扩张的有效性，并从规模扩张的理念、规模扩张的边界、目标客户群体的科学定位以及产品创新和制度创新等角度提出了构建城市商业银行核心竞争力、实现有效规模扩张的路径选择。

方先明等（2014）采用因子分析法对 16 家上市商业银行的竞争力水平进行检验结果表明，大型商业银行凭借规模优势，占据了较大的市场份额，竞争力较强，但是规模对于竞争力的贡献逐年减弱，中小型商业银行凭借创新与流动性管理逐渐占据更多市场。所以在竞争中，依赖规模优势不能取得可持续性发展。

五、 商业银行的规模与绩效

张博（2014）以我国近年来规模迅速扩张的城市商业银行为样本，通过对 2007～2012 年样本银行相关数据的分析，利用改进的超越对数成本函数分析法对城市商业银行规模扩张与绩效关系进行实证研究，得出了我国大部分城市商业银行的规模扩张在当前形势下是有利于绩效的提高的结论。

武志勇和李冯坤等（2018）以我国 24 家商业银行 2008～2016 年面板数

---

① 单莉. 商业银行规模与竞争力关系研究 [D]. 长春：东北师范大学，2006.

② 秦厉陈，余林举. 我国商业银行规模与增长的 LPE 检验 [J]. 时代金融，2007（5）：54 - 56.

据为研究对象，基于银行规模和银行性质的视角，实证分析了银行规模对多元化经营与不同性质商业银行绩效关系的调节效应。研究表明银行规模对多元化经营与银行绩效具有显著正向调节作用。银行性质是影响银行规模调节作用的重要因素，银行规模对国有商业银行、城市商业银行多元化经营与绩效关系分别发挥着正向、负向调节作用，对全国性股份制商业银行多元化经营绩效关系的调节作用不显著。

表 2 - 7　　　　　　　　　　　以规模为自变量的研究文献

观点	作者	文章题目	年份
规模与效率	王振山	商业银行规模与运行效率	2000
	秦宛顺	国有独资商业银行的费用与规模偏好	2002
	郑兰祥	商业银行规模与效率关系 Granger 因果检验	2006
	李成等	商业银行规模与效率：理论与现实的悖论	2009
	张东龄	商业银行规模与效率关系的实证分析	2016
	王斌等	基于组合赋权法的商业银行规模效率评价研究	2017
规模与经营业绩	朱东方	国有商业银行规模与效益探讨	2003
	肖建军	资产规模与经营业绩的协整分析	2009
	王磊	新常态下处理好商业银行经营规模、质量和效益关系的思考	2016
	邵际树	跨境经营、资产规模与商业银行业绩	2017
规模与风险	宋清华	商业银行规模、治理与风险承担的实证研究	2011
	任萍	商业银行规模与系统性风险	2013
	刘佳	我国商业银行规模与风险的相关性研究	2014
	谢俊明	我国商业银行规模对银行风险承担的影响研究	2015
	刘志洋	规模大的银行风险真的高吗？——基于中国上市商业银行的实证分析	2015
	穆丹丹	我国商业银行资产规模对风险的影响研究	2017

观点	作者	文章题目	年份
规模与竞争力增长	胡振兵	实现城市商业银行发展规模的关键是提高核心竞争力	2006
	单莉	商业银行规模与竞争力关系研究	2006
	秦厉陈	商业银行规模与增长的 LPE 检验	2007
	方先明	我国商业银行竞争力水平研究——基于 2010～2012 年 16 家上市商业银行数据的分析	2014
规模与绩效	张博	城市商业银行规模扩张与绩效关系的实证研究	2014
	武志勇、李冯坤等	多元化经营与我国商业银行绩效关系研究——基于银行规模和银行性质的视角	2018

资料来源：根据中国知网个人整理。

第六节　新形势下商业银行规模发展研究

一、 商业银行互联网化发展规模研究

互联网金融是基于大数据平台技术实现资金融通的新型金融模式。以"大数据"和"云技术"为核心的互联网金融使得商业银行在风险管理模型以及风险管理流程等方面更加精准，提高数据的准确性以及客户的甄别程度，同时改良了商业银行内部管理的评级体系，随着商业银行风险管理流程的整体提高，增加了银行盈利。

我国对于商业银行互联网化发展的研究近些年来逐渐增多，仓明和鞠玲玲（2016）研究互联网金融对商业银行具体领域所产生的影响，本书在测算出商业银行效率的基础上构建了面板数据分析模型，结果表明，互联网金融对商业银行整体和国有商业银行的效率有正向影响；其对股份制商业银行

的生产率和纯技术效率的影响为正，而对规模效率影响为负。

杨德勇和高威（2016）研究发现互联网金融对商业银行的传统业务和经营效率带来了一定的冲击，但两者的战略联盟扩大促使银行业的互联网化，存在寻求产业链上下游合作关系的可能性。在当今金融自由化所带来的市场金融"脱媒"环境下，银行业的并购产业调整和重组资源整合可以营造一个速度更快、效率更高、成本更低的金融市场环境，该方式能有效地提高我国商业银行的市场竞争能力。

刘忠璐（2016）从风险管理、经营效率、盈利水平和风险传染四个维度，剖析了互联网金融对商业银行风险承担的影响机制。运用 2003 ~ 2014年中国 143 家商业银行的数据，实证检验了互联网金融发展对商业银行风险行为的影响。研究表明：互联网金融的迅猛发展使得商业银行风险管理发生变革，经营效率得到有效提升，弥补了其在盈利性及风险方面不利的冲击，降低了商业银行破产风险，促进了整个金融体系的稳定；互联网金融对不同类型的商业银行风险行为的影响具有差异性。因此，商业银行需要立足自身特点，有度有节地融合互联网金融，降低整个金融体系的风险。

陈艺云（2017）以对存款业务带来根本性冲击的互联网理财产品创新为时点来界定商业银行可能的学习效应，利用国内 16 家上市银行 2013 ~ 2015年的季度数据进行实证分析。结果表明，商业银行对互联网金融的学习效应更多来自竞争与替代性引致的被动学习效应，主动学习效应并不显著，而且大银行的学习效应要弱于中小银行。要推动国内银行业的改革与创新、还是应通过促进市场竞争来给商业银行带来足够的动力。

刘华龙（2017）通过理论研究和基于 VAR 模型的实证研究，综合分析了互联网金融对我国商业银行三大传统业务的影响。研究结果表明，互联网金融确实能对商业银行传统业务造成一定的冲击，既能产生正向作用，又能造成负向效应。商业银行只有加强金融创新、取长补短，才能在今后的时代中继续保持其金融领域的主力地位。

刘笑彤和杨德勇（2017）认为面对互联网金融的冲击，商业银行必须做出改变。选择并购重组的商业银行在互联网环境下其技术水平会更高，生产效率也会增加。并且，并购重组会使得大型商业银行对技术的吸收能力显著增加，但是会对中小型商业银行产生抑制作用。

梁燕子（2017）研究发现，互联网金融对于不同规模商业银行的影响是不同的。在银行成本方面，互联网金融对大型商业银行的影响不显著，但是对于中小型商业银行的成本降低具有积极影响，对于效应商业银行则具有负面影响。对于银行的贷款业务，银行规模越大，互联网金融的影响越显著，并且这种影响是积极的。

冯方昱和姜薇（2018）以我国16家上市商业银行为样本，选取了2009～2016年的相关数据，采用三阶段DEA方法，构建了Tobit模型，实证研究发现，互联网金融可以显著提高商业银行的技术效率。商业银行的规模大小导致技术效率存在差异。在传统的环境中，大型商业银行的技术效率更高，但是在互联网环境下中小型银行的效率更高。

廖戎戎、蒋团标和喻微锋（2018）以我国58家商业银行为研究样本，实证分析了互联网金融对商业银行创新能力的影响。研究结论表明，互联网金融对于商业银行创新能力的作用会受到银行规模的影响。当银行规模较小时，互联网金融负向影响商业银行的创新能力。当银行规模逐渐增大时，负向影响会逐渐减小进而转化为正向影响。但是当银行规模达到一定程度时，互联网金融对于银行创新能力的影响会消失。

陈孝明等（2018）同样对互联网金融环境下商业银行的创新能力进行了研究。其研究结果表明，互联网金融环境下，银行规模对商业银行创新能力的影响因为银行类型而存在差异。股份制银行中，银行规模的扩张会导致银行创新能力的提高。而在国有控股银行中，银行规模会对商业银行的创新能力产生负面影响。

高文娜（2018）基于数据包络分析（DEA）中的VRS模型，文章选取了我国 17 家上市商业银行作为研究对象，对这 17 家商业银行在互联网金融发展背景下的综合技术效率、纯技术效率、规模效率进行了分析。研究表明我国商业银行的综合技术效率是不断提升的，但大部分银行并没有有效实现综合技术效率，其原因主要是规模效率无效，需要依托互联网金融提高商业银行的效率。

张翘楚（2018）认为自互联网金融兴起以来，传统的商业银行在行业形势、发展方向等方面均遇到了重大冲击。以此为行业背景，通过互联网金融对大型和中小型商业银行的影响分析后发现，互联网金融改变了大型银行的传统盈利模式，削弱了中小型商业银行的风险定价优势。商业银行应在组织架构、人才、产品等方面及时转变经营策略，充分利用并购重组的方式破解"困局"，同时与第三方支付机构合作，谋求共赢。

邓典雅（2018）以我国 16 家上市银行 2002～2015 年的面板数据为样本，对资本市场、互联网金融与银行绩效之间的关系进行了实证分析。结果表明资本市场和互联网金融的发展都有助于提升商业银行的经营绩效；运用相对重要性方法比较两个因素带来的异质性影响，发现资本市场的发展对银行绩效的影响更大；资本市场和互联网金融对银行绩效的影响因所有制结构而存在显著异质性，互联网金融的发展和资本市场的壮大对国有银行经营绩效的影响远远小于对非国有银行的影响。

喻微锋和周黛（2018）以我国 61 家商业银行为样本，采用动态广义矩与面板门槛模型，实证研究结果证明银行规模在互联网金融对银行风险的影响中有重要作用，对于大银行，互联网金融能够显著加剧银行风险；对于小银行，互联网金融对银行风险没有影响。互联网金融对银行风险的影响存在以银行规模为特征的门槛效应，随着银行规模的逐渐增大，互联网金融对银行风险的影响表现为"没有影响—显著提高银行风险—没有影响"。

表 2 - 8　　　　　　　　　　商业银行互联网化发展规模研究

作者	文章题目	年份
仓明、鞠玲玲	互联网金融对我国商业银行效率的影响研究	2016
杨德勇、高威	互联网金融驱动我国商业银行并购重组	2016
刘忠璐	互联网金融对商业银行风险承担的影响研究	2016
陈艺云	商业银行对互联网金融的学习效应——基于上市银行经营数据的实证研究	2017
刘华龙	基于 VAR 模型的互联网金融对我国商业银行影响的实证研究	2017
刘笑彤、杨德勇	互联网金融背景下商业银行并购重组选择差异的效率研究——基于商业银行异质性的 Malmquist 指数实证分析	2017
梁燕子	互联网金融对商业银行的冲击——基于第三方互联网移动支付的视角	2017
冯方昱、姜薇	互联网金融环境下我国商业银行技术效率分析——基于三阶段 DEA 方法	2018
廖戎戎、蒋团标	互联网金融对银行创新能力的影响——基于 58 家商业银行面板数据的实证	2018
陈孝明	互联网金融提升了商业银行的创新能力吗？——基于中国上市银行面板数据的实证研究	2018
高文娜	互联网金融背景下我国商业银行效率的研究	2018
张翘楚	论互联网金融背景下商业银行的并购重组	2018
邓典雅	资本市场、互联网金融对银行绩效的影响——基于异质性视角	2018
喻微锋、周黛	互联网金融、商业银行规模与风险承担	2018

资料来源：根据中国知网个人整理。

二、　供给侧改革下商业银行适度规模发展研究

在国家供给侧改革的大背景下，商业银行供给侧改革基于改变国内需求侧的粗放式经营方式。同时，商业银行业的供给侧改革，围绕"创新、协调、绿色、开放、共享"五大发展理念的要求和"去产能、去库存、去杠

杆、降成本、补短板"五大重点任务的目标，着力提高银行供给体系质量与效率。并且提升商业银行全要素生产率，通过经营理念和文化的转变，实现产品及服务方式的变革，更新管理和生产组织机制，有效地增强金融产能供给，提高商业银行的服务效率，优化金融资源配置，为实体经济和产业转型发展提供强大的金融支持，最终实现商业银行的变革和转型发展，为国家"十三五"规划战略及经济转型做出应有的贡献。

供给侧改革对商业银行传统的粗放式规模扩张产生制约，宏观经济背景也对单一的"以存为本"金融服务模式产生挑战。首先，整体经济增速放缓使得经济红利减弱，实体经济状况不佳导致传统行业对资金的需求量减少，商业银行资产扩张也遭遇"瓶颈"。其次，利率市场化造成制度红利消失，由于利差锁定带来的稳定超额收益不复存在，并且政府放松对商业银行市场准入要求，银行间竞争也更为激烈。同时，利率市场化带来资金成本上升，低成本核心负债愈加珍贵，规模与收益难以同步扩张（邵平，2016）。因此，商业银行应该着力改变传统规模扩张下资源的低效配置，选择高效发展行业，提升资产质量。以金融创新应对客户需求变化，智能化推出产品满足客户日益增长的金融需求，增加客户黏性（王曼怡，2016）。同时，以创新吸引优质资产，在确保安全的前提下活用优质资产，以系统整体架构为支撑提升优质资产的灵活性。着力打破资产规模扩大而收益不能同步提升的经营困境（彭纯，2016）。

杨吉峰（2016）从分析供给侧改革对商业银行的影响入手，认为商业银行必须根据供给侧改革的要求，结合各自的实际发展情况，选定适合自己的转型路径。银行模糊定位下"规模扩张＋资本消耗"的发展模式将难以为继。供给侧改革将深刻改变商业银行资产负债结构。在供给侧改革的过程中，优化我国现有的融资结构，提高直接融资的比重，不断降低杠杆率。

陆岷峰和杨亮（2016）认为在经济"新常态"下，传统的需求侧管理已难以解决经济"瓶颈"问题，处于经济与金融系统中核心位置的商业银行在迎来发展新机遇的同时，也需主动肩负起支持供给侧改革的使命，大力推动创业金融成长、加快发展互联网金融、深挖客户需求变化、积极发展绿色金融、优化调整银行信贷结构。

蔡宁伟（2016）从短、中、长期探讨了商业银行在供给侧改革大环境中面临的机遇和挑战，并从宏观、中观、微观三个层次提出了若干对策，建议商业银行更好地管控各类风险，密切与企业的伙伴关系，破解小微企业的金融服务难题。

曹国华和刘睿凡（2016）从商业银行面临的经营新常态出发，分析了银行信贷风险管理的现状和供给侧改革背景下商业银行面临的机遇与挑战，并在此基础上对新一轮不良贷款的诱因、处置手段创新及商业银行信贷经营转型策略进行了思考。建议银行打破传统业务模式，从供给入手，提高信贷配置效率，为供给侧改革提供信贷服务。

张艳英（2016）分析了供给侧改革下商业银行依靠规模扩张及政策红利带来的粗放型增长的弊端，并指出商业银行供给侧改革的整体思路：优化金融资源配置；深度关注和刺激新的金融需求；构建高效的管理机制和支持保障系统；提高商业银行核心竞争力；转变经营理念和培育服务文化；激发市场端的供给活力和提高服务水平；实现中后台的管理变革和机制优化。

赵宏（2017）认为商业银行传统经营模式最大的问题在于过度依赖规模扩张模式，盈利呈现出单一化、片面化，客户需求得不到有效满足。因此，商业银行需要把握好供给侧改革机会，逐步与国际先进银行和监管标准接轨，调整金融产品种类，加快盈利模式转变，构建新的商业银行金融生态圈。

陈前和杨亮（2017）分析了经济需求侧向供给侧方向转变的背景下，对于商业银行的金融产品和服务也是一种供给。商业银行必须顺应变化，并提出相应策略建议以解决商业银行产品创新在供给侧改革下面临的困难。

刘高锋和孙继锋（2017）分析了供给侧改革下，商业银行资产管理业务存在的过剩、有效供给不足等问题，并在此基础上提出了转型发展对策，建议银行以供给侧为契机，加快资产管理业务转型发展步伐，助力国家金融供给侧改革。

蔡则祥和董菁（2017）重点梳理分析银行信贷资金渠道"漏、弯、窄、堵"的表现及成因，提出了在供给侧改革导向下修复疏通银行信贷资金渠道、支持实体经济发展的对策建议。

姜翔程、孔唯和乔莹莹（2017）基于供给侧改革背景下，运用行业思维分析了银行信贷的风险现状。实证表明银行信贷配置调整方向与产业供给侧改革方向一致，商业银行应从供给入手，调整信贷配置行业方向，提高风险管理水平，服务实体经济发展。

宋亮华（2017）认为大型商业银行应粗犷式的发展路径，注重专业能力建设，致力于从经营金融资本转向同时经营金融和知识资本，不断延伸金融产业链，构建契合投资银行业务发展规律的治理框架、经营管理体系和风险管理体系，建立特色化产业模式。

郑志来（2018）基于"双创经济"宏观背景，提出了供给侧视角下商业银行结构性改革路径：基于共享金融和普惠金融要求，对商业银行现有结构进行调整和内在优化；通过增设民营银行、互联网金融解决线上线下中小微企业融资难融资贵问题；依托互联网金融创新，将互联网金融作为商业银行供给结构重要组成，促进商业银行业务创新与效率提升。

表 2 - 9　　　　　　　　供给侧改革下商业银行适度规模发展研究

作者	文章题目	年份
邵平	商业银行的供给侧改革	2016
王曼怡	供给侧改革背景下商业银行转型升级的路径	2016
彭纯	商业银行资产驱动策略	2016
杨吉峰	供给侧改革对商业银行的影响	2016

作者	文章题目	年份
陆岷峰、杨亮	供给侧改革下商业银行机遇、使命与对策	2016
蔡宁伟	供给侧改革的实质、特性及其对商业银行的机遇与挑战——基于文献的质性分析与典型案例研究	2016
曹国华、刘睿凡	供给侧改革背景下我国商业银行信贷风险的防控	2016
张艳英	经济发展模式转型下推进商业银行供给侧改革的整体思路及布局	2016
赵宏	商业银行供给侧改革的有效方式	2017
陈前	供给侧改革下商业银行产品创新现状及问题研究	2017
刘高锋、孙继锋	基于供给侧改革视角的商业银行资产管理业务转型发展研究	2017
蔡则祥、董菁	供给侧改革导向下银行信贷资金渠道研究	2017
姜翔程、孔唯	供给侧改革背景下商业银行信贷风险管理的行业思维	2017
宋亮华	供给侧改革与银行业实业投行模式创新——从经营货币资本到经营知识资本的路径探索	2017
郑志来	供给侧视角下商业银行结构性改革与互联网金融创新	2018

资料来源：根据中国知网个人整理。

第七节　国内外有关研究评述

综合国内外文献来看，与商业银行规模相关的研究内容较多、研究角度较为多元、研究方法也很新颖，这都为本书开展研究提供了非常有益的参考，同时也使得本书的研究方向更为清晰明确。相较于前人的研究，本书研究视角清晰独特，既能吸收已有文献的研究成果，又能弥补一些空白，具体体现在：

（1）目前关于商业银行规模测度研究较少。虽然一说起商业银行规模，很多人都能在脑海中浮现出一个大致的印象。Banker 杂志和 Fortune 杂志每年都会给出商业银行的排名，有的按照总资产，有的按照一级资本，但商业银行的规模到底如何测度，尤其是在银行表外业务发展迅速的市场环境下，这种研究是非常必要的。

（2）目前关于规模发展的研究，本质上都是围绕规模经济及其相关理论来研究。很少深入系统地研究规模发展的路径问题，没有考虑规模发展是如何形成的，以及当前各种路径的发展程度和存在的问题。另外在规模问题的研究上，理论偏多，实务不足。

（3）目前关于规模边界的研究，都是基于企业理论而提出的，商业银行虽然也为企业，但又不同于一般的企业，有其独特的特点，它受宏观经济、政府监管以及客户需求的影响程度明显要高于一般企业，而且主要受资本制约。因此，需要从理论和实务两个角度来研究商业银行规模发展的可持续性问题。

（4）目前关于在新形势背景下的商业银行规模研究，包括互联网金融与商业银行规模发展以及供给侧改革下商业银行发展。在互联网金融不断发展的今天，商业银行不仅需要实体规模的扩张，还需要考虑互联网环境下虚拟规模的扩张。商业银行必须根据供给侧改革的要求，结合各自发展实际，选定适合自己的转型路径，在供给侧改革下，商业银行适度规模发展势在必行。

| 第三章 |

中国商业银行规模测度研究[①]

第一节　企业规模测度方法述评

商业银行规模是一个看似熟悉，但内涵复杂且又比较抽象的概念。规模是银行的本质属性，是一种客观存在，能够直观定性地分辨出大概情况，但又很难从定量化的角度进行度量。我国商业银行按照注册资本的不同，可以划分出较为明显的层次，主要包括全国性商业银行、城市商业银行和农村商业银行三个类别，它们的注册资本要求不同，经营地域范围也都有所差别，不同层次银行的规模差异性较大，很容易从直观上进行分辨，但同一层次银行之间的规模情况就很难分辨了。当前，党的十八届三中全会进一步确定了推进商业银行改革的总体方向，商业银行将面临更加开放化、市场化的外部环境，行业内部之间的竞争也将日益激烈，商业银行经营的趋同效应明显，

---

① 本章研究成果整理为《基于因子分析方法的我国商业银行规模测得研究》，已刊载在《金融理论与实践》2014 年第 3 期上。

因此，区分商业银行规模变得越来越重要；另外，银行业在新的经营形势下，不再片面追求信贷总量，而强调走低资本占用的内涵式发展道路，中间业务收入占比逐步提高，表外资产大幅增加，业务复杂性越来越高，以单一指标衡量规模有些"捉襟见肘"；再者，2008 年国际金融危机之后，商业银行面临着更为严格的政府监管，我国一些银行，比如工商银行、中国银行被评估为全球系统性重要银行，银监会也明确了国内系统性重要银行的评估标准，下一步存款保险制度还将出台，规模测度将是加强商业银行监管的重要根据。

国家统计局在有关企业规模划型标准中明确指出，金融业没有确定企业划型标准，主要原因是其产品、运作方式和监管体系与一般行业差异较大，需另行研究制定①。本章在对规模测度方法进行比较借鉴的基础上，界定了商业银行规模含义并构建了测度指标体系；基于我国上市商业银行数据，运用因子分析方法，实证检验了商业银行规模测度的层次，即包含基本体量、广度规模、深度规模，并运用新的指标体系和运算方法对我国上市商业银行规模进行了测度。本章提供了一种新型的商业银行规模测度方法，可用于包括上市银行在内的所有商业银行规模测度，研究结果能为下一步加强银行监管和推进银行业改革发展提供依据与借鉴。

商业银行作为一种特殊的企业，有必要掌握现有的企业规模测度方法。目前测定企业规模大致从两个方向进行，一是从投入角度，描述生产要素在企业积累、积聚的水平；二是从产出角度，描述企业产出的总水平。在基本指标上包括主营业务收入、总资产、就业总人数，这些指标能从一个侧面较好地了解企业规模的情况，但也都存在着一些显而易见的缺点，比如主营业务收入指标在年度间变动幅度太大，不够稳定；总资产不能反映企业经营规模的整体与全貌，不够全面；总人数没有考虑行业特点和员工素质情况，不够客观。各指标具体的含义及优缺点如表 3 - 1 所示。

---

① 国家统计局统计设计管理司. 企业规模划型标准简介.

表3-1　　　　　　　　　　　　企业规模测度基本指标

指标名称	指标含义	优、缺点
主营业务收入	企业主要产品的年度销售收入	客观公正，不同行业之间能比较，但变换幅度太大
总资产	是指企业拥有或控制的，能以货币计量的，能够给企业带来利益的经济资源	波动幅度小，但各行业之间不能比较，不够全面
就业总人数	指企业内正式编制的员工总数	波动幅度小，但不同行业，不同性质之间不能比较

资料来源：根据文献整理。

正是基于上述一些问题，政府从行政管理角度，出台了企业划型标准，目的是加强企业的管理，包括税收征缴、政策支持、监管方式等体现出差异。学术界杨梅英、熊飞（2008）在对高新技术企业特点进行分析的基础上，研究提出了一种新型的规模测度方法——"因子综合方法"，以销售收入作为企业规模测度的动态指标，以总资产作为静态指标，并设定行业因子和时间因子进行调节，使得不同行业、不同时期的高新技术企业规模能够进行横向、纵向比较①。

关于商业银行规模测度问题，目前缺少专门的、针对性的研究。在不同的文献中，涉及商业银行规模时，主要分为以下几种情形：（1）以总资产或自有资本的绝对数量作为规模的代表指标，这类文献主要考虑研究的便利性和数据的易获得性。（2）以机构数量作为银行规模的代表指标，这类研究大多侧重于研究银行的饱和度和服务能力。（3）以多个不同维度的指标从不同侧面作为银行规模的代表指标，包括分支机构数量、从业人员总数、资产总量、存贷款总体规模等，也包括商业银行中间业务规模的大小、商业

---

① 杨梅英，熊飞. 高新技术企业规模测度探析［J］. 科学学与科学技术管理，2008（1）：164 - 169.

银行资本金规模等量的指标，还包括商业银行盈利水平、市场份额、市场控制力等质的指标，这类文献大多在不同指标之间进行互相印证，避免以某一单独指标衡量商业银行规模有失片面性。

通过上述文献可以看出，商业银行规模是一个非常全面而又抽象的概念，可以采用不同的"尺子"进行度量，但难免片面性；针对不同的研究目的，衡量的尺子可能有所不同，但有失公允性。

在实务界，英国《银行家》杂志专注于做全球商业银行的排名，40年来，一直以一级资本作为排名的依据；还有其他一些机构，如《福布斯》《财富》、中国企业联合会采用主营业务收入或销售收入、利润、资产、市值四项指标作为综合排名（见表3-2）。需要明确的是，排名可从某一方面体现商业银行规模，但更多的是通过名次变化体现出银行业发展动态，并不表明银行规模的大小。尤其《福布斯》《财富》等排名中，石油行业、金融行业一般都能众望所归地排在榜单前列，这是由行业特性所决定的，未必真正体现了其规模情况。

表3-2　　　　　　　　　各类机构对企业排名的依据

排名机构	排名	排名依据
《银行家》	全球银行1000强	按银行一级资本排名
《福布斯》	全球企业2000强	按企业销售收入、利润、资产、市值四项指标综合排名
《财富》	全球企业500强	按企业营业收入排名
中国企业联合会	中国企业500强	按企业营业收入排名

资料来源：根据网络公开资料整理。

第二节　商业银行规模测度指标体系

在构建规模测度指标体系之前，首先需要清晰界定商业银行规模的含义，虽然目前业界关于包括商业银行规模在内的企业规模含义并没有定论，但一般而言，企业规模基本可概述为"企业为自身成长和竞争力的提高而有效驾驭的内部资源数量"。商业银行与一般企业有着明显的区别，银行业是货币经营企业，在社会经济发展中具有中枢纽带的关键地位，对整个经济的影响是全局性的；尤其商业银行的大部分资产具有合同的性质，表现为有价证券的形式，而这些资产在实际运作上、在法律上都具有极大的不确定性，因此，面临着比较明显的负外部效应。另外，商业银行是一种服务性机构，要通过提供金融服务获得收益，并不直接提供有形的生产品或消费品，作为服务行业，经营极易同质化，所以在没有外在限制的情况下，竞争将趋于白热化，商业银行都将力求提高自身经营的广度和深度，最大限度地掌握发展资源，提高自身的竞争能力和经营效益。

基于上述分析，银行业不仅具有企业的一般特征，还具有典型的外部效应。因此，本书将商业银行规模界定为：商业银行为自身成长和竞争力的提高而有效驾驭的内部资源数量及其外部风险的总和。

具体而言，商业银行规模是由宏观环境、监管强度、市场竞争、内部经营共同作用的结果。宏观环境是造成银行规模差异的最外围的因素，它对规模的影响是全局性的，尤其当今信息科学技术飞速发展，对银行业规模的发展是革命性的；再比如金融产品的创新，使得银行规模有一个本质的提升。监管强度对银行的规模也有很大的影响。监管是防止了银行危机而导致的整个系统的危机，但监管的强度越强，银行所受的限制越多，规模扩张的速度就会相应下降。市场竞争是造成银行之间规模差异的重要因素。如果银行在市场中有强劲的竞争对手，那么这个银行在扩张过程中必然会受到该竞争对手的挤兑，扩张相对受限，反之，该银行的扩张空间则要大很多。宏观环境、市场竞争、监管强度都是外界变量，它们能够解释不同银行规模产生差异的原因，但不能解释商业银行规模的内在决定因素，而商业银行经营能力和经营水平则是银行规模决定的重要内生变量，不同的战略决策、不同的项目投资机会、不同的领导人决策风格都对银行规模的决定有重要的影响。

"横看成岭侧成峰"，商业银行规模作为一种抽象的客观存在，站在不同的视角，所测度的结果势必有所差异。到底站在何种角度，这就要首先明确测度的目的，正如前文所述，银行规模测度的意义是便于加强对银行的监管，为下一步包括存款保险在内的银行业改革发展提供依据。所以，规模测度需要站在监管者的角度，提供一个全方位的测度结果。

设计商业银行规模测度指标，必须遵循以下原则：

第一，针对性。指标设计要能切实体现银行经营规模，尤其对加强监管具有意义。如针对银行服务能力研究规模，可能更多地要考虑银行的网点数量、客户经理人数、自助设备配备情况等，而本书所研究的规模是从监管视角考虑的一个总体规模。

第二，全面性。指标是为了体现银行的基本体量以及风险水平的规模层次，因此，在指标的设计上，需要考虑规模的不同层次，需要考虑规模的基本体量、经营的深度以及广度。目前，监管层非常关心系统性重要银行，其主要评定标准包括总资产、系统关联性、市场不可替代性、业务复杂性等，这都应该在规模测度指标中有所涉及。

第三，可量化性。规模测度结果应该是一个明确的数字，不是定性的，根据量化值确定商业银行规模的大小顺序；而且量化值是相对稳定的，能体现出规模的连续性变化，不会因某些指标的剧烈波动而导致规模测度结果大幅变动。

综上分析，商业银行规模测度指标体系包括三个层次：基本体量描述商业银行经营规模的总况；广度规模描述商业银行经营规模的范围；深度规模描述商业银行经营规模的复杂性情况。商业银行规模测度示意如图 3 - 1 所示，各层次规模对应的指标如表 3 - 3 所示。

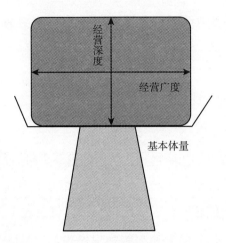

图 3 – 1　商业银行规模测度层次示意

表 3 – 3　　　　　　　　　　　商业银行规模测度指标体系

规模测度层次	具体指标
基本体量	总资产、营业收入、净利润、一级资本
广度规模	贷款总额、前十大客户贷款集中度
深度规模	风险加权资产、衍生金融资产、交易性金融资产、卖出回购金融资产、加权风险资产占比、佣金和手续费收入占比

第三节　基于因子方法的数学分析

一、数据来源

为验证商业银行规模测度指标体系及测度层次，本书将进行实证检验。考虑到数据的准确性和口径的统一性，样本选择为我国 16 家上市商业银行，数据主要来自国泰安数据库（CSMAR – 2010 版），各指标取值年度为

2007 ~ 2011 年，对其中部分缺失数据，本书逐一核查银行年报，进行了补充。

二、 分析结果

运用 SPSS 工具，对 16 家银行 5 年的面板数据进行降维分析，结果如图 3 - 2 和表 3 - 4 所示。

可以看出，按照信息解释百分比以及特征值超过 1 为标准，刚好提取 3 个主成分，这三个主成分分别能够解释规模相关信息的 63%、13%、10%，最后累计解释各指标信息的 86%。

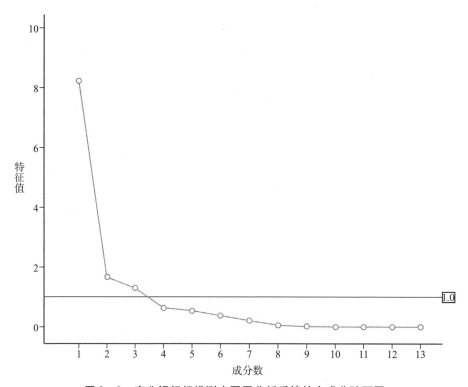

图 3 - 2　商业银行规模测度因子分析反馈的主成分碎石图

表 3 – 4　　　　　　　商业银行规模测度主成分提取及解释信息比例情况

成分	初始特征值			旋转平方和载入		
	合计	方差（%）	累积（%）	合计	方差（%）	累积（%）
1	8.224	63.261	63.261	7.806	60.046	60.046
2	1.667	12.824	76.086	2.073	15.946	75.992
3	1.312	10.096	86.181	1.325	10.189	86.181
4	0.627	4.825	91.007			
5	0.539	4.146	95.153			
6	0.375	2.883	98.035			
7	0.205	1.579	99.614			
8	0.042	0.321	99.935			
9	0.005	0.036	99.970			
10	0.002	0.017	99.988			
11	0.001	0.008	99.995			
12	0.000	0.003	99.998			
13	0.000	0.002	100.00			

　　这表明，三个主成分可以较好地表达上述指标所反映出的有关商业银行规模的信息。再进一步分析各主成分的含义，根据分析所反馈的成分得分系数矩阵如表 3 – 5 所示可知，第一主成分主要与总资产、一级资本、营业收入、净利润、贷款总额、加权风险资产、衍生金融资产、交易性金融资产、买入返售金融资产有较高的相关关系。

　　第二主成分主要与最大十家客户贷款比例、手续费及佣金收入占比、加权风险资产占比、卖出回购金融资产、买入返售金融资产有较高的相关关系。

　　第三主成分主要与卖出回购金融资产、加权风险资产占比、最大十家客户贷款比率有较高的相关关系。根据系数矩阵，各主成分的表达式为：

第一主成分 = 0.123 × 总资产 + 0.120 × 一级资本 + 0.122 × 营业收入 + 0.118 × 净利润 + 0.122 × 贷款总额 + 0.122 × 加权风险资产 + 0.122 × 交易性金融资产 + 0.139 × 买入返售金融资产净额 + 其他不太相关

第二主成分 = -0.449 × 最大十家客户贷款比率 + 0.470 × 手续费及佣金收入占比 + 0.251 × 加权风险资产占比 + 0.204 × 卖出回购金融资产 - 0.194 × 买入返售金融资产 + 其他不太相关

第三主成分 = -0.648 × 卖出回购金融资产 + 0.547 × 加权风险资产占比 + 0.140 × 最大十家客户贷款比率 + 其他不太相关

从表达式中可以看出，第一主成分大概描述的是基本体量情况；第二主成分和第三主成分略有交叉，既包含了规模的广度，也反映了规模的深度，这表明目前我国商业银行经营规模的广度和深度不能完全区分清楚；第三主成分是在第二主成分的基础上，对广度和深度规模信息的补充。

表 3 - 5 商业银行规模各成分得分系数矩阵

项目	成分		
	1	2	3
资产总计	0.123	0.006	0.001
一级资本	0.120	0.017	0.015
营业收入	0.122	0.012	0.017
净利润	0.118	0.021	0.023
贷款总额	0.122	0.009	0.020
最大十家客户贷款比率（%）	0.065	-0.449	0.140
加权风险资产	0.122	0.012	0.025
衍生金融资产	0.096	0.034	-0.085
交易性金融资产	0.122	-0.072	0.049
卖出回购金融资产	-0.084	0.204	-0.648
加权风险资产占比	-0.079	0.251	0.547

项目	成分		
	1	2	3
手续费及佣金收入占比	− 0.060	0.470	0.088
买入返售金融资产	0.139	− 0.194	− 0.019

注：提取方法：主成分。旋转法：具有 Kaiser 标准化的正交旋转法。

上述有些指标既属于基本体量指标，又属于广度规模和深度规模指标，存在一定的交叉情况，这表明有些指标体现了多方面的规模测度信息，各指标重叠情况可表述为旋转空间中的成分图（见图 3 − 3）。

根据实证分析结果，可将前面构建的理论测度指标体系进行相应修改，并依据各主成分所能解释信息的百分比设置各个规模测度层次的权重，具体情况如表 3 − 6 所示。

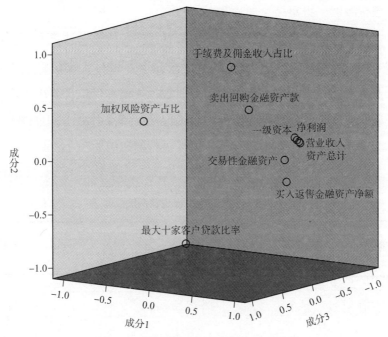

图 3 − 3　因子分析三维空间各成分构成

表 3 - 6 实证结果支持的商业银行规模测度指标体系

规模测度层次	权重	具体指标
基本体量	63% /86% =73%	$0.123 \times$ 总资产 $+0.120 \times$ 一级资本 $+0.122 \times$ 营业收入 $+0.118 \times$ 净利润 $+0.122 \times$ 贷款总额 $+0.122 \times$ 加权风险资产 $+0.122 \times$ 交易性金融资产 $+0.139 \times$ 买入返售金融资产净额
广度及深度规模主要信息	13% /86% =15%	$-0.449 \times$ 最大十家客户贷款比率 $+0.470 \times$ 手续费及佣金收入占比 $+0.251 \times$ 加权风险资产占比 $+0.204 \times$ 卖出回购金融资产 $-0.194 \times$ 买入返售金融资产
广度及深度规模补充信息	10% /86% =12%	$-0.648 \times$ 卖出回购金融资产 $+0.547 \times$ 加权风险资产占比 $+0.140 \times$ 最大十家客户贷款比率

按照表 3 - 6 所提供的商业银行规模测得方法，对 16 家上市银行近 3 年的规模进行测度，得出结论如表 3 - 7 所示。

需要说明的是，该排名结果与单纯依靠总资产的排名结果并不相同，比如，四大国有商业银行按总资产排名依次为工商银行、建设银行、中国银行、农业银行，这种区别主要体现在商业银行规模不仅包含着内外部资源掌握量，还需要体现其外部风险情况，中国银行规模排名第二，也进一步阐释了其作为中国第一家入选全球系统重要性银行的原因。

表 3 - 7 2011 年度 16 家上市银行规模测度及排名

银行名称	基本体量	广度深度规模基本信息	广度深度规模补充信息	总规模
工商银行	100.0	82.6	60.0	100.0
中国银行	92.4	75.7	86.5	97.0

续表

银行名称	基本体量	广度深度规模 基本信息	广度深度规模 补充信息	总规模
建设银行	90.1	72.0	90.9	95.1
农业银行	90.9	74.6	76.6	93.0
交通银行	72.8	83.7	89.7	77.5
中信银行	67.9	86.7	92.0	73.0
招商银行	65.2	90.2	87.7	69.5
浦发银行	66.3	100.0	75.9	69.1
光大银行	65.8	72.0	90.7	68.6
民生银行	63.9	85.2	91.4	68.3
兴业银行	67.5	79.8	66.5	65.7
华夏银行	63.4	92.8	77.7	65.5
宁波银行	60.0	99.6	86.3	64.7
南京银行	60.1	98.0	86.5	64.6
北京银行	62.5	83.9	77.1	63.3
平安银行	64.8	65.2	62.2	60.0

　　再比较 2010 年度、2011 年度各商业银行规模排名变化情况（2009 年度农业银行、光大银行尚未上市，数据缺失，排名变化情况不易比较）。通过表 3-8，可以清楚看出，2010～2011 年度，招商银行、宁波银行前进 2 位次，建设银行、中信银行、光大银行前进 1 位次；兴业银行降低 3 位次、浦发银行和北京银行降低 2 位次、农业银行和民生银行降低 1 位次。

表 3 - 8　　　　　　　2009～2011 年度各商业银行规模排名变化情况

银行名称	规模排名		
	2011年	2010年	2009年
工商银行	1	1	1
中国银行	2	2	3
建设银行	3	4	2
农业银行	4	3	—
交通银行	5	5	4
中信银行	6	7	5
招商银行	7	9	8
浦发银行	8	6	6
光大银行	9	10	—
民生银行	10	11	7
兴业银行	11	8	9
华夏银行	12	12	10
宁波银行	13	15	14
南京银行	14	14	13
北京银行	15	13	11
平安银行	16	16	12

　　综上，本章从理论角度首先建立了商业银行规模测度指标体系，后续通过我国上市商业银行的面板数据进行了验证。结果表明，商业银行规模测度完全可以从基本体量、广度规模、深度规模三个角度进行，只是在数据实际验证中，当前广度和深度规模的区分并不是很明显，存在一定的交叉，因此

在实际测度中，将这三个层次修正为基本体量、广度及深度规模基本信息、广度及深度规模补充信息三个方面，并根据实证分析结果得出了各自对于总体规模的权重，进而计算得出我国上市商业银行近 3 年的规模情况，测度结果符合实际情况，也契合了本书对商业银行规模的定义。本书虽然使用的是我国上市商业银行数据，但推而广之，在数据可获得的情况下，完全能够用于其他商业银行规模的测定。

本章提出的商业银行规模测度方法，符合当前商业银行传统的经营模式，具有很强的实用性，有利于下一步加强商业银行监管，包括为建立存款保险制度在内的银行业改革提供依据。同时需要指出的是，随着银行经营复杂程度的提高，尤其是随着互联网金融的深入发展，信息对于银行经营发展的作用将日益突出，银行之争最后实际是信息之争，而信息作为一种客观的标准，对不同银行乃至金融行业都有共性，因此，超越当前从业务角度测度规模，加强对信息量的度量，可能是未来进行规模测度的一个重要研究方向。

第四节　商业银行规模发展的路径分解

一、商业银行规模发展路径的有关理论

商业银行规模发展是从无到有、从小到大的过程，在规模发展过程中包含着多种不同的路径和方式。根据葛兆强的研究，各个银行的发展具有不同的时空背景和特点，要准确界定一家银行的规模发展路径是非常艰难的事情，他将商业银行的发展路径归纳为三种：自然发展、并购发展、跨组织发展[①]。自然发展，指商业银行在保持现有的机构形态下，通过内部经营效率

---

① 葛兆强. 管理能力、战略转型与商业银行成长 [J]. 金融论坛，2005（5）：10–17.

的提升所获得的可持续性规模发展；并购发展是指商业银行通过收购和兼并从而实现的跃迁式发展；跨组织发展是指银行通过建立正式与非正式的联盟网络的方式从而实现规模的发展，包括"银行外包"等一些较为新颖的规模发展方式。

还有一些国内学者认为，商业银行规模发展的路径包括三种方式：新建分行、投资网上银行、兼并与收购。新建分支机构是银行业扩大经营领域的传统做法，其优势在于一张白纸，没有资产、人员等负担，企业文化的承继较为顺畅；缺点在于分支机构的规模发展需要一个过程，导致投入与产出时间上的不匹配，新机构在较长时期处于规模不经济状态，影响银行整体的盈利性。从全社会福利最大化的角度考虑，在银行业竞争相对饱和的情况下，新建机构也会造成大量银行固定资产的闲置，不利于资源的优化配置。从监管政策看，近年来对银行业的市场准入实行了严格的行政限制，2000～2003年的 4 年间，由于国有银行机构数量下降，导致全国银行业机构总数下降，应当是出于对全国银行机构相对过剩的基本判断。

网上银行等虚拟网点的建设也是如此，前期投入较大。而且各家商业银行容易"一窝蜂"，同步建设技术水平接近、业务内容相似的网上银行和虚拟网点，形成无序竞争，浪费了社会资源。

全球银行中，增长最快的机构都是通过兼并实现的，根据国外学者的研究，银行业兼并增加的原因主要有：（1）适应市场竞争的需要。金融市场一体化、全球经济一体化，迫使商业银行必须在全球范围内竞争，这种竞争的压力使得商业银行必须提高效率、降低成本，在世界范围内形成竞争优势。（2）形成优势互补。不同的银行在不同的领域存在不同的竞争优势，如果能把具有不同竞争优势的银行业务整合，将形成新的竞争优势。（3）兼并有利于增加银行的资本收益率，通常受到股东的支持。近年来银行兼并后的市值，基本上都高于原银行市值的总和。与新建机构相比，兼并可以扩大市场份额，在不改变竞争格局的情况下，取得更大的规模经济性；而且可以通过被兼并银行的客户资源优势，迅速地进入当地市场，降低投资的不确定性，较快获得收益。当然，兼并也存在一些难点，主要是企业文化的整合、机构的撤并和人员的精减。虽然，兼并并不能解决商业银行的所有问题，但可以实现优势互补，在扩大规模的同时，提高银行整体竞争力水平。国外商业银行已将兼并作为规模扩张的主要方式，兼并也得到了国外商业银行监管当局的支持。

二、 国内外商业银行规模发展的路径

21 世纪初期，国外商业银行纷纷加强了并购步伐，出现了很多震撼市场的案例。比如美洲银行并购波斯顿公司，造就了全美第三大银行；再比如当时规模在日本国内排名第二的三菱东京银行和排名第四的日联银行进行了合并。通过这些经典案例，可以看出，商业银行并购有利于快速扩大规模、降低经营成本，在一定程度上获得规模经济效应，提高商业银行的整体实力。必须要指出的是，我国商业银行上市之际，引进了境外战略投资者，如美国银行持有建设银行股份，苏格兰皇家银行持有中国银行股份，高盛持有工商银行股份，这都只是一种投资引资行为，在一些业务上有所合作。但总体而言，双方交融的空间是有限的，并非经济学意义上的兼并行为。

外资银行除在国内进行兼并，也在国际市场上进行规模扩张，一般的方式包括设立代理处，代理处受所在国的监管最为宽松，当然所能够从事的银行业务也受到极大限制；第二类是组建投资公司，通过这种方式进入受到一定的监管，但投资公司在一些业务经营上具有很高的灵活性；第三类是新建分行，分行不是独立的法人，可以从事商业银行业务，但由于东道国和总行所在国监管政策等各方面存在差异，并不是很灵活；第四类是组建子行，子行和当地银行有同样的权利，当然也处于同样的监管政策之下，外资银行可

以通过股权投资的形式控股或者参股当地的银行，获得对子行的控制权。

相比较而言，国内商业银行并购的力度要小很多，其规模发展一般都通过自身业务的发展、新建分行来达到。国内银行同业之间的兼并收购还不多见，历史上少有的几次同业"兼并"也是"事出有因"，在特殊的背景下实现的，比如工商银行托管海南发展银行，这主要是为了兑付债务，并未纳入进行统一管理；另外就是一些股份制商业银行兼并城市信用社，这也是由于监管机构对股份制商业银行实行了准入管理，属于指令性的兼并，并非市场化行为，因此，也难以获得规模经济效益。

虽然国内银行同业之间的并购较为少见，但近年来，随着经济金融一体化，随着我国对外开放程度的提高，我国商业银行纷纷加大了"走出去"的步伐。从国际经验来看，"走出去"是全球商业银行增强经营实力、保持持续稳定发展的重要选择；从中国现实情况来看，"走出去"是中国经济日益融入世界的必然结果，也是商业银行加快经营转型，增强国际竞争能力的内在要求。

近几年，随着监管政策的逐步放开以及我国居民收入水平的稳步提高，对银行混业经营的期盼越来越高，很多商业银行都已经逐步进入其他金融领域，开展除商业银行以外的其他一些业务，包括证券、保险、租赁、投资银行、基金、信托等，这也是商业银行获得规模发展的一种有效途径。

三、 大型商业银行规模发展路径分解

根据上述有关规模发展路径的理论，同时结合国内外商业银行规模发展的实际情况，充分考虑我国商业银行在股改上市以来的发展战略和发展现状，本章将商业银行规模发展归结为以下三个主要路径：

一是内生化发展，指商业银行在保持现有的机构形态下，通过内部经营效率的提升所获得的可持续性规模发展，这是商业银行规模发展的常态，也

是商业银行增强竞争实力的必然要求。

二是综合化发展，指商业银行通过进入基金、证券、保险、租赁、信托、投行等领域而实现的规模发展，这是商业银行分散行业风险，避免受行业周期的影响，实现规模发展的一种有效途径，也是近年来中国金融领域更加开放的一种见证。

三是国际化发展，指商业银行通过参股、控股、新设境外机构的方式实现的规模化发展，这是商业银行分散区域风险，开拓国外新兴领地和"蓝海"的一种重要方式，是商业银行增强全球影响力，真正从本土大行向全球强行转变的现实选择。

为了说明内生化发展、综合化发展以及国际化发展对商业银行规模发展的作用，同时分析各种路径的发展空间。本章以 2012 年末的总资产指标来进行分析①。近几年，商业银行总资产的构成中，内生化发展、国际化发展、综合化发展的比重情况如表 3 - 9 所示。

表 3 - 9　　　　　　　商业银行 2012 年总资产构成分解②

商业银行	内生化资产	综合化总资产	国际化总资产	总资产
ICBC	16118594 91.9%	365930 2.1%	1057693 6.0%	17542217 100%
CCB	13299896 95.2%	154353 1.1%	518579 3.7%	13972828 100%
BOC	9341849 73.7%	203193 1.6%	3135573 24.7%	12680615 100%

资料来源：根据各银行年报资料整理。

---

① 虽然如前面所述，总资产在衡量商业银行规模方面是不全面的，但从简便易行的角度考虑，此处以总资产大致说明各种发展路径对规模发展的贡献情况。

② 本书中有关商业银行经营情况的数据，如无特殊说明，单位均为百万元人民币，下同。

通过表 3 - 9 可以看出，近年来，工商银行加大了国际化和综合化步伐，综合化和国际化总资产占比达到 8.1%，境外和境内子公司总资产占比越来越大，对集团规模发展的贡献程度不断提高；建设银行国际化和综合化步伐稍慢，两者总资产比例达到 4.8%，在三大行中处于较低水平；中国银行国际化总资产达到 24.7%，是三大行中最高的，其综合化总资产也达到 1.6%，两者合计占比达到 26.3%，这是由于中国银行具有历史优势，中华人民共和国成立后定位于外汇大行，在国际化发展方面具有垄断性的优势，进入国际市场相对较早，国际化一直走在我国商业银行前列。从上述趋势也可以看出，商业银行国际化、综合化是重要趋势，对集团总资产的贡献度不断增加。

为了直观看出商业银行规模的路径分解，将上述统计数据转换为图 3 - 4。从图 3 - 4 可以看出，中国银行国际化程度可以作为其他商业银行的标杆，这表明，相比较而言，国际化发展具有广阔的空间；而综合化资产最高的只有 2.1%，当然，综合化起步相对较晚，还有较长的路要走，但是，也不得不承认，商业银行现在已经基本进入了金融的各个领域，包括证券、保险、基金、租赁、投资银行、信托等，在混业经营（指可以进入实体性行业）不可能开放、商业银行也不会进入的情况下，商业银行只能通过扩大综合化子公司的综合实力来获得综合化程度的进一步提高。总体而言，综合化的空间与国际化的空间相比，是有限度的。

上述综合化、国际化发展路径本质上都是一种并购成长，是近几年以及今后一段时间商业银行获得跃迁式规模发展的主要途径；内生化发展是商业银行规模发展的常态，是近几年以及今后一段时间商业银行必须加强转型发展的重要领域。从下一章开始，将分别研究商业银行内生化发展、综合化发展、国际化发展、互联网化发展的程度并对其业绩进行评价。

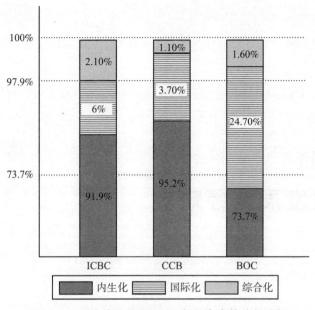

图 3 – 4 三大商业银行 2012 年总资产的路径分解

| 第四章 |
内生化发展路径研究

第一节 引言

　　商业银行作为一个经营组织，本身是有生命力的，只要坚持对外经营，那么其规模发展就是一种必然。商业银行在完成企业所应具有功能的同时，本身会有一个规模自发发展的过程，类似于滚雪球效应，自我循环，资产不断增大，规模日益膨胀。本书将这种自我增长、不依赖外部融合的过程称之为内生化发展过程。因此，研究商业银行内生化发展，不需要考虑规模是否与日俱增的问题，而是要重点考虑规模增长"快慢"和"好坏"的问题。

　　近年来，商业银行内部分化较为明显。大型银行与小型银行在规模发展的方式上存在典型差异。当大型银行在考虑经营结构转型，扩大中间业务收入比重的时候，可能小型银行还在追求单纯的规模扩张。这是由银行不同的发展阶段以及经营目标所决定的。但即使在大型银行之间，内生化发展的方式也存在不同。比如对待存款的态度，有些银行想方设法做好稳存增存工作，还有些银行从控制成本角度降低结构性存款的比例，导致存款大幅下滑。再比如，对待非利息收入，商业银行在追求发展的过程中，普遍意识到要改变收益结构，但在存在经营惯性的情况下，中间业务收入增长仍然极其艰难，很多中间业务收入只是信贷业务收入的"变种"和替代品。

本章首先研究我国商业银行内生化发展所面临的新型金融生态环境，并对商业银行面临新形势下，自身所具有的优势、劣势以及面临的机遇与挑战进行分析；其次从中国商业银行内生化发展现状的角度，以资本为主要切入点，研究近年来可持续增长率与实际增长率的关系；最后以问题为导向，从收益结构、资源盘活、经营效率三个维度提出了商业银行内生化发展的评判方法，并以中国商业银行的经营数据进行了实证研究。

第二节　商业银行所面临的金融生态环境

进入 21 世纪，国家对商业银行改革非常重视，在政策上给予了很大支持。建设银行、中国银行、工商银行分别于 2005 年、2006 年、2007 年完成上市发行工作。这在商业银行发展历程中具有标志性意义，标志着商业银行真正作为独立的企业，开启了新型公司治理的道路，开始了现代化经营模式，改变了整个银行业的经营环境。与此同时，随着商业银行的股改上市，银行内部释放改革红利，外部经济形势较好，银行和经济呈现出一种相得益彰、彼此交融、相互促进的和谐局面，银行业经营在 21 世纪前十年遇到一个黄金时期，外界对银行业发展充满期望，商业银行的行业声誉日兴月隆，行业吸引力进一步增强，但在 2008 年金融危机之后，商业银行开始进入到一个新的生态环境，在这个环境下，机遇和风险并存，挑战和风险同在。本章借鉴迈克尔·波特（Michael Porter）在《企业竞争战略》理论中企业所面临的"五力"模型①，结合商业银行作为一种特殊行业的实际情况，从宏观经济环境、监管政策和环境、潜在竞争者、行业内部竞争、商业银行内部管理五个方面分析我国商业银行所面临的新型金融生态环境。

一、 商业银行规模发展"五力"模型

(一) 宏观经济环境

不可否认，宏观经济形势的发展和银行业密切相关。根据对以往数据的研究，商业银行存贷款、营业收入、净利润与 GDP 和 M2 呈现较强的相关关系（见表 4 - 1），这进一步佐证了"银行兴则经济兴""经济强则银行强"，商业银行发展和宏观经济呈现出相互印证、鱼水共存的关系。

表 4 - 1　　　　　　　商业银行规模类指标与 GDP、M2 相关性

项目	同 GDP 相关性	同 M2 相关性
存贷款	0.991 **	0.995 **
营业收入	0.996 **	0.981 **
净利润	0.999 **	0.995 **

注：** 是指在 0.01 水平（双侧）上显著相关。

未来一段时间，世界经济进入深度调整期，以刺激政策带动的经济反弹周期可能趋于结束，而新的增长动力尚不明朗，全球经济可能在较长时期处于低速增长状态。我国宏观经济形势在未来面临着增长速度放缓和结构调整双重转换阶段，支撑我国经济高速增长的一些有利因素逐渐消退，经济开始转入中速增长阶段，根据预测，GDP 增长速度将由过去的 10% 左右降低到

---

① 迈克尔·波特. 竞争优势 [M]. 华夏出版社，2003.

未来几年平均6%～8%，增长速度明显放缓，而且还将经历一个较长时间的产能过剩消耗过程及去杠杆的过程。经济增速下滑对商业银行的影响是非常明显而且是立竿见影的，当然毕竟还维持着较高的增长水平，相比较而言，6%～7%的增速在世界主要地区中仍然是较高的增速。但中国的实际情况决定了在经济下滑的过程中，将导致大批处在产业链末端的小微企业和个人经营贷款风险加速暴露。未来经济转型升级过程中产能过剩和地方政府性债务风险可能会更加凸显出来，大额信贷风险、理财业务风险甚至区域性、系统性风险发生的概率增大。与此同时，随着外部各方面形势的复杂多变，商业银行面临风险的复杂性、关联性、传染性进一步增强，商业银行风险管控难度进一步增大，流动性风险、市场风险、合规风险、操作风险、IT风险、国别风险、声誉风险等都呈现出新的特征，如何全面管控、有效化解成为一个难题，日益复杂的内外部形势对商业银行经营管理提出了新的、更高的要求。

（二）严格的监管和政策环境

资本是商业银行可持续发展能力的关键资源和核心要素。2008年国际金融危机以来，商业银行的资本质量及资本管理成为银行业监管和银行业内部治理改革的焦点问题。国际和国内金融监管机构都加强了对商业银行资本数量和资本质量的监管，显著提高了对商业银行资本数量和质量的要求。《巴塞尔资本协议Ⅲ》确立了新的金融监管模式，即采用微观审慎、宏观审慎相结合的监管模式，并对商业银行资本充足率及资本质量进行了更为严苛的规定。出于防范"大而不能倒"的考虑，全球和中国都设定了系统性重要银行，一般都是影响相对较大的商业银行，对他们实行更加严格的资本要求并要限期到位。2013年1月1日，银监会正式发布实施了《商业银行资本管理办法》，对《巴塞尔资本协议Ⅲ》的有关内容进行了制度层面的落实，后续对各商业银行制定了落实时间表，通过新监管标准的要求，逐步提高我国商业银行资本充足率和资本质量，促使商业银行增强在经济波动中的抵御风险能力。商业银行普遍面临资本消耗快、需求大、监管标准高与外源性资本补充渠道不畅、盈利增长趋缓又限制内生资本补充能力的矛盾。如何在新的资本监管框架下，在符合监管机构资本数量和质量要求的基础上，不断优化资本结构、进一步提升资本管理能力，成为商业银行需要迫切面对的重要课题。

此外，利率市场化改革，使得银行业传统所依赖的净息差收入面临着严峻的政策调整挑战。2013 年 7 月，央行宣布全面放开金融机构贷款利率管制，包括原来贷款利率 0.7 的下限也不再执行，这标志着中国的利率市场化迈出了关键性的一步。本次政策的出台快于市场普遍预期，且具有明显的差异化实施的特点。总体来看，这次利率政策的调整，虽然对宏观经济及货币政策预期的影响较小，对金融机构和企业等微观主体的影响还算比较正面，改革的风险较低，但政策的宣示作用很强。我国利率市场化改革发展到此为止，已只剩下关键性的一步，也即存款利率市场化的放开问题，目前存款利率仍执行 120% 的上限标准，因此，放开存款利率的上限标准将是下一步利率市场化改革的方向。根据对未来利率市场化改革方向的估计，未来将继续简化存款利率的期限档次、促进 Shibor 作为基准利率的作用，进一步扩大其使用范围和影响力，当然，在利率市场化方面，未来还要继续推进相关的一些配套改革措施。中长期来看，首先，贷款利率完全放开使得商业银行拥有更多的自主定价权，银行业将针对不同的客户和资金情况实行更加灵活的定价，从而使得银行业的经营从现如今的同质化经营逐渐转向差异化运营，逐步跨入市场细分的时代。其次，随着利率市场化以及竞争日趋激烈，商业银行的资金定价过程将更趋向于市场化，银行的净利差也将逐渐收窄。最后，利率市场化必然加剧银行业内部的竞争，必然迫使商业银行加快经营转型与创新，进一步提高风险定价能力，进一步提高经营管理水平。在利率市场化改革方面，央行确定了将存款保险制度的建立作为 2014 年深化金融体制改革的主要任务之一，存款保险制度是利率市场化的必要基础和前提，该制度建立后，利率市场化有望得以加速推进。

（三）外部潜在市场竞争加剧

随着便携式终端上网设备的普及，人们的生活、消费、联络方式发生了根本性的变化，这种变化影响深远。当前，无论是互联网金融还是金融互联网，都是非常热门的话题，并逐渐从民间词汇进入了官方视野。2014年政府工作报告中，首次提到要"促进互联网金融健康发展"，虽然只是稍微提及，但意义非凡。这标志着互联网金融从"草根式""游离式"发展，开始进入官方视野，正式进入中国经济金融的发展序列，这也预示着其成为中国经济金融发展中一股潜力巨大的金融创新力量。虽然目前，互联网金融本质上只是一种渠道创新，但其吸引力很强，尤其以"云计算""大数据"作为支撑，将使得商业银行面临客户、信息、渠道、资金等方面分流的压力，迫使商业银行加快渠道改革。

另外，在直接融资体系中，国务院已经做出了将"新三板"扩大到全国的决定，多层次资本市场体系进一步健全，多层次股票市场，主板、中小板、创业板、"新三板"发展较快。这说明，金融"脱媒"效应进一步加剧，对商业银行传统的存贷款挑战进一步加大。随着居民收入水平的提高以及金融知识的普及，直接融资导致的"脱媒"效应将日益明显，这将直接改变银行的存贷款格局，不仅挤压了银行传统的盈利来源，也对商业银行的经营模式形成了倒逼与挑战，许多商业银行已经意识到要从存款大行发展为资产管理大行。

（四）银行业竞争更趋激烈

在中国，商业银行对促进经济发展具有重要的作用，随着地方性商业银行的逐渐兴起，商业银行大军中多了一支不可小觑的力量。据统计，2014

年以来，在县域机构的存款，商业银行远远落后于当地的农信社和地方银行，挤占了传统的商业银行的市场份额。这说明，银行业内部竞争日益加剧，这种竞争不仅来自大型商业银行之间的竞争，而且大型商业银行和中小型商业银行因为同质化经营的原因，也存在着激烈的市场竞争。随着国家对银行进入壁垒的放宽，民营银行试点工作已经展开，其设立对于完善多层次的金融服务体系、完善金融服务覆盖面具有重要作用，但同时金融市场主体越多元化，市场竞争就越充分。在"蛋糕"有限的情况下，分"蛋糕"的人增加了，商业银行在一些业务上不得不收缩。即使在现有银行的同业之间，由于经营的同质性和资源的有限性，商业银行不得不在存贷款、风险控制、中间业务等方面争取优质资源、吸引优质客户、提供优质服务。这一方面当然有利于促进我国商业银行整体经营实力的提高，但另一方面也起到了"分润"的效果，对于微观的银行主体来说，规模发展受到较大挑战。

（五）银行规模发展导致的"大企业病"日益明显

由于长久以来追求规模发展所导致的银行内部问题越来越明显，典型的是经营结构不合理，尤其对于商业银行，传统"铁公基"（指铁路、公路、基础设施），"贷大贷长贷集中"（对于"国字头"企业以及一些大型企业贷款较多，贷款时间较长，贷款非常集中）的现象非常明显，而且存在较大的惯性，不容易突破。银行依靠增加网点和增加人员来实现扩张和盈利的动力不减，人均、网均等经营效率指标的提高面临较大挑战。同时，商业银行经营领域不断拓宽，业务复杂程度不断提高，人员日益臃肿，机构日益膨胀，部门不断增多、职能交叉重叠、协调成本高、流程环节长，限制了商业银行管理效率与服务水平的提升。集团内部各条线、各板块之间工作联动、战略协同机制不健全，协调成本高，资源共享不充分。部分领域管理理念和技术落后，风险意识淡化，尚未形成既有较高市场竞争效率又能真正管住风险的成熟管理模式；一些领域管理过度与缺位并存，权力与责任脱节，难以做到失职追责和尽职免责；检查过多过频与检查不到位并存，且不同程度存在重检查、轻惩处、轻整改现象。绩效考核过细与粗放的矛盾突出，大量专业类、过程类、总量类部门主导考核指标，淡化了效益、质量、结构等核心关键指标考核，干扰了总体绩效考核的激励导向，一些机构唯指标不唯市场、唯考核不唯基础管理、唯短期效益不唯长远发展，甚至用一些不可持续的办法来完成考核数，掏空了业务发展基础、透支了发展潜力。这些问题是"老国企病"和"大企业病"在新形势下的典型症状，是市场化改革不够彻底的突出表现。工商银行、农业银行、中国银行纷纷调整了组织架构，打破"部门墙"，提高整体经营的合力，这是意识到问题后开始整改的第一步，但自总行以下，各级管理行仍然不同程度地存在部门设置多等问题。

综合上述情况，我国商业银行尤其是商业银行面临着规模发展的五方面情况（见图4-1），这是商业银行所面临的新型金融生态环境。

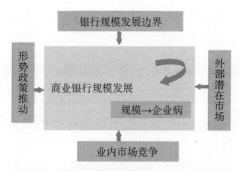

图4-1 商业银行规模发展"五力"模型

二、 商业银行的 SWOT 分析

商业银行的优势主要表现为总量较大、总体实力较强，具备较强的分散经营能力，与国家经济发展联系较为紧密，一般也具有政府背景，更容易将自身置于国家经济发展的总体规划中去考虑；劣势集中体现为经营不够灵活，战略决策到战略执行的时滞相对较长，经营效率不高，系统性风险不断加大，经营难度越来越高。

商业银行的机会主要在于未来中国工业化、城镇化、信息化和农业现代化"新四化"步伐加快，同时改革继续深化，制约增长潜能释放的体制机制和政策障碍将逐步被破除，社会融资总量在未来一段时间也将保持中高速增长，这都为国内银行业发展提供了巨大增量空间；威胁表现为：随着未来中国经济增速的下降，银行业成长的速度可能放缓，另外，经济从高涨到下降，隐藏着的信用风险将会充分暴露。

（一）优势分析

商业银行在发展过程中主要有以下一些优势：

一是总量优势，商业银行市场份额较大，存贷款总额较高，业务发展基础较好，具有较强的自我发展能力。另外，因历史传承的原因，物理渠道较多，这在当下中国大多数省区市，尤其是县域地区，针对大多数消费群体仍然是必要的。

二是客户基础优势。商业银行由于代发工资、网点布局等传统分工的原因，都拥有较大的个人客户和公司客户群体，在提高客户黏性上具有先天性优势，而且近期商业银行都推出了吸引高端客户的政策，客户结构有所改善、优化。

三是信息科技优势。商业银行往往经济实力较强，拥有自己独立的科技开发团队，能够解决大多数业务接口的问题，系统整合能力较强，尤其在科技安全性方面较为显著。同时网络渠道发展迅速，对物理渠道的分流效应较为明显。

四是品牌优势。商业银行具有"大而不能倒""大而不会倒"的优势，是客户信得过的品牌。尤其拥有较强的政府背景，有强大的国家作为后盾，在国内外市场均拥有较高的市场声誉。

五是管理优势。商业银行管理较为规范，制度比较健全，尤其是作为经营风险的组织，商业银行的管理人员往往由政府任命，这就使得商业银行经营较为稳健。同时，近年来，商业银行完善了公司治理结构，分离了决策权、经营权、监督权，增强了董事会、监事会的作用，形成了有效的权力约束机制。

（二）劣势分析

商业银行的劣势主要体现在以下一些方面：

一是经营的灵活性。这是大型银行最大的劣势。所谓"船小好调头"，商业银行在战略决策和战略执行方面存在较长的时滞，甚至思想不易统一，尤其在当前市场形势复杂多变的背景下，商业银行深化改革、加快经营转型的难度较大，长期形成的工作惯性不易改变。

二是经营的效率。商业银行效率普遍较低，虽然在绝对量上占有优势，但无论是成本收入比，还是人均指标、网均指标等一些效能型指标，与股份制等中小银行相比，都处于较低水平。

三是资源整合的问题。商业银行不缺资源，但整合起来难度较大。由于长期以来形成的利益格局和固有观念，小团体主义、部门主义还在较大范围内存在。银行内部的合作与联动不易，资源整合和共享的机制不够健全，整体优势还有待进一步发挥。

四是人才队伍的问题。长期以来，受历史包袱、监管等各方面的因素，大型商业银行的工资待遇水平相对较低，与中小型商业银行相比，人才的职业发展优势和待遇优势反而不明显，人才流失较为严重，与国外商业银行的情况相反，国内大型银行成为了中小型银行人才培养的"基地"。与此同时，大型商业银行员工队伍结构不够合理，40岁以上的员工知识陈旧，面临较大的转岗工作压力，而一批35岁以下员工年纪轻、学历高、能力强，同质化严重，职业发展空间却较为有限。

（三）机会分析

2006 年以来，我国 GDP 年均增长 10.3%，为商业银行股改上市以来盈利的高速增长提供了重要基础。未来一个时期，我国经济将保持 7% ~ 8% 的中高速增长，支撑我国银行业盈利平稳增长的有利经济环境仍然存在。数据显示（见图 4 - 2），经济增长和商业银行净利润增长呈现出较强的相关关系。

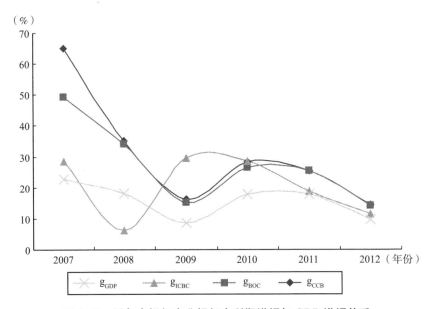

图 4 - 2　近年来银行商业银行净利润增幅与 GDP 增幅关系

资料来源：根据银行年报资料计算。

（四）挑战分析

未来一段时间，商业银行主要面临以下一些挑战（见图 4 - 3）。

一是经济增长放缓，信贷需求回归正常，同时导致有效信贷需求下降。根据中国人民银行的数据，2012 年第一到第三季度，金融机构新增的人民币中长期贷款为 2.39 万亿元，同比少增 4120 亿元。新增贷款中，中长期贷款占比只有 34.3%，而 2009 年的占比平均为 99.9%，2010 年的占比平均为 76.7%，相差较大。这说明，银行业贷款规模基本被短期贷款、票据贴现所占据，实体经济有效信贷需求明显不足。银行业尤其是商业银行近年来较为依赖的大项目、长期限信贷规模扩张模式已不复存在。同时，经济增速下滑，导致一些行业、企业出现信用风险，商业银行的不良贷款呈现出蔓延之势。

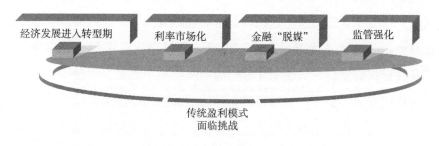

图 4 - 3　商业银行面临的主要挑战

二是利差收窄带来银行业盈利的降低。随着利率市场化的加速推进，存贷款利差势必进一步收窄。不可否认，利率市场化能够提升金融市场的运行效率，但必然会加剧银行业的市场竞争，使得商业银行利差收窄，传统的存贷业务收入下降。一方面，利率市场化后，客户对银行的选择权更加充分，可以对不同银行的存贷款定价进行比较，特别是当产品和服务都同质化的时候，一些中小型银行可能进行价格方面的非理性竞争。2012 年，央行实行利率浮动区间后，一些对价格敏感的客户向银行提出了存款利率上浮到顶和款利率下浮到底的要求，目前的情况是大型商业银行在存款定价上浮到顶方面还留有一点余地，大部分中小型银行均将存款利率上浮为上限，银行业之间已经开始实行差异化的定价手段。这将深刻改变银行业的竞争格局。另一方面，利率市场化将明显收窄银行的利差。而且需要指出的是，2013 年央行的利率市场化改革，刚好面临着外部经济发展形势欠佳，银行存款增长面临较大压力，社会信贷总需求不足的情况下，利差收窄的实际效果还要明显。在存款成本方面，中国人民银行降息后，存款基准利率有所下降，但因为可以上浮到顶，大部分银行都选择了上浮，而且激烈的市场竞争还有进一步推高存款成本的趋势。在贷款利率方面，一些大型客户和优质项目，处于银行间的竞争以及自身的企业优势和项目优势，对银行贷款利率的议价能力很强，特别是允许利率下浮后，都要求下浮到底，并将其作为企业选择贷款银行的主要依据。因此，存款成本的上升，贷款利率的下降，这一升一降必将收缩银行的存贷款利差。根据目前所掌握的有关数据，大部分银行的净利息收益率，即 NIM 水平开始收窄，未来，随着存款定期化趋势增强以及一些新发放贷款的重新定价，NIM 收窄的幅度将更为明显，并进一步挤压商业银行的利润空间，而中小银行可能会面临更大的风险隐患。

三是商业银行资本刚性约束更趋强化。银监会实施新资本办法之后，商业银行面临更为严格的资本约束。根据资本管理办法实施过渡期的安排，对于国内系统重要性银行，资本充足率、一级资本充足率、核心一级资本充足率最低要求分别要达到 9.5%、7.5% 和 6.5%；对于国内非系统重要性银行，这三项指标最低要求分别要达到 8.5%、6.5% 和 5.5%。与此同时，上市商业银行内源性和外源性资本补充都面临着较为困难的形势。在内源性资本补充方面，未来银行业的总体利润水平将放缓，银行业的利润留存部分也相应变少，对资本补充的作用有限；在外源性资本补充方面，在经历了近年来多次外源性市场融资之后，不少银行均承诺未来一段时间不再通过外源性融资方式补充资本金。而且近年来持续低迷的市场环境，也使上市银行利用增发配股等外源性资本补充的方式存在较大困难，通过资本市场融资的难度不断增大。因此，如何在资本管理更加复杂、资本约束日趋严格的情况下，保持合理的资本充足率水平，并有力支撑各项金融业务的持续发展，成为商业银行面临的一个非常紧迫的任务。

四是监管政策日趋严格，监管机构对商业银行产品和服务的定价提出多项要求，商业银行中间业务收入增长明显滞缓。受此影响，同时加上信贷有效需求不足，商业银行中间业务收入增长明显放缓。同时，受各方面因素的影响，资金绕开银行中介，直接由输出单位流向输入单位的渠道更加多元，"脱媒"效应加剧，对商业银行而言，也是一个必须面对的严峻形势。

综上所述，商业银行具有自身优势，也面临着一些不足；既迎来了新的发展机会，也面临着挑战（见表4-2）。

表4-2   商业银行 SWOT 分析

S： 1 商业银行具有较好的客户基础和资金品牌等规模优势。 2. 商业银行具有较强的科技实力和分散经营能力。 3. 商业银行具有政府背景，相对而言，更容易将自身置于国家经济发展大局中去谋划	W： 1. 商业银行不够灵活，战略调整存在时滞且难以预料的惯性阻力。 2. 国家加速淘汰落后产能，商业银行结构调整中信贷风险加大。 3. 商业银行同业竞争更趋激烈，银行业的经营效率指标亟须改善
O： 1. 未来中国经济具有较强的活力，为银行业发展提供了广阔空间。 2. 中国经济结构升级，城镇化发展为银行持续发展创造了难得机遇。 3. 中国中产阶级群体不断扩大，带动资产管理相关业务发展。 4. 人民币国际化等趋势以及市场化改革为银行业发展提供了新平台	T： 1. 中国经济增速下降，导致银行业增长速度放缓。 2. 强化监管，商业银行资本约束压力将进一步增大。 3. 利率市场化极大地挑战了银行传统盈利模式。 4. 金融"脱媒"尤其是网络金融的发展挤压银行传统的存贷款业务空间

第三节 商业银行内生化发展情况

根据对商业银行所面临的金融生态环境的分析，基本能得出一个结论，商业银行传统型的发展方式已难以为继，必须走转型发展的新路子。转型意味着要舍弃一些曾经对商业银行发展提供重要支撑的经营要素，同时又必须挖掘和找到新的驱动力，其中就涉及对"新"与"旧"、"传统"与"新兴"领域的"取"与"舍"的问题，如何处理好这一关系，决定商业银行能否获得转型改革的净红利。

这其中，资本是一个制约商业银行内生化发展的重要要素。随着商业银行业务规模、复杂程度和全球活跃度的进一步提升，附加资本要求还会相应提高。按照现有发展模式估算，将面临较大的资本缺口。如何处理资本消耗快、需求大、监管标准高与外源性资本补充渠道不畅、盈利增长趋缓又限制内生资本补充能力的矛盾，事关商业银行的营运安全和可持续发展。

本节从资本制约的角度，考察商业银行实际增长情况、可持续增长情况，并论证两者之间的关系。

一、 内生化发展现状

要描述商业银行规模发展情况，需要借助于一些相对性的指标。根据内生化发展的含义，本节选取存款增长率、贷款增长率、总资本增长率、总资产增长率、净利息收入增长率、非利息收入增长率、净利润增长率、净资产增长率对商业银行内生化发展现状进行考察。

对上述 8 个增长指标进行统计学上的降维分析，利用统计软件 SPSS19.0 中的主成分分析方法提取因子，并对提取的因子载荷矩阵进行方差最大化正交旋转。结果表明，KMO 值为 0.616，Bartlett 球形检验结果为 89.736，显著性为 0.000，非常显著，从而表明各变量之间存在较强的相关性。由此得出变量相关系数矩阵的特征值分别为 3.227、2.016、1.674，累计贡献率达到了 86.5%，可共同解释原始变量总方差的 86.5%。

根据公共因子各变量的构成情况（见表4-3），可以将成长性分为三个维度：

第一维度主要与存款增长率、贷款增长率、总资产增长率高度相关，因此将其命名为基本规模成长性；

第二维度主要与净利息收入增长率、非利息收入增长率、净利润增长率高度相关，因此将其命名为收入成长性；

第三维度主要与净资产增长率、总资本增长率高度相关，因此将其命名为资本成长性。

表4-3 商业银行规模发展要素分解

要素	主要因素		
	1	2	3
贷款增长率	0.899	-0.126	-0.128
存款增长率	0.923	-0.111	-0.090
净利息收入增长率	-0.612	0.701	0.232
非利息收入增长率	-0.007	0.828	-0.063
总资产增长率	0.928	0.147	0.190
净利润增长率	0.005	0.899	0.071
净资产增长率	0.003	0.231	0.936
总资本增长率	-0.067	-0.149	0.953

根据累计解释信息的占比，计算基本规模成长性、收入成长性、资本成长性的加权值，得到综合成长性，展现如图4-4所示。

从图4-4可以看出，三大商业银行2009年成长性较好，达到顶峰，此后开始走下坡路。工商银行（ICBC）近几年发展是最为稳健的，中国银行（BOC）波动较大，建设银行（CCB）次之。将三大商业银行各年度的成长性放在一个层面上进行比较，具体如图4-5所示。

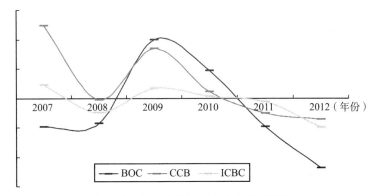

图 4-4 近年商业银行内生化发展情况

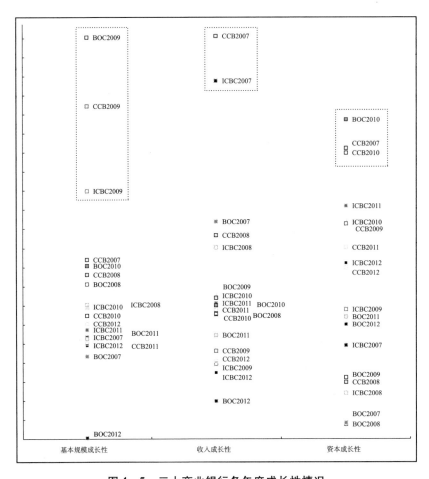

图 4-5 三大商业银行各年度成长性情况

从图 4 - 5 可以看出，基本规模成长性方面，三大商业银行 2009 年度最好，且 BOC > CCB > ICBC；收入成长性方面，2007 年度最好，CCB > ICBC > BOC；资本成长性方面，BOC2007 > CCB2007 > CCB2010 > ICBC2011。

二、 可持续发展情况

（一）商业银行资本的重要性

商业银行投资者为了正常经营活动及获取利润的需要，投入的货币资金和保留在银行的利润即为资本。商业银行资本有其特殊性，作为一种经营风险的特殊企业，商业银行的资产负债表具有特殊形式。商业银行主要通过吸收存款来满足经营要求，而并不是同其他企业利用股本来满足日常经营、投资周转的资金要求。因此，在商业银行资本结构方面，一般都是高负债经营，这种高负债经营的资本机构特点决定了其资本的重要性，资本是商业银行风险的最后一道防线。商业银行资本可以从三个不同的角度进行定义和区分，即会计资本、监管资本和经济资本。

会计资本即资产负债表中的所有者权益，数额为资产减去负债之后的余额，又称为实有资本、可用资本，从科目类别上，包括实收资本或普通股、优先股和附属银行债。

监管资本是为了监管需要而进行定义的，指商业银行所持有的、经监管部门认可的具有风险损失吸收能力的股权资本和债权资本。根据银监会《商业银行资本管理办法》的有关规定，目前，商业银行资本包括核心一级资本、其他一级资本、二级资本三个层次，核心一级资本主要为权益类资本，而其他一级资本和二级资本中包含一定的债务类资本。《商业银行资本管理办法》中对于资本的界定较以往发生了一些改变，由过去对资本工具种类进行界定转变为对资本工具质量、损失吸收能力的界定。

经济资本，不是一个现实的财务概念，而是根据风险管理需要而创造的一个虚拟概念，并不能在资产负债表上直接体现出来。经济资本是指商业银行决定持有，用来支持其业务发展并抵御风险，为债权人提供目标清偿能力的资本，在数量上与商业银行所承担的非预期损失相对应。简单地说，经济资本就是根据商业银行所承担的风险计算得出的最低资本需要，用来衡量和防御商业银行所实际承担的、超出预计的损失，是防止银行倒闭风险的最后防线。

（二）可持续增长率

银行业为了发展，必须提高资本水平，银行管理层可能会增加银行的资产回报，通过降低股利支付率来增加留存收益率，通过向公众出售股票来提高新的股权资本，或者增加财务杠杆。总而言之，银行业补充资本的途径可以包括：内源性融资、外源性融资。根据前面对商业银行所面临的金融生态环境的分析，外源性融资在当前情况下受到种种限制。因此，要想获得可持续的增长，必须正确处理内源性融资和外源性股权融资的关系，提高资产的运营能力，加强管理水平，重点是依靠自身积累，不断提高内部利润水平，依靠内部积累和存量盘活实现增长，这种增长就是可持续增长，对应的最大支撑速度就是可持续增长率。

根据上述定义，可持续增长率的计算公式推导如下，定义：

γ 为受资本制约的可持续增长率；

α 为实际增长率；

ROI 为商业银行利润率，即净利润与当年总收入的比值；

AT（Asset Turnover）为总资产周转率，即当年总收入与当年总资产的比值；

RER（Retained earnings rate）为收益留存率，即当年净利润中去除应发股利后的留存比例；

EM（Equity Multiplier）为权益乘数，即资产总额相当于股东权益的倍数。

可持续增长率 = 内源性股权资本的增长率，也即：

$$\gamma = 净利润 \times RER/期初权益$$

可以分解如下：

$$\gamma = \frac{净利润增长}{期初权益} = \frac{净利润}{总收入} \times \frac{总收入}{总资产} \times 净利润留存率 \times \frac{总资产}{期初权益}$$

$$\gamma = ROI \times AT \times RER \times \frac{1}{EM}$$

（三）商业银行可持续增长率的测算

考虑数据口径的一致性和准确性，根据 2006~2012 年年报披露的数据，测算工商银行、建设银行、中国银行三家商业银行的可持续增长率情况（见表 4-4）。

表 4-4　　　　　　　　商业银行实际增长率与可持续增长率比较

年度	ICBC		CCB		BOC	
	α	γ	α	γ	α	γ
2007	41.0%	16.2%	45.7%	8.2%	32.1%	11.7%
2008	20.8%	12.2%	22.3%	16.9%	19.3%	7.0%
2009	-0.1%	11.9%	-0.2%	13.0%	1.8%	9.5%
2010	22.3%	15.0%	21.0%	14.1%	19.3%	11.9%
2011	24.5%	16.7%	22.6%	15.6%	20.0%	12.4%
2012	12.6%	16.2%	16.0%	15.3%	11.5%	12.5%
均值	20.18%	14.70%	21.23%	13.85%	17.33%	10.83%

资料来源：根据银行年报资料计算。

通过表 4-4 可以看出，三大商业银行 2006~2012 年实际增长率总体高于可持续增长率，唯有两年例外：2009 年和 2012 年。2009 年由于受金融危机的影响，各大商业银行的总收入水平下降，基本处于零增长的水平；2012年，银监会出台了《商业银行资本监管办法》，商业银行可持续增长受资本约束的问题进一步凸显。在连续几年实际增长率超过可持续增长率的情况下，银行一般都通过发行次级债的方式对资本进行补充，但按照银监会新的有关规定，次级债券计入附属资本不能超过核心资本的50%，而且在次级债到期前的5年内，商业银行要按照一定的比例进行折算，剩余期限在4年以上的，可以100%计入资产负债表的"次级定期债务"科目里；剩余期限3~4年的，可以80%计入；剩余期限1~2年的，以40%计入；剩余期限1年以下的，可以20%计入。这表明，商业银行外源性融资渠道再度受到限制，需要进一步提高内源性融资水平。

进一步分析三大商业银行实际发展与可持续发展的情况（见图4-6），可以得出，建设银行实际增长率与可持续增长率相差较大（6.53%），工商银行相差较小（5.48%），中国银行居于中间（6.50%）。这表明近年来，相对而言，工商银行比较注重从内源性获得规模发展，相对较为稳健；建设银行实际增长率较工商银行高，但可持续发展能力稍差；中国银行处于中间状态。

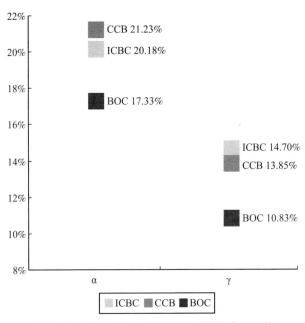

图4-6 商业银行实际发展与可持续发展比较

（四）可持续增长的指标分解与分析

将可持续增长指标按照其构成因素——即净利润率、资产周转率、收益留存率、权益乘数进行分解，得到表 4 - 5。

1. ROI 水平

表 4 - 5　　　　　　　商业银行可持续增长各指标分解情况

年度	ROI			AT			RER			EM		
	ICBC	CCB	BOC	ICBC	CCB	BOC	ICBC	CCB	BOC	ICBC	CCB	BOC
2006	27.9%	30.6%	33.0%	2.4%	2.8%	2.7%	99.5%	92.7%	90.1%	18.4	20.0	14.5
2007	32.2%	31.5%	31.9%	2.9%	3.3%	3.2%	93.0%	39.4%	77.9%	17.9	17.9	15.4
2008	35.9%	34.6%	28.9%	3.2%	3.5%	3.3%	59.7%	77.3%	48.1%	19.4	20.6	17.9
2009	41.8%	40.0%	36.8%	2.6%	2.8%	2.7%	56.0%	56.7%	54.5%	19.8	19.3	19.2
2010	43.6%	41.7%	39.6%	2.8%	3.0%	2.6%	61.3%	58.4%	59.2%	18.8	17.5	17.5
2011	43.9%	42.7%	39.8%	3.1%	3.2%	2.8%	66.0%	64.7%	64.1%	18.3	17.1	16.7
2012	44.5%	42.0%	39.8%	3.1%	3.3%	2.9%	65.0%	64.8%	64.9%			

从表 4 - 5 中可以看出，ROI 水平，2006 ~ 2012 年，三大商业银行均一路走高，这一方面表明银行内部管理水平得到改善，盈利能力在提高。但另一方面，也说明，工商银行成本压缩比较厉害，成本收入比较低，建设银行次之，中国银行成本较为宽松。这表明在下一步依靠成本压缩获得利润增长方面，工商银行空间有限，中国银行空间最大，建设银行处于中间水平（见图 4 - 7）。

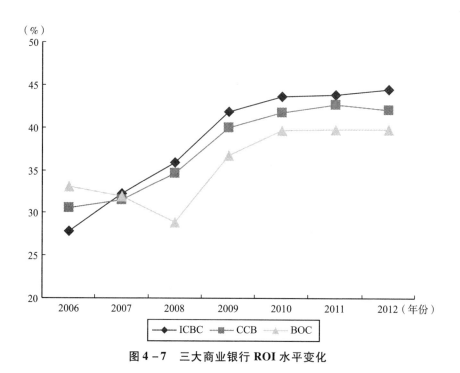

图 4 - 7 三大商业银行 ROI 水平变化

2. AT 水平

AT 水平表明总资产的周转情况，三大商业银行总资产周转率均是在 2009 年达到最低（见图 4 - 8）。这表明，一方面，国际金融危机对我国银行业收入产生了不利影响；另一方面，始于 2008 年的国内经济刺激政策（如四万亿元投资）带动了商业银行资产的大幅提升。通过该指标可以看出，三大商业银行资产营运能力在不断提高，2007 年、2008 年呈现出较好的势头，2009 年后势头有所放缓。三大商业银行中，建设银行资产营运能力最高，工商银行因上市时间较晚，2007 ~ 2008 年低于中国银行，2009 年后有所增强，处于三大商业银行中间状态。总资产周转水平的提高，有利于解决企业高速增长所带来的资金紧缺问题。

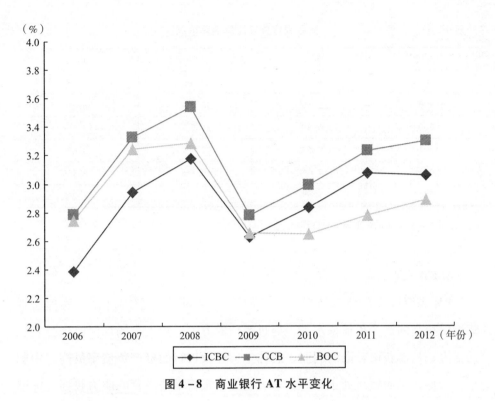

（%）

图 4 - 8　商业银行 AT 水平变化

3. RER 水平

　　商业银行收益留存率的总体趋势是逐年降低，这表明商业银行都加大了分红的力度，一方面，有利于在一定程度上保护中小投资者的利益，但另一方面，商业银行规模发展所带来的资金短缺问题不断加剧。

　　从表 4 - 6 可以看出，总体而言，商业银行的分红比例是不稳定的，分红情况主要根据当年的收益以及资本金补充情况，并要根据当年重大投资情况综合确定。2007～2009 年，相对而言，银行在分红问题上较为"慷慨"，这是因为刚上市不久，资本金补充相对较为宽裕，而且管理层出于"股东利益最大化"的考虑，分红比例增速较快。但近年来，面临新的金融生态环境，加上银行业净利润增长放缓，分红比例保持稳定，增速甚至出现下滑。

表 4 - 6 商业银行分红比例变化情况

年度	ICBC	CCB	BOC
2007	6.5%	57.5%	13.6%
2008	35.8%	-96.2%	38.2%
2009	6.3%	26.6%	-13.4%
2010	-9.5%	-2.9%	-8.6%
2011	-7.6%	-10.8%	-8.3%
2012	1.5%	-0.2%	-1.2%

资料来源：根据银行年报资料整理。

4. EM 水平

EM 表明资产负债率情况，EM 越低，表明资产负债率越低。管理层希望维持稍高的资产负债率水平，通过举债的方式，扩大市场规模，增强发展的活力，从而获取较高的利润。总体上，建设银行的资产负债率最高，中国银行最低，工商银行处于中间，这表明建设银行举债经营的能力较强。标准差越大表明其资产负债管理能力越强，相对而言，中国银行能够根据形势需要，采用较为合适的资产负债率，建设银行次之（见表 4 - 7）。

表 4 - 7 商业银行权益乘数情况

银行	ICBC	CCB	BOC
权益乘数均值	18.89	19.06	16.89
标准差	0.71	1.42	1.70

综合上述分析，对三大商业银行实际规模发展与可持续规模发展的情况进行总结，如表 4 - 8 所示。

实际增长率方面，建设银行最高，中国银行最低，工商银行处于中间；可持续增长率方面，工商银行最高，中国银行最低，建设银行处于中间。其中，在销售利润率方面，工商银行最高，中国银行最低，建设银行处于中间；在资产周转率方面，建设银行最高，工商银行逐步增长，中国银行则逐步下降；分红比例三大商业银行均从无序状态到趋于稳定；资产负债率方面，中国银行管理能力最强，建设银行次之，工商银行最弱。

表 4 – 8 三大商业银行实际增长与可持续增长评估

银行	ICBC	CCB	BOC
实际增长率	中	高	低
可持续增长率	高	中	低
销售利润率（ROI）	高	中	低
资产周转率（AT）	低→中	高	中→低
分红比例（RER）	无序状态→趋于稳定		
资产负债率（EM）	弱	中	强

为了提高三大商业银行的可持续增长率水平，并使实际增长率趋于可持续增长率，建议商业银行：一是要大力发展中间业务，提高非利息收入占比；二是要正确处理内源性融资和外源性股权融资的关系，商业银行长期可持续的稳定增长终究应归根于自身所创造的利润；三是要提高资产的运营能力，近年来贷款的投放上出现了一定程度的"惜贷"现象，这一方面要加强风险管理和结构调整，另一方面也要加快寻找并适应新的行业趋势，比如加大对国家重点项目和重点行业如新能源、高端装备制造业、信息产业以及其他一些战略性新兴产业的贷款支持力度，提高资金的运作速度；四是提高资产负债管理水平，增强银行内部经营活力；五是合理分红，既要考虑银行发展对资金的需要，同时也要考虑投资者的感受和市场影响。

第四节　商业银行内生化发展效果

资本是关系银行业未来发展的重要因素。在资本硬约束的情况下，银行才会考虑经营转型，改变收益结构，提高资本占有率甚至不占用资本的收入比率。同时银行要获得内生化发展的良好效果，必须加大内部资源盘活的力度，改变"增量"思维，注重"盘活存量"思维。此外，还需要提高经营效率，降低内部消耗。

为了考察内生化发展的效果，本节主要从收益机构、资源盘活、经营效率三个维度进行验证分析。

一、　收益结构及稳定性情况

一些学者认为，非利息收入有利于改善商业银行的收入结构，并降低商业银行经营风险。如史密斯（Smith，2003）通过对15个欧盟国家商业银行1980~1997年的样本进行研究后发现，利息收入和非利息收入是负相关的，而且利息收入的稳定性要高于非利息收入。他在研究结论中指出，在利息收入受到外部不利因素的冲击时，非利息收入可以对利息收入进行弥补，减小外部冲击对银行整体营业收入的影响程度。

史密斯还指出，当非利息收入与净利息收入的相关系数比较小时，表明两者有稳定性影响，当相关系数为负时，表明非利息收入的增加补偿了利息收入的下降[1]。

---

① Smith, R. Staikoura, C. and G. Wood. 2003. Non-interest income and total income ability, Working Paper, No. 198, Bank of England.

　　比较中国三大商业银行非利息收入占比情况（见表 4-9），可以看出，三大商业银行非利息收入占比较低，远低于国际上 40% 左右的水平。同时，相比国际的先进银行，中间业务收入半数以上来源于结算、清算等传统业务，仍然属于含金量不高的低端业务，牌照类投行、资产管理等较高附加值的业务占比仍有待进一步提高。

表 4-9	三大商业银行非利息收入占比		单位：%
年度	ICBC	CCB	BOC
2006	8.80	7.10	16.80
2007	12.10	12.00	21.20
2008	15.10	15.90	28.50
2009	20.50	20.70	31.50
2010	20.20	22.20	29.90
2011	23.70	23.30	30.40
2012	22.20	23.30	29.70
平均	17.51	17.79	26.86

资料来源：根据银行年报资料计算。

　　关于利息收入和非利息收入的稳定性方面，统计商业银行近年来的利息收入、非利息收入均值和标准差，并利用离散系数①的概念，得出利息收入的离散系数要低于非利息收入的离散系数（见表 4-10）。这表明非利息收入的稳定性不如利息收入高。

---

　　①　离散系数是从相对角度观察的差异和离散程度，在比较相关事物的差异程度时较之直接比较标准差要好些。

表 4 - 10　　　　　　　　非利息收入、利息收入的稳定性比较

项目	均值	标准差	标准差/均值
利息收入	235176.57	78692.35	0.33
非利息收入	61770.05	32066.55	0.52

关于利息收入和非利息收入的相关性方面，利用商业银行 2006 ~ 2012 年的 21 个样本数据进行相关分析（见表 4 - 11），可以得出，利息收入和非利息收入高度正相关，相关系数达到 81%。

表 4 - 11　　　　　　商业银行近年利息收入和非利息收入的相关性

		利息收入	非利息收入
利息收入	Pearson 相关性	1	0.810 **
	显著性（双侧）		0.000
	N	21	21

注：** 是指在 0.01 水平（双侧）上显著相关。

二、资源盘活情况

在资本受约束的情况下，内部有限资源的盘活速度直接决定了银行的经营管理水平，也影响了银行的盈利状况。对商业银行而言，贷款盘活是一个重要的指标。本书借助于财务管理中常用的存货周转率原理，定义一个新的指标，衡量商业银行贷款盘活速度。

由于贷款产生的平均利息收入取决于议价能力、贷款周转速度，而净利息收益率（NIM）大小取决于议价能力。

因此，贷款盘活速度 = 贷款平均利息收入/净利息收益率

　　　　　　　　 = （利息收入/平均贷款余额）/NIM

统计分析三大商业银行平均利息收入、NIM 并及时贷款盘活速度，如表 4 – 12 所示。

表 4 – 12   商业银行贷款平均利息收入、NIM 与贷款盘活速度

年度	平均利息收入			NIM			贷款盘活速度		
	ICBC	CCB	BOC	ICBC	CCB	BOC	ICBC	CCB	BOC
2007	6.2%	6.5%	6.0%	2.8%	3.2%	2.8%	2.2	2.0	2.1
2008	7.1%	7.1%	6.3%	3.0%	3.2%	2.6%	2.4	2.2	2.4
2009	5.4%	5.6%	4.6%	2.3%	2.4%	2.0%	2.3	2.3	2.3
2010	5.1%	5.1%	4.3%	2.4%	2.5%	2.1%	2.1	2.0	2.0
2011	5.7%	5.7%	4.9%	2.6%	2.7%	2.1%	2.2	2.1	2.4
2012	6.3%	6.3%	5.6%	2.7%	2.8%	2.2%	2.3	2.3	2.6
平均	5.9%	6.0%	5.3%	2.6%	2.8%	2.3%	2.26	2.16	2.30

资料来源：根据银行年报资料计算整理。

从表 4 – 12 中可以看出，建设银行存贷款议价能力最高，工商银行次之，中国银行最低；在贷款盘活速度方面，三大行基本相同，中国银行最高，工商银行次之，建设银行最低。

存贷比是衡量内部资源盘活情况的另外一个重要指标。存贷比低，即表明存款利用的水平较低，资源利用水平相对较低，但另一方面也表明拥有足够的灵活性，在工作中具有充分的主动权。

比较分析三大商业银行的存贷比情况（见图 4 – 9），可以看出，工商银行最低，建设银行稍高，中国银行最高。这表明工商银行的流动性较好，能够掌握工作的主动权。同时，从图 3 – 9 还可以看出，近年来，商业银行存贷比一路走高，表明受金融"脱媒"效应加剧的影响，商业银行存款面临较大挑战，存在着"吃存粮"的现象。

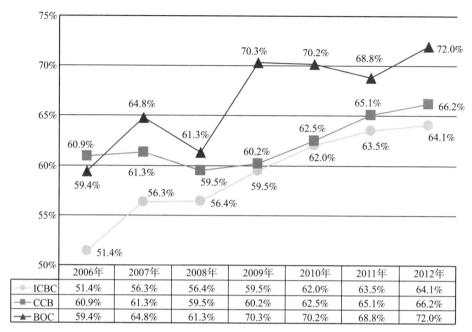

图 4 – 9　商业银行存贷比情况比较

资料来源：根据银行年报资料整理。

三、经营效率情况

经营效率一般是对人均净利润、网均净利润、人均营业收入、网均营业收入进行比较分析研究。三大商业银行经营效率指标统计如表 4 – 13 所示。

表 4 – 13　　　　　　　　三大商业银行经营效率指标

年度	人均净利润			网均净利润			人均营业收入			网均营业收入		
	ICBC	CCB	BOC	ICBC	CCB	BOC	ICBC	CCB	BOC	ICBC	CCB	BOC
2006	0.14	0.16	0.21	2.92	3.4	4.29	0.51	0.51	0.63	10.46	11.12	12.99
2007	0.22	0.23	0.26	4.96	5.14	5.73	0.67	0.73	0.82	15.41	16.31	17.92
2008	0.29	0.31	0.26	6.79	6.92	6.11	0.8	0.9	0.92	18.9	19.99	21.16

续表

年度	人均净利润			网均净利润			人均营业收入			网均营业收入		
	ICBC	CCB	BOC	ICBC	CCB	BOC	ICBC	CCB	BOC	ICBC	CCB	BOC
2009	0.33	0.35	0.33	7.89	7.98	8.01	0.79	0.89	0.88	18.88	19.95	21.78
2010	0.42	0.43	0.39	10.1	10.06	10.19	0.96	1.03	0.99	23.18	24.1	25.71
2011	0.51	0.51	0.45	12.34	12.35	11.92	1.16	1.21	1.13	28.14	28.95	29.97
2012	0.56	0.54	0.48	13.63	13.54	12.9	1.26	1.3	1.21	30.67	32.23	32.46
复合增长	126%	122%	115%	129%	126%	120%	116%	117%	111%	120%	119%	116%

资料来源：根据银行年报资料计算整理。

　　从表4-13可以看出，总体而言，三大商业银行近年来经营效率在提升，但不可否认，与股份制银行等中小银行相比，仍有较大差距。从三大商业银行的比较情况看，工商银行、建设银行经营效率指标基本相同，高于中国银行经营效率指标。工商银行的效率改善情况优于建设银行，建设银行优于中国银行。

　　综合上述分析，在内生化发展的效果方面，三大商业银行各具特点，具体的情况如表4-14所示。

表4-14　　　　　　　三大商业银行内生化发展效果评估

项目	ICBC	CCB	BOC
收益结构	一般	较好	好
议价能力	中等	强	弱
贷款盘活	中等	低	高
存贷比	好	中等	差
经营效率	一般	一般	稍低

四、 商业银行内生化发展的建议

商业银行所追求的长远目标绝不是简单的资产多、规模大。随着中国经济结构调整与转型以及金融改革的深化，商业银行传统业务逐步失去总量快速扩张的环境，一些总量指标也越来越不能全面反映商业银行的重要作用与综合实力。当然，这是一个渐进的、长期的过程。现阶段存贷款业务、资产业务还是支撑商业银行盈利的最主要来源，而且其竞争发展状况直接影响着转型的进程，较长的一个时期内合理的总量增长是一定要有的。但这种增长必须是建立在风险、资本、成本约束条件下的增长，必须是建立在结构优化、效率提高、质量稳定基础上的增长，是能够带来较高资本回报率、不断形成新的资本积累的增长。那种信贷结构和边际效益越来越差、风险积累越来越大的资产增长是没有前途的，那种靠冲时点等不可持续的方法实现的负债增长是要不得的，那种只顾眼前利益、以掏空未来发展基础为代价、为银行发展带来后遗症的业务增长是不能被允许的。

对于商业银行下一步的发展，本章提出如下一些建议：

一是加强资本管理。资本是银行经营发展最为稀缺的资源，也是经营风险最后一道防线，各商业银行要充分认识到我们所面临的长期资本压力，牢固树立资本约束理念，加快完善以经济资本配置、资本限额管理、资本有偿使用等为主要手段的、更加严格的资本综合管理体系，使资本的增加与利润的增长相匹配，进一步深化资本在经营管理中的全面应用。在银行发展达到一定规模之后，要走资本节约型的内涵式发展道路，增强依靠自己盈利的内源式资本补充能力。同时要加强资本工具创新，降低资本成本，扩充资本补充的渠道和方式，确保资本充足率水平满足监管要求，并维持一个相对安全的缓冲区间。

二是加强风险管理。要密切关注利率汇率市场化和金融市场创新趋势，深入研究复杂经营环境下银行风险的隐蔽性、关联性和突发性特征，统筹做好表内外、境内外业务等各类风险防范，从单点单线管理向立体化综合性风险管理转变，从被动应对模式向主动防范模式转变。

三是要优化资产布局。商业银行贷款规模每年都会维持一个较高的水平，虽然近年来，随着多渠道融资的增加和信贷流量的扩大，贷款增速将稳中趋降，但即使信贷中速增长，贷款累放量也会因"滚雪球"效应，逐年增大，需要各个商业银行更加主动地寻求和培育优质合格的信贷市场，通过增量优化和存量调整并举的方式，实现信贷业务的提质增效。要注重发展小额、轻型、简约明了的小微企业贷款和个人贷款，逐步提升中小型企业和个人贷款比重，继续控制好贷款集中度和中长期贷款比重。

四是要加强负债管理。随着金融创新发展和客户资产配置多元化，存款增长格局必然发生较大变化，但存款对商业银行的重要性不言而喻，在相当长一个时期内仍是支撑银行经营发展的重要基础。要从客户的实际需要出发，为客户利益着想，真正做到"以客户为中心"，改进营销方式，帮助客户选择产品、提供便捷优质服务，以真正具有竞争力的产品和服务帮助客户集聚资金。同时要发挥大行优势，提高定价能力和定价水平，制订明晰的定价策略，完善定价方法和模型，按照客户、行业、区域等多个维度，进行阶段性、差异化的灵活定价，提高定价的精细化水平，加快形成一个对市场有较强竞争力和影响力、对经营有明确传导力和约束力的定价管理体系。

五是要适应互联网金融蓬勃发展的需要。最近兴起的互联网金融，本质上是一种渠道创新，但却带来了商业银行发展方式和经营机制的深层次变革。要把握数据这一创新的核心要素，整合客户和各业务领域数据，丰富数据资源、细化数据颗粒度，改变数据局部化、碎片化、低效化的状况，将数据查询、分析、挖掘功能嵌入到营销和风险管理系统中，从数据中攫取最大价值。同时要积极学习互联网金融的经营理念，发挥数据对创新的引领和支撑作用，推出更适合客户的、有思想的、有创意的产品。

| 第五章 |
综合化发展路径研究

第一节　引言

综合化本质上是混业经营，根源上是多元化。2005 年 4 月，第一届中国金融改革高层论坛在京召开，与会金融专家一致同意将以前常说的"混业经营"改为"综合化经营"，两者的含义并没有本质不同，如果着实要区别开两者的话，仅从字面意义理解，混业经营可以涉入实业，而综合化经营基本还在金融业务领域；从目标导向角度，综合化经营强调可以进入多元化的经营领域，但各项业务之间仍然是相互独立的，具有更好的风险防范和过滤机制，而混业经营则让人感觉是多种业务交叉在一起。

综合化经营包括外部综合化经营和内部综合化经营两个含义。外部综合化经营是指商业银行以新设、参股或控股方式来对子公司进行投资，从而加入更多新的金融行业、产业、产品线或产品市场，开展综合化金融业务，并引起银行行政结构、系统或其他管理程序的改变；内部综合化经营指商业银行给客户提供多元化金融业务，其方式可以采取产品创新或是产品交叉销售。本章的综合化经营指的是外部综合化经营，综合化经营的领域包括基金、信托、投资、租赁、证券、保险等业务。

1995 年颁布的《商业银行法》第四十三条规定："商业银行在中华人民共和国境内不得从事信托投资和证券经营业务"。从法律条文中可以看出，那时并未允许商业银行进行综合化经营。但后来针对商业银行的综合化经营问题，有关法律法规又逐步有所突破：第一次是 1997 年，《证券投资基金管理暂行办法》出台，允许商业银行作为契约式证券投资基金托管人，以受托人身份参与投资基金管理；第二次是 2001 年，《商业银行中间业务暂行规定》出台，明确商业银行可以开办财务顾问、代理证券、银团贷款、项目融资、金融衍生品交易等与资本市场联系较为紧密的中间业务；第三次是 2003 年，重新修订了《商业银行法》，虽仍然规定商业银行不得从事证券经营和信托投资业务，但留下了"国家另有规定的除外"的字眼，这为在实际操作中进行商业银行综合化提供了较大的政策空间；第四次是 2010 年，国家"十二五"规划明确提出要"积极稳妥推进金融业综合经营试点"，与此同时，《金融业发展和改革"十二五"规划》进一步强调，"要通过综合化经营试点，引导有条件的金融机构在有效防范风险的前提下，积极稳妥开展综合经营试点，提高综合金融服务能力"。

自从我国加入 WTO 之后，为了应对国际银行的竞争，商业银行综合化的必要性就日益凸显。尤其是商业银行股改上市之后，公司治理结构发生了重大变化，这为商业银行进行综合化经营提供了极大的方便和可能。另外，新的金融生态环境和更为开放的市场政策，极大地促进了银行的综合化经营，综合化经营也是银行规模发展的重要方式。

股改上市以来，商业银行主动适应客户金融消费需求升级，自觉应对我国直接融资市场发展和利率市场化改革提速的新情况，加速使银行从传统融资中介向全能服务中介的转变，提高对广大客户的多元化、跨市场金融服务能力，在综合化经营领域开展了有效、稳妥的探索和实践。虽然目前有关综合化经营的政策仍然没有完全放开，但商业银行可通过股权投资、利用在海外机构特别是在港机构的优势间接实现综合化经营。目前，我国商业银行经营领域都呈现综合化状态，其经营业务涉及基金、租赁、信托、证券、保险、投行等金融业务。

综合化经营对银行规模发展具有明显的促进作用。而且能够改善商业银行的经营效率，分散商业银行经营的行业性风险，提高业务协同性，发挥范围经济的效应，从而提升商业银行的整体竞争力。国内外采取不同的视角来研究商业银行综合化程度与业绩之间的关系，得出了不同的结论。有些学者认为综合化程度与业绩无关，也有些学者认为综合化程度与业绩呈正相关或负相关，由于研究样本来源的时间段不同，也会得出不一样甚至完全相反的研究结论。

薛超和李政基于资产和资金来源的视角进行实证研究，发现综合化经营不能改善城市商业银行的业绩，但是结合规模因素后，发现城市银行规模越大，综合化经营对业绩的不利影响会越小，在开展同等水平非传统业务的城市银行中，银行的规模越大，其业绩越好①。黄泽勇实证研究了不同规模商业银行综合化情况与业绩的关系，发现不同规模商业银行的综合化经营存在动态效应，与业绩之间存在临界点，资产的临界值为 1297.4402 亿元，当超过该临界值，综合化程度越高，小型商业银行的业绩越难以提升，而大型商业银行恰恰相反②。赵明敏、王海芬、尹文兰三人以新疆上市公司为例进行实证研究，发现相关性综合化经营不影响业绩水平的高低，而非相关性综合化经营与业绩呈正相关关系，且影响显著③。刘孟飞、张晓岚、张超三人研究了商业银行综合化风险与经营绩效的相关性，发现商业银行收入结构多元

---

① 薛超，李政. 多元化经营能否改善我国城市商业银行经营绩效——基于资产和资金来源的视角 [J]. 当代经济科学，2014（1）：12-22.

② 黄泽勇. 多元化经营与商业银行绩效的门槛效应 [J]. 金融论坛，2013（2）：42-49.

③ 赵明敏，王海芳，尹文兰. 企业多元化投资与业绩实证研究——以新疆上市公司为例 [J]. 财会通讯，2013（8）：19-20.

化与经营业务综合化趋同情况较为严重，综合化程度与业绩没有显著关系，相反地，综合化分散了银行的投资经营风险，低风险低收益，而银行绩效的提升主要来自产权结构，外资引进的合理改善①。桑德斯和沃尔特（Saunders & Walter）研究指出，商业银行开展综合化经营，其在商业银行、保险和证券等业务方面的组合，能够产生较为稳定的利润来源，综合化经营如果采取该业务组合战略，可以提高业绩②。博伊德、常和史密斯（Boyd, Chang & Smith）研究认为，商业银行采取综合化经营，若所有者可以运用存款保险的保证，则银行的绩效会得到优化③。

总而言之，综合化程度与业绩关系的影响因素较多，两者之间的关系尚未有定论，这是因为综合化经营效果本来牵涉面较大，以往一些文献的研究对象较为多元，涉及银行类型较多，既包括国内的，也包括国外的，既有大型商业银行，也有中小型的城市商业银行，因此很难得到统一的结论。本章将综合化经营限定在我国商业银行中，并研究比较各商业银行综合化发展程度，比较不同综合化领域的业绩贡献，这对研究商业银行规模发展路径问题是有重大现实意义的。

本章首先从理论上分析综合化的驱动因素以及经济效应；接下来阐述我国商业银行综合化的现状；然后通过收集工商银行、建设银行、中国银行2006～2012年基金、信托、投资、证券、租赁、保险这六大领域的经营数据，对商业银行综合化的效果进行实证分析；本章最后对银行综合化经营提出了若干政策建议。

---

① 刘孟飞，张晓岚，张超. 我国商业银行业务多元化、经营绩效与风险相关性研究［J］. 国际金融研究，2012（8）：59 - 69.

② Saunders A. , I. Walter. How Risky Would Universal Banks Be, Universal Banking in the United States：What Can We Gain? What Can We Lose? ［M］. New York：Oxford University Press, 1994：13 - 15.

③ Boyd, J. H. , C. Chang, and B. D. Smith. Moral Hazard Under Commercial and Universal Banking ［J］. Journal of Money, Credit, and Banking, 1998, 30 (3.2)：426 - 468.

第二节　综合化驱动因素和经济效应

伴随金融市场的改革开放和多元化进程，特别是在企业融资"脱媒"的背景下，综合化已成为国内商业银行的重大转型战略。综合化不仅是外部环境的需要，是外部环境驱动的结果；同时也具有较好的经济效应，是银行内部发展的需要。

一、　驱动因素

关于综合化的驱动因素，大致包括以下方面：一是国际、国内商业银行综合化经营大势所趋；二是金融市场开放的必然产物；三是社会金融服务需求多样化的现实要求（见图5－1）。

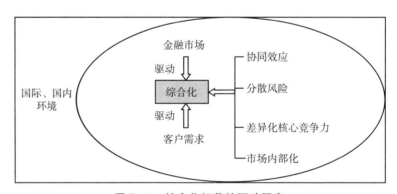

图5－1　综合化经营的驱动因素

（一）国际商业银行发展的主流趋势

国际上，各种类型金融机构业务界限逐渐模糊，业务相互渗透，银行、保险、证券等业务综合经营发展。德国在第二次世界大战前以及当今时代，均允许银行综合化经营；英国、日本、美国从 20 世纪 80 年代中期开始，逐步取消对商业银行混业经营的各种限制，商业银行所从事的业务日益综合化。1999 年日本、美国全面放开金融机构的混业经营之后，世界其他国家和地区也纷纷探讨金融业的混业与分业经营问题，综合化经营逐渐成为全球银行的发展趋势。开展综合化经营业务的商业银行，具有规模经济和范围经济优势，同时因能向客户提供全面的金融服务，而在竞争中处于有利地位。中国商业银行若长期单纯从事商业银行业务，将会在国际竞争中处于不利地位。

（二）金融市场开放发展的必然产物

利率市场化的改革、金融互联网的发展，使得银行竞争更加激烈，利差进一步收窄，银行业的利润空间缩减，同时伴随企业融资"脱媒"，众多优质企业、产业的融资由原有的商业银行信贷单渠道转向债券、上市 IPO 和配股等多样化方式，带来了商业银行客户的分流，银行利息收入进一步下降。银行作为融资中介的作用和生存空间不断被挤压，商业银行纷纷呼吁放开综合化经营的限制，实行"松绑"。目前，监管机构对银行实行综合化经营的态度已经发生了较大变化，从刚开始的不允许到后来的模棱两可再到现在的支持，商业银行实现综合化经营面临着较为有利的政策环境。

此外，随着中国资本市场的快速发展以及商业银行市场竞争的加剧，在国内外激烈的金融市场中，商业银行为获取市场先机和优势，必然会加强金融创新与业务渗透，商业银行经营界限越来越模糊，这为银行实现综合化经营提供了强大推动力。

（三）客户融资渠道和需求推动的现实要求

近年来，随着中国经济转型和经济结构的升级挑战，必然带来企业并购、重组活动日益增多，企业所需要的金融服务更加综合化，在现实情况下，更多的是需要银行为其提供投融资、资金管理和运营等各方面的服务，为其提供各种相关的并购贷款、方案设计、中介等服务，需要"一揽子"金融服务方案，而不仅仅是单一、独立的服务需求。

同时，国民财富增加，居民收入快速增长，金融知识也日益普及，对增加财产性收入有了更多的认识和更高的要求，产生了金融服务多样化、个性化的需求，需要商业银行为其提供"一站式"的全程金融服务，这为商业银行综合化经营提供了最原始的市场需求。

二、 经济效应

如果说驱动因素是商业银行进行综合化经营的外界推力，那么经济效应就是商业银行进行综合化经营的内部拉力。商业银行实行综合化经营可以获得以下一些经济效应：一是风险分散效应；二是市场内部化效应；三是协同效应；四是差异化竞争效应。

（一）风险分散效应

商业银行实行综合化经营，能够在一定程度上规避行业性周期所带来的风险。根据有关研究，证券、保险、投行等领域虽然同属于金融服务领域，但属于不同的行业，具有不同的特征，也具有不同的周期。商业银行进入这些领域，当某一行业处于下行周期的时候，还可以通过其他行业的增长进行弥补，保持总体发展水平的稳定。

此外，正如在本书第四章所阐述的，商业银行面临新的金融生态环境，客观上也需要商业银行分散风险，实行综合化经营。例如，商业银行通过进入证券、保险、投行等业务领域，通过开展适度的表外金融产品，能够有效降低信贷业务比重、优化资产结构、降低信用风险。根据国际银行业的经验，特别是 2008 年次贷危机之后，综合化经营不仅降低了经营成本，提高了服务效率，还有效分散和降低了经营风险，增加了商业银行的盈利水平。

再者，2008 年次贷危机之后，《巴塞尔协议Ⅲ》提高了商业银行资本监管的数量和质量，我国2013 年 1 月 1 日实施了标准高、要求严、口径紧、指标广的《商业银行资本管理办法》。实施后，我国商业银行资本充足率将达到1% ~1.5%，即也表明商业银行面临更强、更严苛的资本约束。综合化经营领域大部分都属于低资本消耗的业务领域，因此，通过全方位开展综合化业务，商业银行可以有效降低资本成本，提高资本回报水平。同时综合化经营能够提高非利息收入比重，降低加权资本成本，满足监管资本的硬性要求。

（二）市场内部化效应

商业银行综合化经营，能够促使原本属于市场中共同竞争的主体归集在一起，变竞争为合作，变竞争为协同，变分散为整合，在内部实现资源的分配和效益的最大化。

内部资本市场理论认为，综合化经营企业的内部资本是盈余的，内部资源配置达到了很高的水平。一方面，在满足自身发展资源需求的情况下，商业银行通过新设、参股、控股方式来进行经营业务的扩张，旗下拥有多家子公司后，商业银行将剩余的资源分配给各家子公司，满足子公司的经营资源需求，也使资源得到了更好的运用。运用资源内部化配置，不仅子公司可以得到成本更低的资金和更便捷的资金渠道，而且身为母公司的商业银行可以提高资源配置效率。另一方面，通过综合化，内部资本市场具有信息优势。母公司获取子公司的经营业务信息比较准确、及时，母公司商业银行通过准确认识某项金融业务的发展现状和发展前景，从而判断是否开始或继续投资该金融业务，使得资源配置更加理性，降低银行经营成本，提高盈利能力，间接地提高剩余资金的投资收益。

（三）协同效应

美国著名企业家安索夫（Ansoff）在《多元化战略》一文中首次界定了

协同效应的概念，即著名的"1＋1＞2"理论[①]，即企业整体价值大于各个组成部分价值加总之和。协同效应本质上是因为企业经营的规模经济和范围经济。在此文中，企业的规模经济是指母公司通过外部业务规模的扩张，使得母、子公司获得良好的信息优势、成本低且便利的资金融通、优秀的人才配备以及综合化经营所带来收益的提高；范围经济是指企业经营品种增加，边际成本下降，边际收益增加，其本质是固定成本得以分摊、信息资源得以共享、金融服务得以消费。商业银行实行综合化经营，一是可以将客户相关性固定成本分配给更多的产品，从而降低单位产品固定成本；二是可以推动并营销更多的客户，随着客户金融服务的需求逐渐加大，经营综合化的商业银行不仅可以满足客户原本的金融产品需求，而且可以服务于客户新增的金融产品投资，这在一定程度上既保留了老客户，又可以吸引新客户；三是可以利用自己积累的信誉和商誉来向客户推荐其他金融业务，减少销售成本和交易成本，从而实现品牌效应；四是可以通过子公司获得较准确、及时的市场信息，从而做出较快的市场反应，及时调整财务结构，来适应产品市场需求的变化，避免单一业务市场反应低带来的经营风险；五是将不同的业务进行组合，不仅各项单一业务简单加总的风险得以分散，而且资本得到分散经营，从而降低了财务风险。

（四）差异化竞争效应

商业银行实行综合化经营，通过加入金融领域的其他业务，增加金融服务产品的市场占有率，逐渐积累市场力量，从而形成稳定的收入来源，进而在银行界占有很高的市场竞争地位，对金融市场有一定的控制力和影响力。现今，客户需求呈现多样化，商业银行唯有实行综合化经营，才能满足顾客

---

① 著名企业战略管理家的安索夫（Ansoff）于1957年发表在《哈佛商业评论》上的论文《多元化战略》一文中提出。

需求，不被市场发展所淘汰，在发展综合化经营的道路上优化资源配置，提高金融产品服务质量和服务效率，逐渐稳固自己的竞争地位，保持自身的核心竞争力，实现控制金融市场。

综合化促使商业银行加快战略转型，创新产品服务，实行更加精准的客户定位，调整经营管理组织体系，提高差异化竞争优势，提升综合竞争力。外资银行、非银行金融机构和第三方支付竞争激烈，国内商业银行面临的竞争压力日益增加。商业银行需要改变利差主导型盈利模式，根据市场变化及时调整业务结构，从单一的利差收入向收入多元化转变，开展综合化经营，建立长期的、持续稳定的利润增长机制。

三、 综合化经营需要规避的问题

（一）管理成本

商业银行实行综合化经营，子公司增多，母公司和子公司之间的联系错综复杂，毋庸置疑，这势必会加大母公司高层管理人员的管理难度、跨度以及监督难度。公司经营业务扩张，经营规模也加大，管理难度大，一旦管理不善，会使母、子公司的协调性下降，缺乏统一性，从而增大了管理成本。在综合化经营的初期，由于母公司投入较大的监管成本，母公司的收益会低于监管成本，没有盈利。但是，在以后的综合化经营中，只要母公司完善管理，加入的金融行业的金融产品市场发展好，那么母公司会逐渐获取综合化经营带来的总体的边际收益。

（二）内部市场的非效率性

内部市场的非效率性是由盲目综合化造成的。如果商业银行对一个新行业尚未熟悉，或是没有对其进行深入、正确的市场分析，就盲目地进入该行业，那么会因为技术、资源、资本等方面因素形成的进入壁垒高，退出成本高，使得商业银行没有获得收益，甚至会有损失。因此，如果商业银行没有有效地监控和消除综合化经营带来的风险，那么商业银行会受到巨大的经营冲击，内部市场会失去效率。

（三）跨行业补贴

商业银行综合化经营，已经加入的金融行业是不会轻易放弃的，因此，母公司会处理子公司的经营状况。如果一家子公司的业绩不好，出现资不抵债或是经营亏损的时候，母公司会使用自己的资金或是运用从其他子公司的盈利而分得的收益来对亏损的子公司进行经济补贴，使该子公司继续经营下去。商业银行的以上做法，使得资源没有得到很好的配置，甚至会浪费资源，使资源配置失效，违背了市场竞争原则，损害商业银行的整体发展。

（四）信息不对称

综合化经营的商业银行采取分权方式管理子公司，授予子公司经营管理权，造成各大金融业务之间的联系紧密度会低于单一业务。这样，在信息传递过程中，会出现信息屏蔽和信息不对称的现象，各综合化子公司为了各自利益而夸大资源需要量，造成各业务单位资源配置的不合理，最终损害商业银行的整体利益。另外，信息不对称还表现在经营者的代理成本。商业银行实行综合化经营，子公司越多，经营者越多，经营者为了个人的业绩或是利益做出的损害委托人利益的行为会越多，从而代理成本越高，则综合化经营带来的信息不对称会影响商业银行的长远发展。

第三节 商业银行综合化发展现状

国内商业银行在结算网络、客户资源、社会信誉等方面已经具备了一定的基础，已成为各类金融产品销售的良好平台，在风险控制、资产质量、产品创新等方面都有了很好的基础，已经广泛涉猎其他金融业务领域，取得了初步成效。

一、 综合化经营领域

根据目前的有关统计，设立或者投资入股金融租赁公司的商业银行共有10家，投资入股信托公司的商业银行共有3家，投资入股保险公司的商业银行共有6家。工商银行、建设银行、中国银行、农业银行、交通银行进入综合化经营领域最多，都已成功进入证券、保险、租赁、基金类公司。工商银行、中国银行、交通银行旗下拥有股权投资基金公司，中国银行、交通银行旗下拥有资产管理公司，建设银行、交通银行旗下拥有信托公司，农业银行、交通银行旗下拥有财务公司，中国银行旗下还拥有投资公司及消费金融公司。商业银行综合化具体情况如表5－1所示，商业银行从传统银行向综合化经营的银行控股集团演变，通过打造成综合化经营平台，实现战略性转变。

表 5 – 1   商业银行综合化经营领域

银行	基金	保险	租赁	信托	证券	投行
工行	工银瑞信	工银安盛	工银租赁		工银金融	工银国际
中行	中银基金	集团保险；中银保险	航空租赁	集团信托人	国际证券	中银国际；中银集团投资
建行	建信基金	建信人寿	建信租赁	建信信托		建银国际

资料来源：根据网络资料整理。

以下通过工商银行、建设银行、中国银行三大商业银行综合化有关数据的分析，阐述我国商业银行综合化现状，并在此基础上归纳出我国商业银行综合化的主要模式。

（一）基金行业

三大商业银行均在 2004 年、2005 年左右进入基金行业（见表 5 - 2）。根据国务院《关于推进资本市场改革开放和稳定发展的若干意见》，为了促进直接融资与间接融资协调发展，提高直接融资的比重，监管部门批准设立银行系基金公司，银行可以进入基金行业。商业银行设立基金公司，进入基金经营领域，有利于增加中间业务收入来源，改善银行收益结构。

商业银行设立基金公司注册地都为北京，都通过控股的形式，都未进行私有化。这当然一方面是因为控股进入基金行业难度较小，另一方面也说明进入基金行业是商业银行综合化的首站，商业银行相对较为谨慎，需要发挥原有股东在基金公司中的作用。

表 5 - 2　　　　　　　　商业银行基金公司有关情况　　　　　单位：百万元

公司名称	成立时间	注册地	持股	2012 年末经营情况		
				总资产	净资产	净利润
工银瑞信	2005 年 6 月	北京	80%	1013	801	197
中银基金	2004 年 7 月	上海	83.5%	822	723	179
建信基金	2005 年 9 月	北京	65%	721	575	131

资料来源：根据银行年报资料整理。

根据基金行业协会的有关统计（见表 5 -3），三大商业银行所属基金公司经营业绩优异。根据 2012 年的数据可以看出，银行系基金公司增速迅猛。工商银行所属工银瑞信基金公司管理资产规模在基金行业中排名第 6，中国银行所属中银基金管理公司排名第 7，建设银行所属建信基金管理公司排名第 11。商业银行设立基金公司具有天然优势，既能提升基金行业的管理水平，又能促进形成更为稳健、风险防控的行业氛围，同时还能延伸商业银行的产品和服务，促进商业银行收益水平的提高。

表 5 - 3　　　　　　　　　商业银行基金公司资产管理情况　　　　　　单位：百万元

排名	公司名称	资产管理规模	在基金行业占比
6/73	工银瑞信基金管理有限公司	154564	4.3%
7/73	中银基金管理有限公司	145995	4.0%
11/73	建信基金管理有限责任公司	102131	2.8%

资料来源：根据基金行业资料整理。

（二）租赁行业

2007 年 3 月 1 日，银监会发布了《金融租赁公司管理办法》，放开了商业银行进入租赁行业的限制。此后，工商银行、建设银行分别在天津、北京注册成立了金融租赁公司，而且全部 100％ 控股。中国银行此前在境外收购航空租赁公司（见表 5 - 4）。

表 5 - 4　　　　　　　　三大商业银行所属租赁公司有关情况　　　　　　单位：百万元

公司名称	成立日期	注册地	持股	2012 年经营情况		
				总资产	净资产	净利润
工银金融租赁	2007 年 11 月	天津	100%	119049	11017	1166
中银航空租赁	2006 年 12 月收购	新加坡	100%	57235	11321	1415
建信金融租赁	2007 年 12 月	北京	100%	40288	5337	356

注：美元按年末汇率 6.2896 折算为人民币。

资料来源：根据银行年报整理。

租赁是一种新的融资方式，商业银行因具有强大的资金实力，在租赁行业中具有较大优势。但租赁业务仍属于传统业务范畴，基本属于高资本占用的信贷业务。在当前情况下，资本占用较高，总资产增速迅猛，利润增长也颇为可观。以 2012 年数据看，经过 5 ~ 6 年的发展，工商银行、中国银行、建设银行所属租赁公司的净利润分别达到 11.66 亿元、14.15 亿元、3.56 亿元。

（三）保险行业

2009 年 11 月，银监会印发《商业银行投资保险公司股权试点管理办法》，允许商业银行可以进入保险行业。此前，中国银行通过在港机构涉猎保险行业。银监会办法发布之后，工商银行、建设银行分别通过收购方式持有保险公司，工商银行收购金盛人寿并实际持有 60% 的股份；建设银行收购太平洋安泰并实际持有 51% 的股份。因进入时间和收购前公司的盈利情况，工商银行所属工银安盛已经逐步扭亏为盈；建设银行所属建信人寿2012 年底的净利润已达到近 50 亿元。中国银行此前涉猎的保险领域共涉及三家保险公司，2012 年底的净利润一共 8.8 亿元，因不在本土市场，处于一个较低的水平（见表 5 - 5）。

表 5 - 5 　　　　　　　　三大商业银行所属保险公司有关情况　　　　　单位：百万元

公司名称	成立时间	注册地	持股	2012 年经营情况		
				总资产	净资产	净利润
工银安盛人寿	2012 年 7 月	上海	60%	10951	2691	无
中银集团保险	2005 年 1 月	香港	100%	5591	3051	58
中银保险	2005 年 1 月	北京	100%	7263	2386	322
中银集团人寿	1998 年 2 月	香港	51%	——	——	499
建信人寿	2011 年 7 月	上海	51%	17769	7053	4964

注：港元按年末汇率 0.8114 折算为人民币。

资料来源：根据银行年报整理。

（四）证券行业

证券行业目前仍未获得监管部门的批准，三大商业银行均未直接在本土开展证券业务（见表 5－6）。工商银行选择在美国设立金融服务公司从事欧美证券清算业务，而且 100% 持股，主营业务包括为机构客户提供清算融资、证券清算、会计和交易报表等金融服务业务。2012 年末总资产已达2295.6 亿元，净资产 435.5 亿元，年度实现净利润 56.7 亿元。中国银行在港机构中银国际在上海设立了参股公司，持股 49%，规模相应较小，2012年末总资产 141 亿元，净资产 49.3 亿元，净利润 4.23 亿元。

表 5－6　　　　　　　　　三大商业银行所属证券公司有关情况　　　　单位：百万元

公司名称	成立时间	注册地	持股	2012 年经营情况		
				总资产	净资产	净利润
工银金融服务	2010 年收购	美国	100%	229558	43549	5667
中银国际证券	2002 年 2 月	上海	49%	14099	4931	423

注：美元按年末汇率 6.2896 折算为人民币。
资料来源：根据银行年报整理。

（五）信托行业

2007 年，监管机构首次批准商业银行进入信托行业，但后续大多数商业银行并未跟进，主要原因在于监管机构对于商业银行进入信托行业的"门槛"较高，监管较为严格。

目前三大商业银行中，仅有建设银行下设信托公司并持有 67% 的股份；中国银行通过在港机构进入信托行业；工商银行尚未进入信托行业（见表 5－7）。

表 5 - 7　　　　　　　　　　商业银行所属信托公司情况

公司名称	成立时间	注册地	注册资本	持股比例	2012 年经营情况
建信信托	2009 年 7 月	安徽	152700 万元人民币	67%	总资产 5528 百万元；净资产 5319 百万元；净利润 587 百万元
中银集团信托人	1997 年 2 月	香港	20000 万港币	76.43%	—

资料来源：根据银行年报整理。

（六）投资银行

目前在中国大陆地区，并未允许商业银行从事牌照类投行业务，三大商业银行均在境外地区从事投行业务（见表 5 - 8）。

表 5 - 8　　　　　　　　商业银行所属投资银行情况　　　　　　单位：百万元

商业银行	成立时间	注册地	持股	2012 年经营情况		
				总资产	净资产	净利润
工银国际	1973 年 3 月	香港	100%	5358.74	4170.00	无
农银国际	2009 年 11 月	香港	100%	4655.81	2809.88	142.81
中银国际	1998 年 7 月	香港	100%	55577.65	7094.88	853.59
中银集团投资	1993 年 5 月	香港	100%	62605.19	36580.35	1267.41
建银国际	2004 年	香港	100%	18668	6632	82

注：美元按年末汇率 6.2896、港元按 0.8114 折算为人民币。
资料来源：根据银行年报整理。

二、 综合化经营的特征

目前各综合化经营子公司背靠集团、立足自身、科学发展、稳健经营，对集团的功能互补、利润回报、业务拉动、客户带动效应日益显现，一些银行系子公司已经成长为行业领先者。总体而言，商业银行综合化经营具有如下一些特点。

一是战略上高度重视。在利率市场化和金融"脱媒"加快演进的大趋势下，过度依赖资产扩张，以利差收入作为主要收入的传统盈利方式无以为继。随着 SHIBOR 基准利率地位的不断巩固，以及资本市场的不断发展，商业银行传统的资产负债业务将会面临更大的分流，商业银行利差水平也会随着市场而相应地波动，同时，资产业务发展、利差收入增长的不确定性大大增加。因此，如何突破资产总量扩张的路径依赖，构建多元化、可持续的经营结构，将是未来一段时间各大商业银行必须面对的重大问题。商业银行应将转变发展方式作为实现可持续发展的根本途径，积极开辟新的业务增长点和多元收益来源，更加注重提高可持续增长能力和发展质量。

二是综合化经营已初具成效。各商业银行均已把握住有利条件，先后进入基金、租赁、投行、证券、保险、信托等领域，基本搭建起以商业银行为主体、跨市场经营的业务格局。母、子公司业务联动机制得以初步建立，综合化子公司经营成效和对全行的利润贡献度显著提升。

三是综合化联动效应显著。母公司除给予子公司必要的资源进行支持外，还着力建立完善母、子公司在市场营销、产品创新、风险管理等方面的协作机制，充分发挥子公司对商业银行业务转型和集团发展的互补、促进作用。一方面，充分依托商业银行的现有渠道、客户、管理、人才和科技资源，母、子公司实现业务联动，母公司全方位支持子公司竞争发展，使子公司以较低的经营成本，获得更大的边际收益和增长潜力，提升子公司对集团的盈利贡献。另一方面，依靠子公司的特有功能和产品创新，不断探索子公司与集团其他机构联合营销和服务的模式，设计推出子公司与母行信贷业务、投行业务链接的结构性产品和集成化服务，为商业银行结构调整和经营转型提供新的思路和工具，在更大程度上和更高层次上融入并支持银行的集团发展战略。

四是综合化治理逐步完善。根据公司法及上市公司的有关要求，在子公司建立了独立运作、相互制衡的公司治理体系，建立了股东对董事会授权，董事会对总经理授权，总经理对各管理委员会及部门转授权的严格分级决策授权机制，规范、引导子公司依法合规经营。

五是综合化风险得以有效控制。商业银行在风险控制体系上，基本实施机构隔离、财务隔离、人员隔离及业务管理隔离措施，确保母公司与综合化子公司在业务运作相互独立，防止利益输送以及不正当关联交易行为发生。各综合化子公司借鉴国际先进管理经验，结合自身特点，制定了专门内控措施，建立了较为科学的内控体系。

三、 综合化经营模式

根据上述商业银行进入的领域可以看出，中国银行此前利用在港机构竞争力较强的优势，综合化程度较高。但随着近些年中国大陆地区对银行综合化经营限制的放松，银行综合化经营迈入了一个新的阶段。

目前西方发达国家综合化经营主要有三种模式：

一是德国模式，一步到位，成立全能型银行，即允许商业银行直接开展除传统商业银行业务之外的所有金融服务，这是最为开放的模式。

二是日本模式，商业银行单独设立机构，并实行综合化经营，即商业银行在本体之外，成立专门的独立法人，专门从事综合化经营，这是风险隔离最好的模式。

三是美国模式，商业银行成立单独的综合化子公司，即商业银行直接参股或控股综合化子公司，具体管理某一类金融业务，这在开放程度和风险隔离方面，属于居于中间的模式。

从上述各种模式的机构属性可以看出，这三种模式在开放程度和风险隔离方面各具特点。为了方便进行深入的比较，以下从收入多元稳定性、产品销售交叉性、范围经济效应、信息科技优势等方面比较各种模式在收益方面的情况，从利益冲突、风险控制、弱化竞争等方面比较各种模式在风险方面的情况。

在收益方面：（1）收入多元稳定性，德国模式可以实现，日本模式较为受限，美国模式在银行层次上是可以实现多元化的稳定收入的；（2）产品销售交叉性，德国模式可以实现，日本模式可以实现但较为有限，美国模式比较受限；（3）范围经济效应，德国模式可以实现，日本模式由于单设独立机构，范围经济效应受到很大限制，美国模式有一定的范围经济效应，但没有德国模式大；（4）信息科技优势，德国模式可以实现，日本模式不是很明显，美国模式取决于信息共享程度，即取决于"ONE BANK"的建设情况。

在风险方面：（1）利益冲突，德国模式冲突可能性最大，容易"部门主义"，利益分配不均，日本模式可在较大程度上减轻，美国模式可以在一定程度上减轻；（2）风险控制，德国模式难度最大，日本模式能够较好地实现风险隔离，美国模式可以在一定程度上实现风险隔离；（3）弱化竞争，三种模式均有可能弱化竞争。

三种模式的收益与风险情况如表5-9所示。

表5-9　　　　　　　综合化经营模式的收益与风险

项目	德国模式	日本模式	美国模式
收入多元稳定性	可以	受限	在银行层次可以
产品销售交叉性	可以	有限	受限
范围经济效应	可以	效应降低	有一定效应
信息科技优势	可以	不明显	取决于信息共享程度

项目	德国模式	日本模式	美国模式
利益冲突	可能性大	较大程度上减轻	一定程度上减轻
风险控制	难度大	较好实现风险隔离	一定程度上实现风险隔离
弱化竞争	可能	可能	可能

可以看出，上述三种模式中，德国模式收益大、风险也大；日本模式风险小、收益也小；美国模式居于中间。

比较这三种模式，中国目前包括两种模式。中国银行在综合化经营上采取的模式更类似于日本模式；而工商银行、建设银行以及其他一些银行所采用的是美国模式。这主要是由于中国银行特殊的机构情况，最早作为国家特许的外汇专业银行，在中国香港地区机构比较全面，而且具有较强的竞争力，同时中国香港对银行业的监管相对较为开放，中银国际作为中国银行在港子公司，综合化程度很高，通过上述对商业银行综合化发展现状的描述不难看出，中国银行综合化子公司大多是借由香港地区机构设立的。

纵观目前中国商业银行所采用的两类模式，美国模式对于我国银行业综合化发展更为合适。这主要有三点理由：

第一，美国模式更加符合中国金融改革的"渐进原则"，满足"集团混业，子公司分业"的经营框架，更具可行性。既能够实现集团控股下互相协作的混业经营，又能方便监管机构提高分业监管水平，积累综合监管经验。

第二，美国模式是一种通过市场选择、经由兼并重组实现的金融控股集团模式。这种模式有助于渐进式不断解决中国金融发展中的有关问题，尽力减少矛盾焦点，还可以通过集团内部的防火墙控制经营风险，降低不正当权力的干预，推进中国金融业产权制度和经营体制的市场化进程。

第三，美国模式通过对金融机构和金融存量的整合与优化，还有助于实现中国金融增长模式的转变，推动金融增长模式由粗放型向集约型转变。

第四节 商业银行综合化发展效果

本节首先利用熵值原理和方法对商业银行综合化程度进行度量，接下来运用 ROA、ROE 等绩效指标对商业银行综合化绩效进行分析。

一、综合化程度测量

目前被广泛认同的测量企业多元化程度的方法主要有两种：一是 1970 年，里格利（Wrigley）提出了专业化率的概念，指企业某类产品销售额占总销售额的比例[1]；二是 1979 年，雅克曼和贝利（Jacquemin & Berry）提出多元化熵统计量（Entropy Statistics）[2]。由于熵理论和测量方法可以比较科学、完整地描述多元化程度，本节借鉴在热力学理论和信息论中应用的"熵"的概念和方法，运用其作为综合化程度的衡量指标。

1877 年，玻耳兹曼（Boltzmann）最早提出熵的概念，指热力学中分子热运动的紊乱程度。1948 年，克劳德·香农（Clause Shannon）将熵用于信息论，并在其论文《通信的数学原理》中首次给出了熵的概率论解释：

---

① Wrigley, L. . Divisional Autonomy and Diversification [D]. Boston, MA: Unpublished Doctoral Dissertation, Graduate School of Business Administration, Harvard Business School, 1970.

② Jacquemin, A. P. , Berry, C. H. Entropy measure of diversification and corporate growth [J]. Journal of Industrial Economics, 1979 (4): 359 – 369.

$$H = \sum_{i=1}^{n} r_i \log_2 \left(\frac{1}{r_i} \right)$$

式中：

H：信息熵，是信源整体的平均不确定程度；

r_i：事件 E_i 发生的概率，且 $\sum_{i=1}^{n} r_i = 1$。

1979 年，雅克曼和贝利（Jacquemin & Berry）采取自然对数的计算形式，首创式地将熵运用到企业战略管理多元化经营与成长的关系分析上。本节对商业银行综合化程度的衡量指标如下：

$$CHS = \sum_{i=1}^{n} A_i \ln \left(\frac{1}{A_i} \right)$$

$$i = 1, 2, 3, \cdots, n$$

式中：

CHS：商业银行的综合化程度；

A_i：商业银行综合化领域资产占总资产的比例；

n：商业银行综合化进入的领域数。

CHS 值随着商业银行所涉猎领域的增加而增加。如果商业银行只在一个领域经营，则 $A_i = 1$，$CHS = 0$；如果两个商业银行所涉猎的领域相同，则在各个领域所分布的资产越趋于平均，综合化程度越高，当资产等额分布时，即企业所经营的行业数目相同，则在各行业分布的销售额越趋于平均，多元化程度越大，当销售额在各行业等额分布，即 $A_i = \frac{1}{n}$ 时，CHS 值最大。可见，利用熵值来衡量商业银行的综合化程度是非常合适的。此外，熵值还具有可分离性的优点，即可以分别衡量商业银行在各个领域的综合化经营程度，特别适用于本书各领域综合化程度的衡量。

二、 商业银行综合化程度衡量

对三大商业银行 2012 年末综合化经营子公司的规模进行描述性统计，具体如表 5 - 10 所示。

表 5 - 10　　　　　　　三大商业银行综合化经营总体情况　　　　单位：百万元

银行	进入领域	总资产	净资产	净利润
ICBC	5	365929. 56	19114. 50	1419. 67
CCB	5	154353. 00	24916. 00	1205. 64
BOC	5	203193. 20	66087. 51	4716. 57

资料来源：根据银行年报整理。

通过表 5 - 10 可以看出，三大商业银行所进入的领域是相同的，基本涵盖了综合化经营所涉猎的行业。工商银行还有信托行业未进入，另外其证券公司是在美国经营的，中国本土没有涉猎证券公司；建设银行还有证券行业未进入；中国银行尚未涉猎信托领域，其租赁公司定位于航空租赁，而且设在新加坡，中国本土还没有设立租赁公司。

从总资产情况看，工商银行综合化子公司的总资产规模较大，中国银行次之，建设银行最低；从净利润看，中国银行较高，工商银行和建设银行稍低。从整理资料的过程中发现，中国银行综合化子公司的股权较为复杂，表明其综合化经营所采取的日本模式具有类似的特点。

以 2012 年末的数据来衡量三大商业银行整体综合化经营程度以及所涉猎的各领域综合化程度（见表 5 - 11）。

表 5 – 11 三大商业银行各领域综合化经营程度

领域	ICBC	CCB	BOC	合计	占比（%）
基金	0.51	0.45	0.59	1.56	3.11
租赁	4.52	2.91	5.69	13.12	26.13
保险	1.44	3.64	3.64	8.72	17.36
证券	0.30		2.96	3.26	6.49
信托		2.90		2.90	5.77
投行	2.07	3.47	15.12	20.66	41.14
总计	8.85	13.37	28	50.22	100

　　根据上述测算，工商银行综合化指数为 8.85，建设银行为 13.37，中国银行为 28。研究结果表明，中国银行综合化程度最高，建设银行次之，工商银行稍低。通过分析比较可知，投行行业、租赁行业、保险行业在商业银行综合化经营程度中占有重要分量。投行行业在三大商业银行综合化中的贡献度为 41.14%，租赁行业为 26.13%，保险行业为 17.36%（见图 5 – 2）。

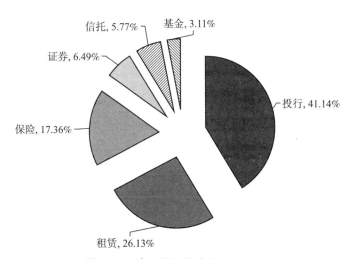

图 5 – 2 商业银行综合化重要领域

从商业银行各自的情况进行统计（见表5－12），工商银行的租赁业务在综合化子公司中规模较大，且贡献近年来逐渐增强，基金业务在综合化子公司中的贡献保持稳定，投资银行业务先上升、后有所减弱；建设银行的保险和投资银行业务对综合化的贡献度较高；中国银行的投资银行、租赁业务对综合化的贡献度较高。

表5－12　　　　　三大商业银行各综合化子公司分年度综合化贡献程度

银行	领域		2012 年	2011 年	2010 年	2009 年	2008 年	2007 年
ICBC	1	基金	0.51	0.52	0.59	0.69	0.59	0.61
	2	租赁	4.52	3.53	3.58	3.84	2.04	
	3	保险	1.44					
	4	证券	0.30	0.31	0.35			
	6	投行	2.07	2.61	1.87	0.38	0.36	0.45
CCB	1	基金	0.45		0.48			
	2	租赁	2.91		3.47			
	3	保险	3.64	1.00				
	5	信托	2.90	2.97	3.17	3.84		
	6	投行	3.47		5.42			
BOC	1	基金	0.59					
	2	租赁	5.69					
	3	保险	3.64	1.00				
	4	证券	2.96					
	6	投行	15.12					

三、　商业银行综合化效果分析

综合化公司的经济绩效一般包括盈利性和风险性两个方面。本节选取总资产收益率 ROA（Return On Assets）、净资产收益率 ROE（Return On Equity）作为盈利性评价指标，并以 ROE、ROA 的波动性（即方差）作为风险的衡量指标。

其中，盈利性指标包括：

$$ROA = \frac{净利润}{资产总额}$$

$$ROE = \frac{净利润}{净资产}$$

风险性指标包括：

$$VAR(ROA) = ROA\ 的波动性$$

$$VAR(ROE) = ROE\ 的波动性$$

考虑到商业银行综合化子公司新设等原因，经营还有一定的不稳定性，为了较好地衡量其绩效情况，以其近 5 年即 2008~2012 年的数据进行测算，并取平均值，计算结果如表 5 - 13 所示。

表 5 - 13　　　　　　　　商业银行综合化绩效评价　　　　　　　单位：%

领域			ROA	ROE	集团 ROA	集团 ROE
ICBC	1	基金	22.77	28.47	1.32	21.58
	2	租赁	1.08	9.15		
	3	保险	0.00	0.00		
	4	证券	0.06	10.59		
	6	投行	1.81	6.98		
CCB	1	基金	18.17	22.51	1.36	21.46
	2	租赁	1.23	5.07		
	3	保险	0.44	1.65		
	5	信托	5.67	5.91		
	6	投行	- 0.78	8.00		

续表

	领域		ROA	ROE	集团 ROA	集团 ROE
BOC	1	基金	21.78	24.76	1.12	16.93
	2	租赁	2.54	12.50		
	3	保险	6.84	16.17		
	4	证券	3.00	8.58		
	6	投行	1.96	5.31		

从表 5-13 可以看出，三大商业银行基金公司的绩效水平较高，其他领域 ROA 水平一般高于集团平均水平；ROE 水平低于集团 ROE 水平。

四、 促进综合化经营的一些建议

在利差收窄和金融"脱媒"日益影响到银行生存发展的环境下，国际银行业已经从"以产品为中心"转向"以客户和市场为中心"，通过综合化经营满足客户广泛、动态的金融需求，形成多元化利润来源，以应对实体经济发展带来的金融体系各市场主体功能的变化。商业银行从传统的融资中介逐步转变为全能性服务中介，从高资本占用型业务逐步转向低资本占用型业务，有效降低存贷利差收入在总体收入中的占比，加快形成资本节约的商业经营模式，以及多元化盈利增长格局，是中资银行在资本约束日益强化的条件下，应对利率市场化和金融"脱媒"进程的必然选择。

中共中央在全面深化金融改革，促进金融业持续健康发展和安全发展的有关意见中指出，要着重提高金融业的创新能力和竞争力，并要求金融业把创新放在首要位置，主要通过创新发展，显著提高金融业的竞争力。"十二五"规划进一步明确了我国金融体制改革方向，并提出了培育中国的跨国金融机构的战略构想。监管机构对深化金融体制改革作出了全面安排，着重强调指出，要进一步提高银行业、证券业和保险业的整体竞争力。

下一步在商业银行综合化发展方面，监管机构应该持有更加开放的态度，在风险可控的情况下，促进商业银行综合化水平不断提高。

在政策准入上，应持更为开放的态度。在基金业务领域，应该进一步促进商业银行综合化经营优势，允许其托管控股基金公司管理的基金，以便为广大投资者提供更全面的金融服务。在金融租赁领域，应该支持租赁公司发行次级债，优化负债期限结构，拓展稳定的中长期资本补充渠道；通过向商业银行以外机构转让应收租赁款和租赁资产，支持金融租赁公司分散风险。另外，支持具备条件的商业银行通过新设或收购进入信托、证券等领域，利用客户、渠道、管理、科技优势进一步增强金融资产服务能力，实现资本集约型发展。

商业银行应该加强综合化公司的治理，筑牢风险管理的防火墙，同时要通过市场化运作的方式，提高综合化子公司的竞争力，具体的发展建议包括：

一是要利用银行母公司的实力做后盾，加强信息系统的整合，科技是促使子公司实力提高的重要因素，要借助大型商业银行的信息科技优势，在统一的架构下，建立综合化的业务管理系统、销售管理平台、风险控制系统。

二是明确综合化经营的分润机制，子公司虽然独立经营，但必然与商业银行有着千丝万缕的联系，需要建立明确合理的内部分润机制，提高子公司经营的积极性。

三是要加强子公司的治理。子公司作为独立法人，而且有些子公司并非100%控股的单一股权，因此，有必要在银行集团层面建立协调部门，推动各子公司的内部治理，协调银行集团与子公司之间的关系，提高子公司的竞争力和贡献度。

四是要加强子公司和集团的互动共享。子公司和银行集团之间的客户资源既存在着交集，也有各自的客户群体，因此，要发挥子公司和集团的联动优势，使得各类业务互融互通，增强客户黏性，发挥"1+1>2"的协同效果。

| 第六章 |
国际化发展路径研究

第一节　引言

　　近年来，随着商业银行股份制改造的完成，商业银行都纷纷加快了国际化发展步伐。工商银行采取跟随客户"走出去"策略，以新兴国家和地区为重点，加快海外布局；中国银行在已有境外机构的基础上，致力于构建海内外一体化发展的跨国银行；建设银行国际化目标是 2015 年前完成在全球主要国家的布局；2010 年上市的农业银行，通过人民币国际化、企业客户国际化、金融资产国际化三条主线，加速完善海外网络布局。随着全球经济一体化，商业银行国际化发展不仅能够服务甚至引领中国企业"走出去"，也能开拓银行竞争的"蓝海"和新领地，降低经营风险，提高盈利能力，这已成为业界共识。在这种背景下，有必要关注研究两方面问题：一是如何评价中国商业银行国际化发展程度；二是如何看待国际化发展程度与银行绩效之间的关系。研究清楚这两个问题，将有助于中国商业银行的国际化发展，同时也能为其他商业银行国际化发展提供参考借鉴。

目前文献中，关于一般企业国际化及其与绩效关系的研究较多。其中在国际化程度衡量方面，大部分采用绝对量和相对量指标共同标示，如海外资产比例、海外销售额比例、海外子公司数、国家数和海外雇员比例，等等（Daniels and Bracker, 1989；Grant, 1988；Dunning, 1993）[1]。对以往文献的分析表明，最为常用的指标是"海外销售额比例"。在国际化发展程度与绩效的关系研究方面，具有以下几种观点：一是倒"U"型曲线（Daniels and Bracker, 1989；Geringer, 1989；Hitt, 1997；Gomes, 1999）；二是标准的"U"型曲线（Ruigrok and Wagner, 2003；Lu and Beamish, 2001）；三是水平的"S"型曲线（Contractor, 2003；Lu and Beamish, 2004；Ruigrok, 2007）。以上一些研究不是专门针对商业银行而言的。

在研究商业银行国际化发展程度与绩效的关系时，大多通过关键事件分析法，也即在银行国际化重大事件发生后，分析银行财务表现的差异（郭妍, 2010；孙超、杨建波, 2009；陈璐, 2005）[2]。这种方法能够从一定层面反映银行绩效的变化情况，但也需要指出，中国商业银行总体规模较大，一次国际化事件对集团公司绩效的影响并不能显而易见地得出，这其中必然掺杂着研究本身不易观察的变量的影响；还有些研究通过分析国际化事件宣告后公司股价变动情况（胡挺、刘娥平, 2009）来衡量国际化的绩效[3]，其中包含的前提假设即是市场有效、投资者为理性，因为此时国际化公司尚未开

---

[1] Daniels, J. D., Bracker, J, 1989. Profit performance: Do Foreign Operations Make a Difference? [J]. Management International Review, 29 (1): 46 – 56; Grant, R. M., 1987. Multinationality and Performance among British Manufacturing Companies [J]. Journal of International Business Studies, 18 (3): 79 – 59; Dunning, J. H., 1993. Multinational Enterprises and the Global Economy [M]. NewYork: Addison Wesley.

[2] 郭妍. 我国银行海外并购绩效及其影响因素的实证分析 [J]. 财贸经济, 2010 (11): 27 – 33; 孙超, 杨建波. 银行跨国并购绩效的实证研究——基于中国银行业跨国并购实践的分析 [J]. 金融经济, 2009 (20): 83 – 84; 陈璐. 银行并购实证研究的发展及方法论演进 [J]. 金融研究, 2005 (1): 164 – 174.

[3] 胡挺, 刘娥平. 中国商业银行海外并购经济后果研究——以招商银行并购永隆银行为例 [J]. 金融论坛, 2009 (12): 37 – 42.

始经营，所谓的绩效是对未来的预期而分析得出的，因此，股价变动情况可以作为国际化经营绩效的预测或参考，直接作为绩效评价的手段略显偏颇。

本章将研究对象限定为工商银行、中国银行、建设银行三大商业银行，并认为商业银行国际化过程反映了其从纯国内银行转变为跨国银行的各个不同阶段，不同阶段也代表着不同的国际化发展程度。

本章以 2006～2012 年 7 年来工商银行、中国银行、建设银行三家银行国际化发展的面板数据进行分析研究，这不仅出于数据可获得性的考虑，还因为这三大商业银行国际化发展具有不同情况，代表性较强。7 年间，工商银行加大了国际化发展步伐，而且速度迅猛；中国银行基本没有新设海外机构；建设银行趋于中间情况，这种自然而然形成的样本有利于本书进行比较。在文章结构上，首先运用聚类分析和方差检验方法评判比较三大商业银行国际化发展程度，接下来对三大商业银行 2006～2012 年的国际化发展程度进行排序，最后基于排序研究总量绩效、平均绩效、边际绩效、联动效应等与国际化发展程度之间的关系。

第二节　国际银行国际化的经验与启示

相比较而言，我国商业银行国际化进程起步较晚。因此，本节通过对国际上一些银行国际化历程的研究，为我国商业银行"走出去"提供一些有益的经验和启示。

一、花旗集团的国际化历程

（一）通过兼并收购在全球范围内急剧扩张

1998 年花旗公司与旅行者集团合并为花旗集团，交易金额 825 亿美元，创下全球金融业并购交易新纪录。合并后的花旗集团总资产达 7000 亿美元，净收入为 500 亿美元，在 100 个国家有 1 亿客户，成为全球最大的全能化金融集团。

花旗集团管理层提出以促进业务规模和利润增长为主要特色，以推进全球化并购和全能化金融服务为主要手段的"急剧增长"战略。1999 ~ 2004 年，花旗集团及其子公司共进行了 106 次并购交易，并购总金额超过 550 亿美元，资产扩张近 1 倍，员工数量增长超过 60%。

（二）急剧扩张导致管理难度和合规风险增加

随着花旗集团的国际化扩张，管理半径急剧扩大，管理难度也相应增加，大规模并购带来了管理文化整合等一系列复杂而严峻的问题，在美国、日本、韩国等地频频爆出合规丑闻。

2002 年花旗集团分析师对 AT&T 误导性评级、协助安然造假、误导世通投资者等丑闻，使花旗集团累计提取了 90 亿美元的诉讼准备。2004 年 9 月，花旗在日本的机构因违反反洗钱规定、向客户供虚假误导信息，从事法律禁止的业务等，被日本金融厅勒令一年内完成清算，并于 2005 年 9 月 30 日吊销营业执照。2005 年 3 月 16 日，美联储对花旗下达了禁止参与重大兼并收购活动的禁令，直到其道德环境和合规管理框架得到改善为止。

（三）调整发展战略、转变增长方式、突出核心业务

2004 年，新任 CEO 普林斯提出打造"最受人尊敬的全球金融服务企业"的目标，回到注重效率、优化结构和强化管理为特征的稳健增长战略。推动各项业务的"有机成长"，只在必要时进行"弥补空缺且更具策略价值"的小型并购交易。2005 年，花旗集团将包括旅行者在内的保险业务出售给大都会人寿保险公司，标志着商业银行、投资银行和保险三位一体的综合业务架构彻底解体。

（四）金融危机重创花旗，艰难重组以求再生

花旗集团在这场金融危机中遭受重创，2007 年第四季度巨亏 98.3 亿美元，2008 年全年亏损 277 亿美元。普林斯引咎辞职，鲁宾短暂接手后，潘伟迪于 2007 年 12 月成为新一任 CEO，提出三步走重组计划，即"瘦身"、重组、优化。2009 年末集团总资产规模比 2007 年高峰时削减了 21%，员工总数比 2007 年减少了 30%，累计裁减 11 万人。

（五）全球区域布局与未来战略重点

2001 年之前花旗集团的区域分部包括美国和海外两个区域，海外营业收入贡献不到 30%（见表 6-1）。

表 6-1　　　　　1999～2000 年花旗集团收入地区分布　　　单位：百万美元

地区	1999 年		2000 年	
	金额	占比	金额	占比
美国	41500	73%	53300	71%
海外	15737	27%	21888	29%
合计	57237	100%	75188	100%

资料来源：根据公开资料整理。

2001～2005 年墨西哥、日本分别占集团收入 5% 左右。2005 年本土收入下降到 60%，海外上升到 40%（见表 6-2）。

表 6-2　　　　　2001～2005 年花旗集团收入地区分布　　　单位：百万美元

地区	2001 年		2002 年		2003 年		2004 年		2005 年	
	金额	占比	金额	占比	金额	占比	金额	占比	金额	占比
美国	55400	69%	47400	66%	48200	62%	53000	61%	50250	60%
墨西哥	2100	31%	4200	6%	4100	5%	4500	5%	5300	6%

地区	2001 年		2002 年		2003 年		2004 年		2005 年	
	金额	占比	金额	占比	金额	占比	金额	占比	金额	占比
日本	—	—	4300	6%	4100	5%	4400	5%	4500	5%
其他海外	22557	28%	15408	22%	21042	27%	24290	28%	23592	28%
合计	80057	100%	71308	100%	77442	100%	86190	100%	83642	100%

资料来源：根据公开资料整理。

2008 年花旗区域分部调整为北美、EMEA、拉丁美洲、亚洲四个地区分部。美国本土和北美的营业收入不断下降，2009 年仅占 24%，而海外营业收入不断上升（见表 6 - 3）。

表 6 - 3 **2006 ~ 2009 年花旗集团收入地区分布** 单位：百万美元

地区	2006 年		2007 年		2008 年		2009 年	
	金额	占比	金额	占比	金额	占比	金额	占比
北美	41223	46%	36512	45%	13744	26%	19172	24%
EMEA	25988	29%	11427	14%	11118	21%	14979	19%
亚太地区	12546	14%	13787	17%	15636	30%	13917	17%
拉丁美洲地区	—	—	6790	8%	13145	25%	12138	15%
墨西哥	4481	5%	6744	8%	—	—	—	—
日本	1792	2%	5232	6%	—	—	—	—
公司/其他	3585	4%	1206	1%	- 850	- 2%	20079	25%
合计	89615	100%	81698	100%	52793	100%	80285	100%

资料来源：根据公开资料整理。

二、 美国银行的国际化历程

美国银行是美国西部最大的商业银行，前身是 1904 年在旧金山创立的

Bank of Italy，初期主要经营太平洋沿岸各州意大利移民的存放款业务，并对中小企业提供抵押贷款和发放消费信贷。20 世纪 20 年代，意大利银行就已成为美国西部最大的银行，1927 年以意大利国民信托储蓄银行名义取得国民银行执照。1929 年与加利福尼亚美洲银行合并，改名美国国民信托储蓄银行，简称美国银行。第二次世界大战期间，加利福尼亚州是美国重要的军火生产中心，战争给美国银行带来了巨额利润。战后，美国银行成为新兴加利福尼亚财团的金融核心。

（一）海外业务拓展先扬后抑

由于当时美国银行业监管规定不允许跨州设立分支机构，美国银行便把进一步拓展的目光投向了海外市场。1980 年美国银行盈利创历史新高，成为全球按资产排名最大的商业银行，全球分支机构 1200 多个，遍及 77 个国家和地区。本土以外的资产占总资产规模的 43%，海外利润占全部利润的52%。20 世纪 80 年代以后，美国银行的国际化经营出现了退潮，管理层发现其难以有效整合管理全球业务，海外扩张过于激进，尤其是在南美地区的信贷投放增长过快导致较大的风险。美国银行开始调整其海外经营战略，大规模收缩海外业务，关闭或出售效益低下的境外机构，集中精力拓展美国本土业务。1999 年末，美国银行境外营业收入占比下降到 7%，资产占比下降到 8% 左右。

（二）致力美国本土市场扩张

20 世纪 90 年代以后，美国金融管制逐步放松，跨州经营限制于 1994 年取消。1998 年，美国银行与北卡国民银行合并。2004 年收购美国第七大银行 FleetBoston，获得美国东北部地区市场。2006 年收购信用卡公司 MBNA，2007 年收购美国信托公司。通过一系列并购活动，美国银行迅速建立了遍布全美的业务网络。2009 年末机构总数 6000 多家，资产规模速 2.2 万亿美元，存款总额占全国近 10% 。

（三）美国银行的区域布局与发展战略

美国银行地区分部包括四个部分：美国、亚洲、EMEA 以及拉丁美洲。近年来美国本土的收入贡献缓慢下降，但 2009 年仍高达 87%（见表 6 - 4）。收缩海外战线、致力本土发展的区域发展战略使美国银行从一家曾经辉煌的全球性银行彻底转变为一家美国本土为主的大型零售银行。

表 6 - 4　　　　2003 ~ 2009 年美国银行收入地区分布　　　　单位：百万美元

地区	2003 年		2005 年		2007 年		2009 年	
	金额	占比	金额	占比	金额	占比	金额	占比
美国	36267	96%	52944	93%	60245	90%	98278	87%
亚洲	467	1%	909	2%	1613	2%	3385	3%
EMEA	115	0%	1783	3%	4097	6%	9085	8%
拉丁美洲	1037	3%	1539	3%	878	1%	1595	1%
合计	37886	100%	57175	100%	66833	100%	112343	100%

资料来源：根据公开资料整理。

三、 汇丰控股的国际化历程

汇丰银行成立于 1865 年，最初为英国和中国的贸易提供金融服务，逐渐在中国内地设置分支机构，并陆续涉足东南亚、印度、日本等地，但直到第二次世界大战时期，汇丰的业务仍主要集中于中国香港。20 世纪 50 年代之后，通过一系列收购兼并加快了其在亚太地区业务的发展，较大规模的交易包括收购印度商业银行和英国中东银行。

1965 年，汇丰银行收购了中国香港第二大银行恒生银行 62% 的股权，进一步巩固了在中国香港市场的霸主地位。

（一）拓展欧美市场

1984 年末中英两国发表关于中国香港问题的联合声明。由于对中国香港回归以后的前景有一定担忧，汇丰银行考虑将其管理总部迁出中国香港。1990 年汇丰控股有限公司在伦敦成立，汇丰银行成为汇丰控股的全资子公司。1991 年汇丰控股收购了英国四大清算银行之一的米德兰银行，由此成为英国第一大银行。1993 年，汇丰控股将其总部从中国香港迁到了伦敦。

（二）全球化服务网络的建立

20 世纪 90 年代中期汇丰控股确定了建设成为世界最大金融服务集团的战略，在全球范围内与花旗集团开展竞争。汇丰控股在欧洲、美洲和亚洲三个地区的盈利各约占集团税前盈利的三分之一，随后的十几年里在全球范围内开始了大规模的网络扩张。

在亚太地区，1999 年收购了汉城银行 70% 的控股权。2002 年取得中国平安保险 10% 股权。2004 年入股中国交通银行 19.9% 股份。2007 年汇丰银行在中国注册成为本地银行。

在欧洲地区，2000 年汇丰控股以 110 亿欧元收购法国商业信贷银行。

在北美地区，1999 年斥资 100 亿美元收购了美国利宝集团；2003 年斥资 100 亿美元收购美国最大的消费融资公司 Household International Inc.。

在拉美地区：通过一系列收购活动，进入了阿根廷、巴西、墨西哥、智利等市场。

（三）汇丰控股的全球区域布局与发展战略

2006 年之前全球化业务分为五大区域，即欧洲、北美、中国香港、亚洲其他地区和拉丁美洲。2000～2006 年间，欧洲营业收入从 44% 下降到

37%。北美地区则从14%上升到25%（见表6-5），主要是由于汇丰在北美加大了兼并收购力度。

表6-5　　　　　　　2000～2006年汇丰控股收入地区分布　　　单位：百万美元

地区	2000年		2002年		2004年		2006年	
	金额	占比	金额	占比	金额	占比	金额	占比
欧洲	10517	44%	12311	48%	19375	39%	23851	37%
北美	3364	14%	4065	16%	13427	27%	15965	25%
中国香港	5560	23%	5873	23%	9519	19%	11542	18%
亚洲其他	2567	11%	2805	11%	3801	8%	7557	12%
拉丁美洲	1925	8%	1161	4%	4306	9%	7269	11%
公司	-217	-1%	-326	-1%	-631	-1%	-1943	-3%
合计	23716	100%	25889	100%	49797	100%	64241	100%

资料来源：根据公开资料整理。

由于受次债危机的影响，汇丰在北美的业务遭受重创，2009年末只占集团的2%，北美地区是汇丰2009年全球唯一亏损的地区。2007～2009年，汇丰在欧洲的营业收入贡献仍保持了45%左右的水平，但来自中国香港、亚洲其他地区、中东及拉丁美洲等新兴市场地区的营业收入显著提升，2009年末已占集团的60%左右（见表6-6）。

表6-6　　　　　　　2007～2009年汇丰控股收入地区分布　　　单位：百万美元

地区	2007年		2008年		2009年	
	金额	占比	金额	占比	金额	占比
欧洲	25025	41%	26925	47%	17976	45%
北美	10627	17%	4384	8%	641	2%
中国香港	11091	18%	9389	17%	8967	23%

续表

地区	2007 年		2008 年		2009 年	
	金额	占比	金额	占比	金额	占比
亚洲其他	7597	12%	8129	14%	7107	18%
中东	1828	3%	2389	4%	1260	3%
拉丁美洲	7568	12%	8021	14%	6498	16%
公司	−1985	−3%	−2492	−4%	−2756	−7%
合计	61751	100%	56745	100%	39693	100%

资料来源：根据公开资料整理。

汇丰控股未来三大战略方向：将新增投资主要集中在高速成长的新兴市场地区；大力发展贸易融资和国际结算相关金融服务；适应人口老龄化趋势强化个人理财、财富管理等方面产品创新和服务。2009 年 9 月汇丰控股宣布，于 2010 年 2 月将行政总裁办公室迁往中国香港，公司总部仍继续留在英国。

四、 德意志银行的国际化历程

（一）从德国本土走向欧洲市场

1870 年于柏林成立，最初主要为德国的对外贸易提供金融服务。20 世纪 60 年代开始积极海外扩张，先后在卢森堡、伦敦、莫斯科、巴黎等地设立了分行，但 60～70 年代海外扩张基本以新设机构为主，海外机构规模相对较小。20 世纪 80 年代中期以前，德意志银行基本上还是一家德国本土银行，国内业务收入占总收入的 90% 以上。1990 年德国统一以及东欧瓦解之后，德意志银行迅速进入德国东部及东欧地区。到 20 世纪 90 年代中期，德意志银行基本奠定了其在欧洲传统商业银行领域的领先地位。

（二）收购摩根建富建立泛欧全能银行

1995 年，德意志银行以 15 亿美元的价格收购了英国摩根建富（Morgan Grenfell），并将其所有投资银行业务都整合进入摩根建富。1999 年，德意志银行以 102 亿美元收购了美国信孚银行。美国信孚银行总资产达 1330 亿美元，机构遍布 50 个国家，是美国第八大银行、第六大资产管理机构和全球第十大资产管理机构。

（三）专注核心业务，拓展新兴市场

经过 20 世纪 90 年代的几次大规模并购之后，德意志银行基本实现了以欧美市场为主战场的全球化扩张战略。但粗放式的发展模式也使其成本大幅上升，成本收入比 1989 年的 58% 一路攀升至 2001 年的 87%。德意志银行开始把控制成本、提高收益放在首要地位，而专注于核心业务、拓展新兴市场则是德意志银行战略转型的主要方向。专注核心业务：公司与投资银行、私人银行和资产管理等高附加值业务。拓展新兴市场：先后在土耳其、墨西哥、俄罗斯、越南等国收购证券经纪公司、投资银行、资产管理公司等。2004 年德意志银行北京分行正式开业，2006 年投资华夏银行 15% 的股份，同年，与华融资产管理公司合资组建了融德资产管理公司。

（四）区域布局与发展战略

2001～2005 年，发达国家地区（德国、欧洲其他及北美）营业收入基本维持在 90% 以上，亚太非洲和南美营业收入维持在 10% 以下（见表 6 - 7）。

2006～2009 年，德国本土的营业收入基本维持在 25% 左右。2008 年由于受金融危机影响美洲和欧洲其他地区的收入大幅减少，德国本土收入占比高达 60%（见表 6 - 8）。

表 6 – 7　　　　　　　　2001 ~ 2005 年德意志银行收入地区分布　　　　单位：百万欧元

地区	2001 年		2002 年		2003 年		2004 年		2005 年	
	金额	占比	金额	占比	金额	占比	金额	占比	金额	占比
德国	23156	31%	18026	33%	5786	29%	11234	25%	12846	21%
欧洲其他	23919	32%	18846	34%	7294	36%	16430	37%	22426	37%
北美	21874	29%	13352	24%	5058	25%	12547	28%	21193	35%
亚太非洲	4875	7%	3955	7%	1947	10%	4016	9%	4408	7%
南美	816	1%	963	2%	70	0.3%	532	1.2%	474	0.8%
合计	74640	100%	55142	100%	20155	100%	44759	100%	61347	100%

资料来源：根据公开资料整理。

表 6 – 8　　　　　　　　2006 ~ 2009 年德意志银行收入地区分布　　　　单位：百万欧元

地区	2006 年		2007 年		2008 年		2009 年	
	金额	占比	金额	占比	金额	占比	金额	占比
德国	7187	25%	8525	28%	8205	60%	7122	25%
EMEA	9497	33%	10530	34%	1762	13%	10964	39%
美洲	8160	29%	5959	19%	133	1%	6020	22%
亚太	3273	11%	4291	14%	2142	16%	2961	11%
公司	377	1%	1524	5%	1372	10%	885	3%
合计	28494	100%	30829	100%	13614	100%	27952	100%

资料来源：根据公开资料整理。

　　德意志银行未来的战略目标包括三个部分，即成为全球领先的公司与投资银行、强化私人银行和资产管理业务，巩固在德国本土市场的领导地位、加快在亚洲新兴市场的发展以分享该地区的高速成长、区域发展上突出两个重点、亚洲地区，目标是未来两年内使亚洲地区的收入翻番。德国本土银行，非常重视巩固在本土的领先地位。

五、 国际商业银行国际化历程的启示

（一）全球化经营是商业银行的普遍趋势

主要表现在其机构网络、客户基础、资产分布、收入来源的国际化，以及公司员工和股东结构的国际化。全球化经营可以灵活地在全球配置资源，分散区域风险，迅速加强在高增长地区的业务力度，从而获得高成长（见表6-9、图6-1）。

表6-9　　　　　　　　国际商业银行在全球的业务网络

银行	总资产（美元）	分支机构	客户（人）	国家地区	员工（人）
花旗集团	1.8万亿	8000	2亿	140	26.9万
美国银行	2.2万亿	6000	50%美国家庭 80%美国人口	40	28.4万
汇丰集团	2.3万亿	8000	1亿	88	30万
德意志银行	2.1万亿	1964	1958万	72	7.7万

资料来源：根据公开资料整理。

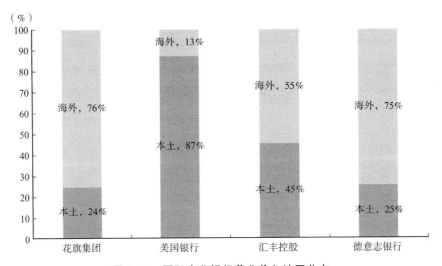

图6-1　国际商业银行营业收入地区分布

（二）申设和并购是国际化经营的重要途径

国际大银行的全球化发展都是经过数十年甚至上百年的机构申设（内生增长）和兼并收购（外延扩张）而实现的。初期主要是通过新设机构进入目标市场，有利于控制经营风险。随着市场经验的积累，越来越多通过收购来实现市场进入和规模扩张。机构申设和兼并收购各有千秋，相辅相成，不可偏废。

（三）跟随客户是国际化经营的基本准则

最初的国际化经营活动都是为客户的国际贸易提供结算和融资服务，然后才发展到服务本地客户和市场。东道国和母国之间在贸易往来、投资旅游、语言文化、历史背景等方面的关联程度在很大程度上决定了商业银行国际化经营的目标市场选择。美国银行：亚太地区和拉美地区；英国银行：英联邦国家和前殖民地市场；日本银行：东南亚地区；德国银行：欧洲大陆；西班牙银行：阿根廷；葡萄牙银行：巴西。

（四）新兴市场是大型银行重要收入来源

进入21世纪以来新兴市场却已取代发达国家成为全球经济增长的引擎。在成熟市场竞争日趋激烈的背景下，新兴市场已经成为国际商业银行的重要收入来源（见图6-2）。

针对新兴市场银行的并购交易日趋活跃。1991～1995年针对新兴市场的银行并购交易金额为25亿美元，1996～2000年增长到510亿美元，2001～2006年高达670亿美元。

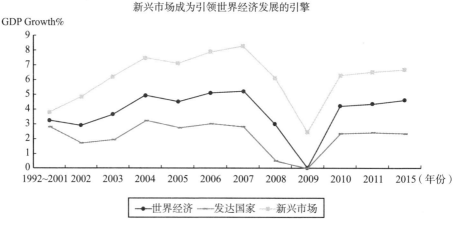

图 6-2　发达国家和新兴市场 GDP 增长情况与趋势

资料来源：根据公开资料整理。

第三节　商业银行国际化发展程度

国际化发展程度是相比较而言的。商业银行规模水平相当，采用绝对指标进行国际化程度比较更为直接，可比性强，不需要设立相对指标来评价。根据目前学术界的研究成果，同时考虑到中国商业银行目前仍属于场所和人员密集型的服务行业，本书以境外机构数量（FO）、境外雇员人数（FS）、境外总资产（FA）三个指标衡量商业银行的国际化程度，并在不同银行间进行比较。

基于工商银行、中国银行、建设银行 2006～2012 年的有关数据，对三大商业银行国际化程度指标进行描述性统计，如表 6-10 所示。

通过表 6-10 可以看出，反映国际化程度的三个指标中，中国银行明显高于工商银行，工商银行高于建设银行。

表 6 – 10　　　　　　　　　三大商业银行国际化发展程度指标

分类	FO（个）	FS（人）	FA（百万元）
工行 2006~2012 年均值	190	4068	6530
建行 2006~2012 年均值	27	767	1910
中行 2006~2012 年均值	672	23824	27300

资料来源：根据银行年报整理。

进行均值方差检验，检验三大商业银行国际化发展程度是否存在显著差异。假设如下：

H_0：银行国际化程度相等；

H_1：银行国际化程度不等。

在三大商业银行之间两两进行比较检验（见表 6 – 11），三组方差检验结果均在 95% 的置信范围内拒绝 H_0 假设，支持 H_1 假设。即：

表 6 – 11　　　　　　　　三大商业银行国际化发展程度方差检验

项目	工行：中行			建行：中行			工行：建行		
	t	df	Sig.（双侧）	t	df	Sig.（双侧）	t	df	Sig.（双侧）
FO	-10.48	12	0.000	-21.89	12	0.000	4.16	12	0.004
FS	-12.83	12	0.000	-18.40	7.00	0.000	3.23	12	0.013
FA	-5.35	12	0.001	-6.78	6.18	0.000	3.86	12	0.005

工商银行国际化程度不等于中国银行国际化程度，根据均值上的差异，可得出工商银行国际化程度明显低于中国银行的国际化程度。同理，建设银行国际化程度低于中国银行；工商银行国际化程度高于建设银行。因此，三大商业银行国际化程度，中国银行最高，工商银行次之，建设银行稍低，这与中国银行长期以来作为外币大行的历史定位是分不开的，也是近几年三大商业银行不同国际化发展战略和发展阶段的写照。

为了分析 2006～2012 年 7 年间各商业银行国际化发展动态，本书采用聚类分析方法，对面板数据中 21 个样本进行系统聚类（见图 6-3），比较不同年度之间商业银行的国际化发展程度。

根据聚类分析结果，中国银行 2006～2012 年 7 年来的国际化发展程度都高于其他两大商业银行，但 7 年间又可分为三个不同的状态：一是 2006 年及 2007～2009 年，中国银行国际化发展程度处于一个较好的水平；二是 2008 年，受金融危机的影响，中国银行的国际化发展程度相对而言有所减弱；三是 2010～2012 年，中国银行强调要打造海内外一体的跨国金融集团，国际化发展程度有所加强（见表 6-12）。

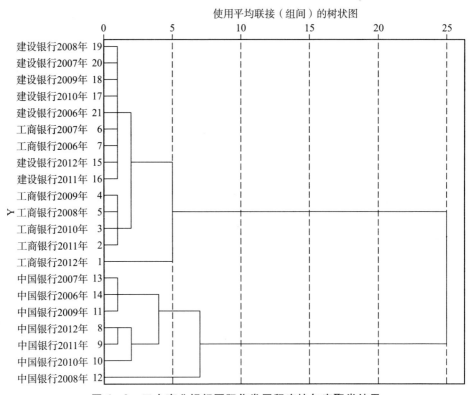

图 6-3 三大商业银行国际化发展程度按年度聚类结果

表 6 - 12　　　　　　　　三大商业银行国际化发展按年度分类

第一大类	中国银行 2006～2012 年
第一小类	中国银行 2008 年
第二小类	中国银行 2010～2012 年
第三小类	中国银行 2006 年、2007 年、2009 年
第二大类	工商银行、建设银行 2006～2012 年
第一小类	工商银行 2012 年
第二小类	工商银行 2008～2011 年
第三小类	工商银行 2006～2007 年，建设银行 2006～2012 年

相对于中国银行而言，工商银行和建设银行 2006～2012 年 7 年间的国际化发展程度略低。2006～2007 年，工商银行和建设银行国际化发展程度相当，此后的 2008～2011 年，工商银行加快了国际化发展步伐，国际化发展步入一个新的阶段，与建设银行逐步拉开差距，2012 年，工商银行国际化发展到了一个新的高度。即：

第一，中国银行 2006～2012 年 7 年间的国际化发展处于快速发展阶段，国际化发展程度较高。

第二，工商银行 2010～2012 年国际化发展程度跃上了一个新的台阶，普遍高于建设银行整体水平，尤其 2012 年进入了一个新的发展阶段。

第三，工商银行 2006～2007 年的国际化程度与建设银行 2006～2012 年的整体水平相当。

第四，中国银行 2008 年受金融危机影响，国际化程度有所减弱，2010 年又加强了国际化建设。

上述分类结果充分体现了近年来三大商业银行国际化发展的战略，为了进一步验证战略差异，本书选取境外机构数量增长率、境外雇员增长率、境外总资产增长率等几个指标，从国际化发展速度方面再次进行统计比较，结果如表 6 - 13 所示。

表 6 - 13　　　　　　　　　三大商业银行国际化速度　　　　　　　单位：%

分类		境外机构数量增长率	境外雇员增长率	境外总资产增长率
工商银行	均值	26.4	30.8	32.2
	标准差	17.0	30.9	19.5
建设银行	均值	107.2	82.0	32.6
	标准差	246.6	179.6	37.6
中国银行	均值	0.0	3	17
	标准差	13.3	15.2	14.3

资料来源：根据银行年报计算。

通过表 6 - 13 可以看出，工商银行国际化是渐进式的，增长率较高，标准差较低，显示了国际化发展有部署、有规划，在战略层面具有连续性；建设银行国际化是跳跃式的，某些年份进程较快，某些年份进程较慢，比如境外机构数量 2010 年为 8 家，2011 年则增长到 76 家，增长了 8.5 倍，无形中拉高了增长率的均值，也造成了较大的标准差；中国银行国际化是稳定的，增长率相应较低，标准差也较小，国际化发展较为成熟。

第四节　商业银行国际化发展绩效

为了全方位考察商业银行国际化发展的效果，本书从总量绩效、平均绩效、边际绩效、联动效应四个维度进行分析，其中总量绩效衡量国际化发展创造的绝对收益情况，平均绩效衡量国际化经营效率情况，边际绩效反映国际化经营趋势，联动效应体现境内外经营的一体化程度。

根据上一节三大商业银行国际化发展程度的比较研究，可将三大商业银行国际化发展程度按年度进行排序，如中国银行 2012 年国际化发展程度最高，排序 1，中国银行 2011 年次之，排序 2，……，以此类推，从而分析国际化发展程度与国际化经营绩效之间的关系。

一、总量绩效

总量绩效衡量国际化经营的绝对收益情况，考虑到境外各国税制的不一致性，为了研究方便，本书在涉及利润指标时，统一以税前利润来表示。总量绩效以境外税前总利润（FP）、境外总收入（FR）来表示。统计比较三大商业银行 2006~2012 年的均值情况，如表 6-14 所示。

表 6-14　　　　　　　　　　三大商业银行国际化发展总量绩效

分类	FP（百万元）	FR（百万元）
工行 2006~2012 年均值	4950	11500
建行 2006~2012 年均值	2590	4560
中行 2006~2012 年均值	20700	51900

资料来源：根据银行年报计算整理。

从表 6-14 大致可看出，中国银行总量绩效高于工商银行，工商银行高于建设银行。进一步进行方差检验，结果如表 6-15 所示。

H_0：银行国际化总量绩效相等。

H_1：银行国际化总量绩效不等。

表 6-15　　　　　　　　　　银行国际化总量绩效差异检验

	工行:中行			建行:中行			工行:建行		
	t	df	Sig.（双侧）	t	df	Sig.（双侧）	t	df	Sig.（双侧）
FP	-5.46	8.45	0.000	-6.72	6.68	0.000	1.73	12	0.118
FR	-9.50	12	0.000	-13.97	6.65	0.000	2.47	6.97	0.030

从表 6 - 15 中可以看出，中国银行国际化总绩效显著高于工商银行和建设银行；工商银行境外总收入显著高于建设银行，境外税前利润并不显著高于建设银行，这主要是由于工商银行境外机构新设或新并购，刚开始经营还需要有一个分摊成本的过程。

综上可以得出以下结论：中国商业银行国际化程度不同，其国际化总量绩效存在显著差异，其国际化程度越高，则国际化总量绩效越好。

二、 平均绩效

平均绩效反映了国际化经营的效率，采用境外人均利润、境外网均利润、境外资产回报三个指标进行衡量，各指标含义如下：

AFP_{FS}，境外人均利润 = 境外税前利润/境外雇员人数；

AFP_{FO}，境外网均利润 = 境外税前利润/境外机构数量；

AFP_{FA}，境外资产回报 = 境外税前利润/境外总资产。

对三大商业银行 AFP_{FS}、AFP_{FO}、AFP_{FA} 进行统计如表 6 - 16 所示，可以看出，并非国际化程度越高，平均绩效就越好。

表 6 - 16　　　　　　　　三大商业银行国际化发展平均绩效

分类		AFP_{FS}/（百万元）	AFP_{FO}/（百万元）	AFP_{FA} （%）
建行	均值	3.77	161.79	1.03
	均值的标准误	1.09	47.91	0.32
工行	均值	1.71	34.94	1.45
	均值的标准误	0.17	2.96	0.15
中行	均值	1.18	42.06	1.39
	均值的标准误	0.18	6.45	0.22

按照前述对于商业银行各年度国际化发展程度的排序，得出商业银行国际化发展程度与平均绩效的关系如图 6 - 4 所示。

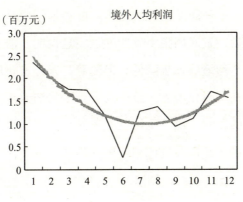

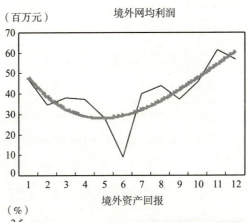

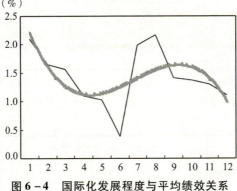

图 6 - 4　国际化发展程度与平均绩效关系

从图 6 - 4 中可以看出，境外人均利润、境外网均利润与国际化程度呈现出"U"型曲线关系；境外资产回报与国际化程度呈现出水平的"S"型曲线关系。

研究结果表明，中国商业银行国际化发展平均绩效呈现出先低后高的趋势，但到一定阶段后，资产回报率有所降低。这说明，商业银行在推进国际化进程中，一开始平均绩效逐步降低，但随着与国外文化的融合，经营的熟练程度日益增加，在国际化步入一定阶段后，平均绩效逐步提高，但受传统规模扩张创造绩效的影响，境外机构也不免通过资产规模的扩张来获得利润的增加，后续需要进一步提高资产利润率（ROA）水平。

三、边际绩效

边际绩效是对国际化经营趋势的解释，采用边际人员产出、边际机构产出、边际资产回报三个指标进行衡量，各指标含义如下：

MFP_{FS}，边际人员产出 = 增加每单位劳动力所带来的税前利润增长；

MFP_{FO}，边际机构产出 = 增加每单位机构所带来的税前利润增长；

MFP_{FA}，边际资产产出 = 增加每单位资产所带来的税前利润增长。

同理，按照前述对于商业银行各年度国际化发展程度的排序，得出商业银行国际化发展程度与平均绩效的关系如图 6 - 5 所示。

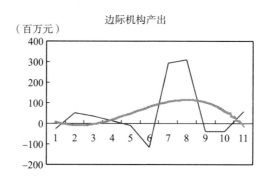

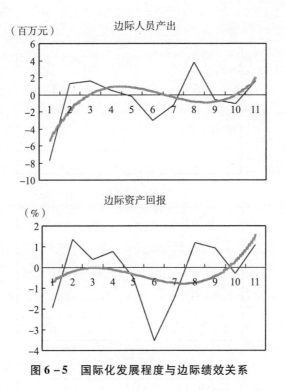

图 6 – 5　国际化发展程度与边际绩效关系

　　从图 6 – 5 中可以看出，边际机构产出与国际化程度呈现出水平的倒"S"型曲线关系，边际人员产出、边际资产产出与国际化程度呈现出水平的正"S"型曲线关系。

　　比较 AFP 与 MFP 的关系如图 6 – 6 所示，可以得到：

　　对于新增境外机构，在国际化初级阶段，AFP > MFP，新增动力不强；在国际化中级阶段，AFP < MFP，新增动力不断增强；在国际化发展到较高程度后，AFP > MFP，新增动力又逐步减弱。一开始，国际化经营经验不足，新设境外机构的盈利能力不高，新设愿望不强；但国际化经营到一定阶段后，在一些市场较为有利的国家和地区进行布局，效果较为明显，逐步增加了海外网络布局的信心；国际化发展到较高阶段后，国外网络布局基本完成，设立新机构的趋势不断减弱。

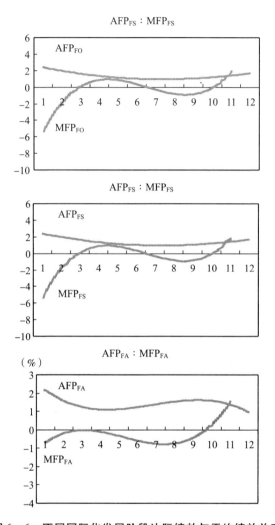

图 6-6　不同国际化发展阶段边际绩效与平均绩效关系

　　对于境外雇员和资产规模扩张，因是一个被动的过程，在国际化进程的一个较长阶段内，AFP>MFP，表明机构新设后，雇员和资产增加所创造的效益不明显，低于此前设立境外机构的平均水平，但随着经营熟练程度的增加，国际化发展步入较高阶段后，AFP<MFP，新设机构的人员和资产逐步发力，边际人员产出进一步提高，境外资产回报率水平进一步提升。

研究结果表明，中国商业银行在国际化发展进程中，一开始可以通过加快海外网络布局的方式，增加机构数量，但当布局进入一定阶段之后，通过机构增加获得的利润增长是有限的，需要通过深挖境外机构内部潜力的方式获得进一步增长，可以采用增加机构内部人员、扩大机构总资产等方式，不断增加现有机构的竞争力水平。

四、联动效应

国际化发展作为规模扩张的一种重要形式，需要充分发挥国内、国外两个市场的联动效应，体现出集团整体优势。本书通过境外利润与境内利润的相关性、境外利润增长率与境内利润增长率的相关性两个指标衡量集团联动效应，分析结果如表 6 – 17 所示。

表 6 – 17　　　　　　　　集团内外利润及其增长率的相关关系

银行	境外利润与境内利润相关关系	境外利润增长率与境内利润增长率相关关系
工商银行	0.971 ** (0.001)	0.826 * (0.043)
中国银行	0.562 (0.245)	− 0.589 (0.218)
建设银行	− 0.043 (0.935)	− 0.079 (0.882)

从表 6 – 17 中可以看出，工商银行境内利润与境外利润无论是绝对水平还是增长率，都保持着较高的相关关系；而建设银行、中国银行则没有显著的相关关系。

这表明，工商银行内外联动效果较好，国际化绩效对集团整体绩效具有一定的带动作用，这是工商银行近几年来实行集团化战略的重要成果，中国银行和建设银行的联动效应还需要进一步提高。

对工商银行、中国银行、建设银行三家商业银行的国际化发展程度进行评价，并分析国际化发展程度与绩效之间的关系，研究结果表明：

第一，中国银行国际化发展程度最高，工商银行次之，建设银行最低，三大商业银行国际化发展总体而言非常成功。国际化程度越高，总量绩效越高，中国商业银行加快国际化发展是一种重要趋势。

第二，平均绩效中，境外人均、网均利润与国际化程度呈现"U"型曲线关系，平均资产回报与国际化程度呈现水平的"S"型曲线关系；边际绩效中，边际人员产出、边际机构产出、边际资产回报与国际化程度呈现水平的"S"型曲线关系。中国商业银行国际化发展到达一定阶段后，境外机构新增空间有限，需要走内涵式的发展道路，进一步提高境外机构单位资产的回报率。

第三，境内外发展的联动效应中，工商银行境内外的联动效果较好，这表明中国商业银行需要进一步加强集团化建设，充分发挥集团合力，提高境内外发展的联动水平。

五、 加强国际化发展的一些建议

对于商业银行下一步国际化发展，通过上述研究，本章提供如下发展建议。

（一）进一步完善境外机构布局

进一步完善境外机构布局的三个主要原则为：（1）跟随客户"走出去"，海外拓展的目标市场应该是中国和东道国双边经贸往来密切，中国企业投资较多的市场；（2）追求成长，目标市场应是新兴地带，这才符合"蓝海"的特征，即一般是具有较高的经济增长速度和较好盈利潜力的国家和地区,如 20 世纪 90 年代的北美地区和 21 世纪初的亚太地区;(3)关注安全,目标市场应该具有比较稳定的政治经济环境,投资环境较好,金融法规体系相对健全,以确保海外投资的安全。

基于以上原则,本节尝试构建海外目标市场投资吸引力指数,即:

(1)贸易关联性:中国与目标市场的进出口总额占中国前 30 大贸易伙伴进出口总额平均值的百分数表示;

(2)经济成长性:用目标市场 GDP 增长率占中国 GDP 增长率的百分数表示;

(3)投资安全性:为了衡量投资的安全性,本章利用全球经济自由度指数的方法,该指数由美国 Heritage Foundation 和《华尔街日报》联合发布,综合了各国在贸易自由、财政自由、商业自由、货币自由、投资自由、政府规模、金融自由、产权自由、劳工自由、政府廉政情况等 10 多个方面的经济自由程度,是目前比较权威的反映经济自由度和投资安全性的指标。

为了平滑年度间宏观经济波动对世界贸易和经济增长的影响,三个因子的取值采用近 3 年的历史平均数,得出吸引力较强的国家和地区排名,如表 6-18 所示。

表 6-18　　　　　　　　国际化目标国家(地区)排名

序号	国家/地区	洲别	贸易关联性	经济成长性	投资安全性	吸引力指数
1	中国香港	亚洲	100	45.5	89.4	78.3
2	新加坡	亚洲	77.9	53.5	87.5	73
3	中国台湾	亚洲	100	35.6	69.8	68.4
4	韩国	亚洲	100	36.8	68	68.3
5	美国	北美	100	15.4	81.1	65.5
6	印度	亚洲	64	77.6	53.4	65
7	德国	欧洲	100	20.3	70.7	63.7

序号	国家/地区	洲别	贸易关联性	经济成长性	投资安全性	吸引力指数
8	俄罗斯	欧洲	76.8	62.5	51.5	63.6
9	澳大利亚	大洋洲	75.7	28.3	81.1	61.7
10	日本	亚洲	100	9.4	73	60.8
11	马来西亚	亚洲	76	48.8	53.6	59.5
12	安哥拉	非洲	28.4	100	45	57.8
13	英国	欧洲	64.2	17.4	79.9	53.8
14	巴拿马	拉丁美洲	9.7	91.8	56.9	52.8
15	巴西	拉丁美洲	54.7	44.4	57.8	52.3
16	阿曼	亚洲	14.5	76.1	65.6	52.1
17	菲律宾	亚洲	45.8	47.6	62.3	51.9
18	阿联酋	亚洲	34.7	58.3	62.4	51.8
19	荷兰	欧洲	73.2	26.3	54.1	51.2
20	泰国	亚洲	57.5	36.7	57.3	50.5

商业银行应参照表6-18，对照目前境外机构的现状，加强国际化海外布局步伐。

（二）通过机构申设与兼并收购并举稳步推进

根据目标市场的监管政策、进入难度和风险状况，灵活选择设立分行、子行或参股、控股等多种进入形式（见图6-7），其中控股收购进入难度较小、风险也较低，当然收益相应也较小；新设分行难度较大，但风险较低；参股收购进入难度较小，风险相对较高；新设子行进入难度较大，风险相应也较高，当然也较为灵活，收益也较为客观。

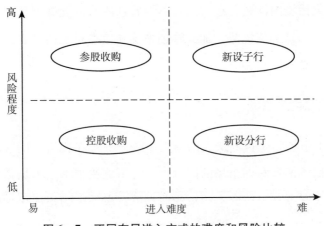

图 6 - 7　不同布局进入方式的难度和风险比较

这些方法也可综合运用，相互补充。在并购对象规模的选择问题上，应该首先开展中小规模的并购交易，通过跨国经营管理经验的逐步积累，再开展较大规模的并购，否则因经验缺乏，交易失败时将出现重大损失。

（三）加强国际化过程中的风险控制

要摸清目标市场的宏观面，对目标市场的宏观经济、政治体制、法律法规、监管体系、行业特征、外汇管制等情况进行深入了解，重点关注是否存在经济滑坡、恶性通胀、货币贬值、政局不稳等可能影响外来投资的风险。同时还需要调查清楚并购对象的基本面，初步确定潜在的并购对象后，要开展好并购前的尽职调查，要从经营环境、财务状况、业务特点、资产质量、风险控制、公司治理、法律诉讼、并购后整合等角度开展全方位尽职调查，合理评估并购对象的投资价值和投资风险。

（四）加强管理整合

收购银行与并购对象在管理体制、IT 系统、企业文化等方面存在的差异，往往导致并购后整合较为困难。因此要加强管理整合，重点包括核心团队的整合，包括境内派驻管理人员与本地管理团队的互融互通。另外，要发挥商业银行的信息科技优势，加强管理系统和信息系统的整合，通过科技力量促进境内外机构的整合。

（五）加强内外联动

中国本土市场是全世界最大的新兴市场，并且在相当长的一段时间内不会改变。在积极拓展海外市场的同时，千万不能忽视本土市场竞争优势的维护与巩固。在资源有限、资本约束的前提下，海外市场拓展更加应该谨慎稳妥、循序渐进、注重效果。此外，机构之间的联动不仅要强调境内机构为境外业务拓展提供支持，也应该强调通过健全海外机构网络、完善全球服务体系，以支持在本土市场竞争优质客户、巩固竞争优势。

｜第七章｜
互联网化发展路径研究

第一节　引言

随着网络技术的发展，"互联网＋"的潮流席卷了各行各业，未来企业互联网化已经成为必然的结果，金融互联网化也不可避免。2013年，余额宝的横空出世开创了我国的"互联网金融元年"。2015年7月，《关于促进互联网金融健康发展的指导意见》中首次对互联网金融进行了明确的定义。其认为互联网金融是一种运用网络技术和信息通信技术使传统的线下金融与线上的互联网企业实现资金的融合、交易、投资等服务的新型金融业务模式。商业银行的互联网化也紧随其后，在2013年年中银行披露的半年报显示，四大行电子银行柜面替代率已超过70%，民生、招行等甚至超过了90%。

互联网金融的快速发展，使商业银行受到了巨大的冲击，如果商业银行不紧跟互联网发展的潮流进行改革，那么自身的发展将会受到极大的限制。从现实角度看，互联网金融与商业银行两者本身都具有极大的发展优势，但是相互之间也存在着诸多矛盾。将商业银行与互联网金融进行融合，可以取长补短，实现互利共赢。从商业银行自身来说，虽然商业银行一直在进行互联网化，但是由于银行本身庞大的体系不可避免地存在很多问题造成其互联网化的进度落后。因此，现阶段商业银行需要将重点转移到互联网化上，分析目前互联网金融对商业银行的冲击和挑战，结合商业银行的发展需求和发展理念，制定合理的措施，落实到具体的工作中，保证商业银行与互联网金融的融合稳定发展，进而推动我国金融市场的整体发展进程。

本章首先研究了我国商业银行互联网化所面临的互联网生态环境，并对商业银行在此形势下，所具备的自身优势与劣势，所面临的挑战与机遇进行分析；其次从渠道与产品两个方面阐述了商业银行互联网化的路径选择；最后提出了评估商业银行渠道与产品互联网化的衡量指标并对商业银行互联网化的进一步发展提出了一些建议。

第二节　商业银行所面临的互联网环境

在互联网快速发展的大背景下，传统行业纷纷寻求转型，从传统的线下经营转为线上线下相结合的新型发展模式。互联网时代，信息资源对于金融行业的重要性愈加凸显。网络技术和电子商务的发展使新型的金融模式即互联网金融快速发展。互联网金融以大数据和云计算为支撑，以各种社交网络为载体，完成个体之间，个体与企业之间的资金流动等，典型的有支付宝、微信等第三方支付平台以及各种理财产品等。互联网金融使得交易主体之间的交易效率和交易成本大大降低，已经成为一种必然的发展趋势。面对整个金融行业互联网化的大背景以及各种第三方支付平台的威胁，商业银行互联网化成为其创新发展的有效途径和必然选择。通过线上运营不仅可以降低成本，提高对于客户的服务水平和服务速度，还可以使商业银行的发展更加多元化和个性化。本节首先采用波特"五力"模型对互联网背景下商业银行的竞争环境进行分析，然后通过 SWOT 对商业银行的内部环境进行分析。

一、商业银行互联网化的"五力"模型

国外的很多知名银行早已进入中国市场，如花旗、渣打等巨头，这些银行在我国市场上拥有着很高的客户忠诚度和美誉度，尤其是高端客户方面。另外股份制银行和城市商业银行的发展壮大，其互联网金融业务的开展，对商业银行互联网金融的发展构成一定的竞争压力。另外互联网企业的蓬勃发展，加剧了市场的竞争激烈程度。本书采用"五力"模型来分析商业银行在互联网新趋势下的行业环境。

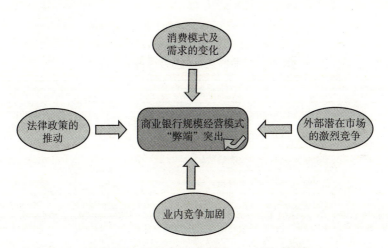

图 7-1 商业银行规模经营"五力"模型

（一）政治法律环境

随着互联网信息技术的发展，互联网金融逐步发展，其对国家经济的发展具有积极的推动作用，并且李克强总理在 2014 年第十二届全国人民代表

大会第二次会议强调指出未来促进互联网金融健康发展、完善互联网金融监管协调机制。为了促进互联网金融的健康发展，国家已经出台了一系列的政策来促进互联网金融的发展，相关的政策及法律文件如表7－1所示。国家出台的这一系列政策文件能够指导商业银行互联网路径的实施，能够鼓励商业银行与互联网积极进行结合。然而，出台的这些政策也能够约束商业银行的发展。商业银行在与互联网进行结合的过程必须符合法律条文的规定，必须按法律政策文件的要求进行规范经营，提供安全、合法的互联网金融产品，切实保护各利益相关者的权益。此外，虽然国家已经出台了一些相关的政策文件对互联网金融进行指导与约束，但互联网金融毕竟是个新兴事物，这方面的立法及运行机制还相对比较落后，随着法律制度的不断完善与优化，商业银行在发展互联网金融方面的优势将会更加明显，这对商业银行互联网金融的发展来说是一个极大的机遇。

表7－1 　　　　　　　　　　银行业及互联网金融方面的法律法规文件

类别	文件名称	日期
银行业	《中华人民共和国中国人民银行法》	2003.12.27
	《中华人民共和国银行业监督管理法》	2007.7.1
	《中华人民共和国反洗钱法》	2007.7.1
	《中华人民共和国商业银行法》	2015.8.29
互联网金融	《国务院关于积极推进"互联网＋"行动的指导意见》	2015.7.1
	《关于促进互联网金融健康发展的指导意见》	2015.7.18
	《网络借贷信息中介机构业务活动管理暂行办法》	2016.8.17

（二）消费者需求的变化

随着互联网的发展，城镇居民和农村居民的互联网普及率都在大幅度地上升。中国互联网络信息中心发布的中国互联网发展状况统计报告显示中国城镇居民与农村居民的互联网使用率持续增长，截至 2018 年 6 月 30 日，中国上网居民的数量已经达到了 8.02 亿。其中，城镇居民的互联网普及率已经达到了 73.7%，农村居民中的互联网使用率达到了 26.3%，与 2017 年相比均有所上升，结果如图 7-2 所示。由此可知，互联网已经成为了居民生活的重要组成部分。

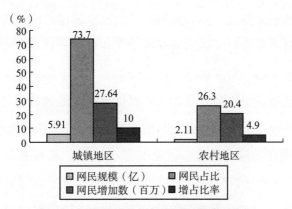

图 7-2　我国城镇与农村网民的发展情况

资料来源：根据公开数据整理。

　　互联网对用户的影响渗透到了居民生活的方方面面，这些影响改变了用户的消费习惯。如在进行消费或者购物时，不再仅仅依靠传统的电商广告、实体店购物或者平面广告等传统的方式，而是逐渐转变成了线上搜索、线上评价和线上购买等便捷的方式；用户产品需求变得更加多元化，在服务方式上更加追求便捷化和即时化等。如果商业银行不能顺应市场上消费者需求的变化而进行动态变化，还仅仅依靠传统的商品或者服务来获取胜利，最终必将被淘汰出局。商业银行进行互联网化，施行互联网产品的多样化战略，为用户提供更加便捷、及时、全面的服务是其维持市场地位，获取持续竞争力的必然选择。互联网带来的市场需求的变化既带给商业银行一定的机遇也来了一些挑战，这是商业银行与互联网进行结合，推动商业银行互联网化的重要因素。

（三）外部潜在市场竞争加剧

过去虽然也存在电子商务，但是之前的电子商务与商业银行并没有明显的直接交集，不存在业务上的冲突。然而，随着电子商务的快速发展，其慢慢将金融业务纳入到了自身的业务当中。迄今为止，互联网金融的发展提高了用户对金融服务便捷性、及时性的要求，改变了用户传统的购买习惯和消费形式，这使得商业银行实体店的服务方式和价值创造方式受到了巨大的冲击。其中影响最大的一种互联网金融业务就是类似于第三方工具能够为用户提供委托理财功能的余额宝，它为用户提供了一个更加简单、安全的方式来获取高额的投资收益，更加符合大众的需求。此外，余额宝吸纳了大量的个人资金，聚少成多，然后将这些资金又存入银行，其利率水平远高于个人活期存款利率。银行的存款增加总量没有变，但是变换渠道的流入方式造成银行的融资成本增加。余额宝的吸收资金、委托理财以及放贷这一产业链都在逐渐向商业银行靠拢，表现出了较大的趋同性，加大了其商业银行的竞争力度。

互联网金融使得商业银行的融资成本也显著增加。面对互联网金融的威胁和同行业的竞争，银行为了避免存款的流失需要提高利息水平，使得银行的融资成本增加。互联网金融发展势头强劲，并且政府为调整经济结构、提升服务水平，鼓励其发展，这使得商业银行传统的竞争优势不再明显。互联网金融的发展虽然对商业银行形成了很大的威胁，但也带来一些机遇。首先，互联网金融促进了传统商业银行的改革，推动了银行业监管机制的变化，为商业银行的互联网化道路提供了一些借鉴。与互联网金融相比，商业银行的互联网业务发展缓慢，在便捷服务、多元化服务方面都能为商业银行的互联网化提供一些借鉴，促进商业银行的互联网化。其次，商业银行业也可以与互联网金融进行合作，扩大其服务的范围，形成服务多元化的战略。

商业银行需要积极应对互联网金融挑战，推进其自身互联网金融模式的快速发展才能维持其市场竞争优势。

（四）银行业竞争更趋激烈

截至 2014 年末，我国银行类金融机构总数已经超过 4000 家，这导致银行业内部之间的竞争愈加激烈。同时，互联网金融的出现导致各大银行纷纷将下一步的战略重点转向互联网领域。这一结果必将导致银行的互联网化道路困难重重，各大银行之间的互联网竞争将会进一步加剧。

银行业务从线下向线上迁移发展的过程中，必然会受制于以下几个方面。首先，银行本身的客户资源。在支付宝、微信等第三方支付平台的扩张下，留给商业银行的市场份额本就不多。这极少的市场份额又存在诸多竞争者。因此在商业银行互联网化的初期，客户资源众多的银行在瓜分市场份额的竞争中会处于有利地位，而客户资源稀少的银行有可能在互联网化初期就失败从而随着互联网的不断发展被金融行业所淘汰。其次，银行的金融实力。金融实力强劲的银行可以吸收优质的人才资源，选择强大的合作机构来建设自己的互联网平台。互联网时代，消费者更加追求特色化与个性化的产品与服务。具备强大金融实力的银行可以在产品的研发方面投入大量的资金，不断推出新的产品。金融实力较弱的银行机构在产品和服务方面的竞争能力将会减弱，从而被市场所淘汰。

互联网时代的发展，导致银行类金融机构的两极分化状态越加鲜明。传统的线下经营模式使得一些小众银行可以依靠地域环境的优势发展，互联网环境使得所有银行所面临的市场环境完全一致，导致小众银行的生存空间日趋缩小。但是这并不代表处于劣势地位的银行并没有发展的空间。处于不利地位的银行机构可以选择与小型第三方平台合作，专注于某一类业务的发展，做到"专而精"。因此，商业银行在互联网化的过程中必须在明确自身发展优势的基础上选择合适的发展道路。

（五）传统经营模式的"弊端"愈加突出

商业银行自身存在诸多弊端，使得商业银行的未来发展受到了限制，迫使其走互联网化的道路，主要存在以下几个方面的弊端。第一，信息处理系统的落后。商业银行长期处于封闭式的状态，它的信息系统主要服务于各自的网点，这极大地限制了商业银行的服务范围，造成了一定资源的浪费等。第二，传统商业银行的理财业务主要定位于极少数的优质用户，服务"门槛"很高，这与中国仍然是发展中国家，高收入用户相对较少的现象存在较大的矛盾，这不仅影响了商业银行的客户数，也制约了商业银行未来的规模发展。在这种情况下，即使商业银行不面临互联网环境带来的威胁，其也有必要进行转型。第三，国家政策要求商业银行不能涉及证券、保险等业务，这进一步制约了商业银行个人理财项目的发展。传统银行业的业务大多只能停留在储蓄、贷款、外汇业务等简单业务。业务结构的单一化显然不能满足用户的多元化需求，只有不断拓展其业务结构才能更好地为顾客提供服务，这也要求商业银行必须进行转型。第四，组织结构的不合理性。银行内部层级复杂，内部牵制较多。当涉及复杂业务的办理时，需要经过层层审批，大量的时间被浪费在各部分之间的协调与沟通上，这造成了商业银行的服务效率低下等问题。综上所述，商业银行传统经营模式所存在的缺陷也是推动其走互联网化道路的不可忽视的重要力量。

二、 SWOT 分析

（一）优势分析

商业银行互联网化的优势主要在于：一是品牌优势。商业银行的一个基本职能是信用中介。商业银行由于自身发展的优势，是客户信任的品牌。在第三方支付平台逐步发展的过程中，商业银行由于线下多年的发展，在客户中塑造了良好的口碑，具有鲜明的品牌优势。二是客户资源优势。商业银行由于发展需要建立的各个网点形成一套完整的布局模式，辐射整个区域。通过与各个企业和投资人的相互合作，具备大量的客户资源。长期的交流合作使顾客对于商业银行具有较高的客户忠诚度与客户黏性，使商业银行的互联网化具备一定的优势。三是风险管控优势。金融服务的关键在于其风险管理和控制能力，即是否能安全保护客户的资金。商业银行由于其传统的经营业务，对于风险管控更加具有优势。首先，完善的风险监控机制。商业银行由于其服务内容的特殊性一直被监控机构严格监管，经过长时间的发展已经形成了一套完善的风控体系。其次，国家政策的支持。我国政府部门对于银行的发展给予多项支持，避免出现银行破产的情况。最后，安全的网络防护体系。互联网时代，金融安全更加受到威胁。网络诈骗、客户信息泄露、"钓鱼"网站等问题层出不穷。商业银行由于自身资金的丰厚和对金融体系的了解，出于稳定持久的发展理念，会投入大量资金构建安全的网络防护体系来保障客户的利益。商业银行主营金融业务，对于金融行业的规章制度了解深厚。在互联网背景下，对于线上金融监管更加熟悉，并且国家的政策法规会更加倾斜于商业银行。

（二）劣势分析

商业银行互联网化的劣势主要在于以下几个方面：一是人才的缺乏。商业银行由于自身的限制造成了内部人才结构的不合理。年轻化的队伍出于组织的基层，中高层管理人员的年龄主要在四十岁以上，中高层的思想保守僵化与年轻化员工的思想冲突会引发矛盾。同时这种不合理的人才配置将挫伤年轻员工的积极性，造成人才的流失。二是服务流程的低效率。商业银行的服务流程繁琐，顾客每一项业务的办理都必须经过一系列的审核，这会引发客户的不满。商业银行过多地注重内部制度与自身的利益，使得客户的体验感极差。在各种互联网金融平台注重客户体验，对客户进行个性化服务的对比下，如果商业银行不做出改变，在不满日益增加的情况下会造成客户资源的大量流失。三是经营业务的分散化。客户在商业银行办理基础业务是需要银行卡或者存折，借款业务需要进行一些资料的填写，理财业务又涉及不同的方面。商业银行各种业务之间过于分散化的现状给客户带来了种种不便，使客户体验感极差。各种地方支付平台的便捷服务逐步受到众多客户的青睐，只要一部绑定银行卡的手机便可完成众多业务的办理。在各种第三方支付平台的冲击下，商业银行必须做出改变。

（三）机会分析

虽然目前互联网金融还没有对商业银行造成过大的冲击，但是综合各种现实情况来看商业银行互联网化已经成为必然。目前我国银行业已经趋于饱和，业务类型与经营方式并没有太大区别。互联网金融的发展迫使商业银行转型升级，为商业银行的创新发展提供了机遇。一是市场空间的扩大。商业银行的传统经营模式面对的是所在地的区域性客户，依托于互联网环境，商业银行可以把服务群体扩展到全球，在新型销售方式的驱动下扩充市场空间。二是风险优势的存在。由于互联网金融在短时间内的快速发展和政府网络监管体系的不完善，使得互联网金融所面对的风险不确定性大大提高。商业银行经过长期发展所形成的完善的风险监控体系使得其产品更具有竞争力。

（四）挑战分析

商业银行的互联网化所面临的挑战主要在于：一是行业内部竞争的加剧。商业银行的互联网化已经成为必然的趋势，网络资源的有限性会使得行业内部之间的竞争加剧。为了抢占有限资源以及取得先发优势，商业银行之间会各出奇招导致整个行业环境更加复杂，银行之间的竞争加剧。二是客户群体的变化。互联网环境中存在的群体越来越年轻化，商业银行在互联网中所面临的群体主要为青年人。年轻群体对于个性化和时尚化以及服务便捷化的追求对于商业银行都提出了挑战。但是目前商业银行的互联网化主要以网上银行为主体，复杂的操作方式以及必要的线下开通都会导致年轻群体的抵制。三是互联网金融的冲击。首先，互联网金融降低了交易的中间环节和成本费用支出，在各种第三方支付平台的冲击下，商业银行支付中介的职能被削弱，大量的客户流失。其次商业银行互联网化的时间短，还处在初步阶段。互联网金融中各种第三方支付平台发展时间相对较长，且服务水平和服务效率高，客户体验感好。对比之下，商业银行发展缓慢且客户体验感并不好。四是盈利模式的冲击。商业银行传统的盈利模式主要在于粗放式增长。利息的差异是银行盈利的主要来源。商业银行创造价值的主要方式为企业的贷款需求。互联网环境下，银行融资成本增加，客户将存款由银行转入各种第三方支付平台，第三方支付平台又将收集到的资金以高利润存入银行。资金经过第三方支付平台到达银行，资金总量并没有变，但是银行的支出利率变大，导致融资成本的增加。

综上所述，商业银行具有自身优势，同时也面临着一些不足；既迎来了新的发展机会，同时也面临着挑战（见表7－2）。

表7－2　　　　　　　　互联网背景下商业银行发展 SWOT 分析

S:	W:
1. 商业银行具有品牌优势，在客户中具备良好的口碑。	1. 商业银行缺乏金融类和信息类的复合人才，目前精英人才极为缺乏。
2. 商业银行具备庞大的客户资源。	2. 商业银行由于传统服务流程的烦琐给客户造成不好的服务体验。由于商业银行本身的庞大体系会给改革造成阻碍
3. 商业银行具有丰富的金融风险监控经验，在庞大的资金支持下可以开发完善的网络风险监控系统	

O:	T:
1. 互联网技术的发展使商业银行的市场空间扩大。不再局限于线下网点所面临的地理区域，可以在全球范围内开发市场。 2. 商业银行的风险监控优势在互联网环境中更加凸显。商业银行具备国家政策的支持，其长久经营具有完善的风险监控和风险防范体系	1. 商业银行互联网化已经成为必然的趋势，会使得行业内部竞争加剧。 2. 商业银行所面临的客户群体和客户的需求发生了极大的改变。 3. 互联网金融中发展较快的第三方支付会给商业银行造成冲击。 4. 商业银行的盈利模式受到互联网金融的冲击造成利润的下降

第三节　商业银行互联网化路径选择

根据对商业银行所面临的互联网生态环境分析，基本得出一个结论，商业银行走互联网化道路是其继续发展的必然选择。银行互联网化，指商业银行基于网络技术将线下的产品、服务和管理等转移到线上，在简便业务办理流程、增强客户体验的同时更加有效地进行管理。从传统经营模式转为互联网化模式，意味着必须要舍弃一些经营项目，又必须创新和挖掘新的驱动力量。目前，商业银行的互联网化主要集中在渠道和产品两个方面。下面本节将从这两个方面对商业银行的互联网路径选择进行全面分析，最后又结合典型案例对商业银行互联网化的路径进行了系统的分析。

一、渠道的互联网化

（一）网上银行

网上银行，指银行利用互联网技术构建一个网络平台，通过平台向客户提供查询、转账、对账、理财等传统业务。与传统的线下服务模式相比，网上银行在节省时间的同时，可以随时随地满足客户的需求。根据服务客户的差异，网上银行的业务可以分为个人网银业务和企业网银业务。个人网银和企业网银提供的基础服务大致相同，包括账户的查询、转账、理财等。此外，由于企业本身的特殊性，企业网银会比个人网银增加部分服务功能，如缴费收款、代发工资等。

网上银行建立之初的核心目的在于高效率性和高便捷性。通过网上银行，用户可以享受全方位的3A服务，即不受时间、地点和需求的制约（anytime，anywhere，anyhow）。同时，对于银行本身也存在诸多益处。由于网上银行依托于互联网平台，不需要营业人员和营业网点，可以为银行节省人力和资金成本。同时，可以为用户提供更加细致的服务，推出更加具有个性化的产品来满足用户的需求，吸引和保留优质客户群体。这些都是传统的银行运作模式所难以实现的。

自网上银行推出后，网上银行的注册客户数量持续上升，截至2016年末，我国商业银行的网上银行注册客户数量远远超出了7万，各银行的网上银行注册客户数量分布如图7－3所示。在线成交总额也不断上涨，2017年第1季度中国网上银行客户成交总额超过了530亿元人民币，环比增长0.5%，结果如图7－4所示。

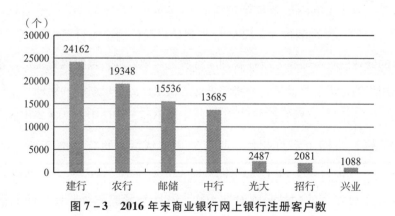

图7－3　2016年末商业银行网上银行注册客户数

资料来源：根据公开数据整理。

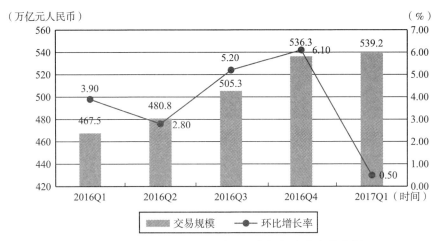

图 7 - 4   2016Q1 ~ 2017Q1 中国网上银行客户交易总额

资料来源：根据公开数据整理。

（二）手机银行

手机银行，是一种利用移动通信技术来办理银行相关业务的模式。手机银行使用手机作为业务载体，可以进行转账、支付等。手机银行由手机、GSM短信中心和银行系统三部分构成。使用手机银行办理业务的流程主要包括四步。第一步，手机向 GSM 短信中心的传递。用户通过 SIM 卡菜单向银行发出交易指令，SIM 生成短信并加密，然后向 GSM 短信中心发出。第二步，GSM短信中心向银行系统的传递。GSM 接收到信息后传输给银行系统。第三步，银行内部的处理流程。银行系统接收到信息后进行预处理传输给银行主机，银行主机根据用户的请求进行处理，并将结果传送给银行的接口系统。第四步，信息返回过程。银行接口系统将处理结果输出给短信中心，短信中心传送给用户。

手机银行与网上银行相比，具有突出的优势。首先，潜在客户群体众多。由于手机银行以手机作为载体，可以开发的客户资源众多。其次，安全性较高。手机银行的交易必须通过 SIM 卡和账户密码双重验证，网上银行可能受到网络攻击。最后，交易迅速。手机银行依托于移动通信，基本可以实现实时交易。而网上银行可能受网络的限制导致交易速度较慢。

随着手机银行渠道的推出，手机银行已成为商业银行客户服务的主渠道之一。手机银行的客户注册数量以及交易规模保持平稳上升。2016 年，手机银行交易规模达到 158 万亿元，并且仍保持快速增长，如图 7 - 5 和图 7 - 6 所示。

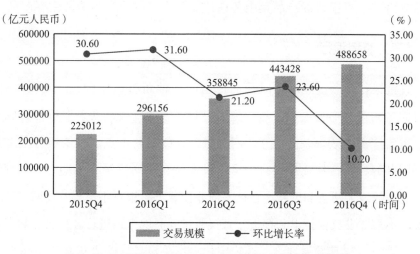

图 7 - 5　2015Q4 ~ 2016Q4 中国手机银行客户交易规模

资料来源：根据公开数据整理。

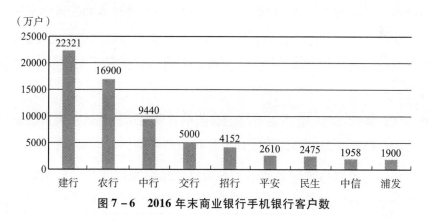

图 7 - 6　2016 年末商业银行手机银行客户数

资料来源：根据公开数据整理。

随着手机银行的快速发展，虽然其客户数将赶超网上银行，但是手机银行仍有一些问题。当前，手机银行在应用场景、用户体验、产品等方面存在一定的问题，未来有待解决。首先，在应用场景方面，缺乏高频应用场景，用户打开率远低于支付宝和微信等第三方支付平台。其次，用户体验方面，用户体验较差，在使用过程中会出现无法登录、超时退出等问题。最后，在产品方面，手机银行的产品及服务往往大而全，缺少高引流的主要产品等。

（三）直销银行

直销银行是顺应互联网时代而产生的一种新型运作模式。互联网时代，银行面对的竞争形势更加激烈。为了应对严峻的挑战，众多银行都将成本低下、覆盖广泛、效率较高的互联网金融作为战略的重点。直销银行生来具有互联网基因，将传统商业银行的运作模式与互联网思维有机结合，实现银行线下业务的线上覆盖和创新。在这一商业模式下，银行不需要营业网点和营业人员，不需要发放银行卡和存折，直接通过互联网渠道进行客户服务和管理。

直销银行在其发展理念、客户定位、产品设计、运营服务以及营销推广方面均具有独特的特征。在发展理念上，直销银行秉持"简单的银行"理念，以客户需求为主，全方位改造服务流程。客户定位方面，区分于传统银行"大而全"的客户群体，直销银行的目标群体以互联网客户为主。例如，民生直销银行以"忙、潮、精"三类群体为主，重点关注工作繁忙导致无法去银行营业网点办理业务，同时深入网络化生活和对价格敏感的客户。运营服务方面，坚持开放、平等、分享、合作的互联网精神，改善银行的组织结构，从用户的服务需求出发构建具备互联网特色的产品和服务框架。例如，民生银行的直销银行紧抓客户需求和痛点，适应互联网产品更新快速的特点，不断推出新产品等。在营销推广上，直销银行主要依靠线上的营销渠道。一方面，除了通过 PC、手机、微信等互联网与新媒体营销渠道获得用户外，还通过与第三方企业进行合作来吸引用户；另一方面，围绕客户群体的提升，与众多知名企业合作，策划跨界营销活动。

　　从民生银行 2014 年推出国内第一家直销银行开始，不到 5 年的时间各大银行的直销银行已经纷纷运营。目前我国直销银行的发展状况如图 7 – 7 所示。截至 2018 年 8 月，我国直销银行的总数量已达到 114 家。在经历了 2014～2015 年和 2015～2016 年两轮快速扩张后，直销银行在保持总数不断上涨的同时，增速明显放缓。同时由于直销银行目标群体的精准定位，其客户群体主要集中在 26～40 岁。截至 2018 年 8 月，我国直销银行的客户群体年龄分布如图 7 – 8 所示。

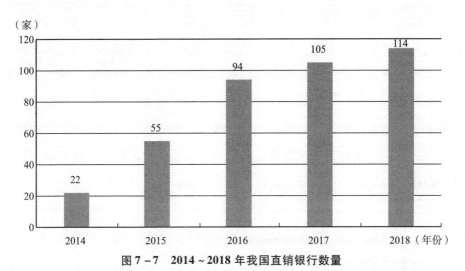

图 7 – 7　2014～2018 年我国直销银行数量

资料来源：根据公开数据整理。

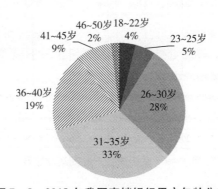

图 7 – 8　2018 年我国直销银行用户年龄分布

资料来源：根据公开数据整理。

综合我国直销银行的发展状况，目前主要存在两个方面的问题。一是运营模式的问题。直销银行现在主要有"纯线上"和"线上线下"两种运营模式。目前大多数银行所采取的是纯线上模式，如工行融 e 行、民生直销银行等。另一种"线上＋线下"集成的模式，线上部分由网上银行、手机银行等多种形式构成，线下则采取门店形式。这种新型模式的出现适应了中国的发展现状，但是究竟哪种模式更加适用需要根据银行自身的发展状况来定。二是经营同质化问题。包括销售产品和客户体验两种同质化现象。销售产品的同质化，如图 7 - 9 所示。大部分直销银行提供的产品仅仅包括活期存款、理财产品和货币式基金等"标配"产品，购买方式、收益水平与风险等级等相差无几。并且产品之间单独存在，未形成相互联系，对于客户缺乏特别的亮点与吸引力。客户体验的同质化在于，多数直销银行客户体验相比手机银行等电子渠道差别不大，同时对于所有客户服务流程一致。直销银行的目标群体深入网络，这一类客户更加追求个性化的服务。因此，未来直销银行应该根据用户的特征进行细分，提供更具特色的服务。

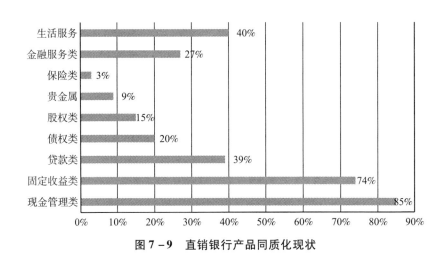

图 7 - 9　直销银行产品同质化现状

资料来源：根据公开数据整理。

（四）其他形式的银行

随着互联网技术的快速发展，商业银行除了有上述三大运营模式外还有一些其他的运行模式，如电话银行、微信银行等。电话银行以电话或手机作为载体，用户只要拨通银行的服务号码，就可以随时随地查询与办理业务。这种运营模式操作简单，安全性高，不受时间与地点的限制。但是在中国，电话银行仍然处于探索阶段。微信银行依托于微信平台为客户提供各种服务。自从 2013 年招商银行率先推出全国首家"微信银行"之后，各大银行也纷纷推出微信银行服务。当前各大银行的微信银行建设状况如表 7 - 3 所示。

表 7 - 3　　　　　　　　　各大银行微信银行建设状况

银行	功能		
	信用卡服务	借记卡服务	特色服务
工商银行	账单/积分查询	账户明细、开户行查询	查询金融行情
建设银行	额度/账单查询、快速还款、账单分期、优惠信息、申请办卡	账户查询、理财产品购买	网点查询、生活缴费
交通银行	账单/积分查询、快速还款、优惠信息	账户查询、转账支付、理财产品购买、无卡取款	网点查询、查询金融行情
招商银行	账单/积分查询、快速还款、账单分期、优惠信息、申请办卡	账户查询、转账汇款、理财产品购买、申请贷款	网点查询及预约、手机充值、生活缴费
浦发银行	余额/账单查询、优惠信息	理财产品购买、无卡取款	网点查询及预约、查询金融行情

二、产品的互联网化

（一）网上支付产品

网上支付，使用先进的互联网技术将信息转化为数字进行传输，与现金流转、票据转让、银行汇兑等传统支付方式相比具有方便、快捷、高效、经济的优势。商业银行的网上支付产品主要包括银行卡、电子现金、电子支票、电子钱包或网上银行等。网上支付的一般流程如下：（1）客户在互联网技术的支持下观察和选择商品，填写订单，选择支付方式；（2）在网上提交订单，商家服务器检查并核对客户的订单信息，并把相关的、经过加密的客户支付信息转发给支付网关，等待银行的确认；（3）银行确认之后，通过加密信息通道，给商家发送确认信息，给用户传递支付授权请求；（4）银行收到客户进一步的授权结算信息后，将资金从客户账户转移到商户银行账户，并分别给商家、客户发送支付结算成功信息；（5）商家服务器接收到银行的确认信息之后，向顾客传递交易成功信息。到此，一次完整的网上支付流程就结束了。

银行网上支付产品一经推出后，就得到了快速的发展，如图 7 - 10 显示了在 2013～2016 年银行业金融机构电子支付交易现状。截至 2016 年，银行业电子交易总额突破 2085 万亿元，其中移动支付总额是 157.6 万亿元，同时随着移动支付在用户市场的普及，移动支付将继续增长，如图 7 - 11 所示。

同时 2016 年二维码的横空出世使得银行的网上支付体系又进行了重大变革。二维码的流行使支付宝和微信迅速占领了支付市场。为了应对挑战，各大商业银行也纷纷布局，推出二维码支付产品。例如，工银二维码支付，依托"融 e 联"APP，使用支付标记化技术，可以隐藏用户的真实卡号；建设银行龙支付是一种全卡支付功能，可以与建行和其他商业银行的一级借记和信用账户挂钩。商业银行的二维码支付服务对于个体之间的收付款均无手续费，个人间交易资金实时到账，比第三方支付更安全。然而，银行 APP 活跃用户数、使用频次及场景覆盖面与微信、支付宝相比均具有明显的差距，且用户习惯已经形成，银行的二维码支付前景并不是很乐观。

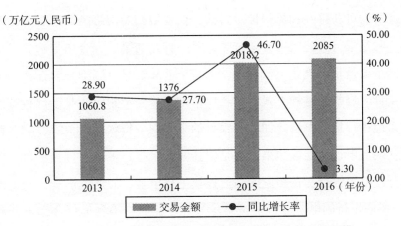

图 7 – 10 2013 ~ 2016 年银行业金融机构网上支付交易规模

资料来源：根据公开数据整理。

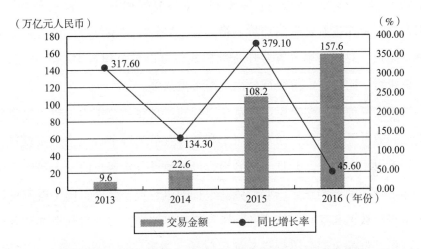

图 7 – 11 2013 ~ 2016 年银行业金融机构移动支付交易金额

资料来源：根据公开数据整理。

（二）网络融资产品

与传统的线下融资产品相比，网络融资产品的根本优势在于可以提高服务的效率，减少银行总部与分行之间、银行与客户之间的信息不对称，进而提升融资的可获得性和易得性。目前，商业银行的网络融资主要分为两种模式，一种是银行自建网络渠道贷款，另一种是与第三方合作贷款。对于银行自建网络渠道贷款模式，依据申请的特征差异，又可以细分为三类。第一类是直接页面贷款。这种方式的贷款申请是直接登录相应商业银行官方网页的贷款系统进行贷款申请，如农业银行的个人网上贷款平台系统、渤海银行个人贷款网上申请功能等。第二类是依托网上银行、手机银行等平台。登录相应银行的电子银行，在相应的功能板块进行申请，如建行快贷、光大银行融e贷、招商银行闪电贷等。第三类是与各种互联网平台进行合作来开展贷款业务，对接电商、服务、物流等平台的拓展融资服务，如建行善融商务个人小额贷款、善融商务个人权利质押贷款等。截至2015年末，电商交易总额已达到18.3万亿元。从现实背景来看，大部分平台的一个最优选择仍然是与银行进行合作提升金融附加价，增加客户黏性，对银行来说也可以拓展网络融资渠道。对于与第三方合作贷款模式，可以与公积金中心等公司合作，如兴业银行e购贷、中信银行公积金网络贷款等。

目前这两种网络融资模式均是在银行的存量客户范围内推进，融资额度从千元到数百万元不等。与京东白条和支付宝借呗等平台相比，贷款额度更高，利率也相对较低。并且，部分银行可以通过分析客户的个人风险等级实现区间定价并动态调整。例如，微众银行的微粒贷。此外，网络融资的重点在于基于大数据和互联网技术进行风险管理和控制，实现贷款全部流程的线上化。但是目前大部分银行贷款都仅仅是实现了贷款申请的线上迁移而已，在审批过程中，很多银行仍需要人工参与。

（三）网络理财产品

网络理财可以把借贷双方结合起来，利用网络作为平台，省去很多无用的成本，更高效地实现人和人之间的沟通，这一点是传统理财很难实现的。自支付宝在2013年推出余额宝这个具有余额增值功能的理财产品后，线上理财的概念已经渐渐被人们接受，不管是哪一种形式的投资，都开始开通线上渠道，这对商业银行的传统理财方式造成了巨大的冲击，但同时也给银行理财类产品线的改革带来了一定的机遇。顺应时代与客户的需求，商业银行也开始推出各种线上理财产品。目前，商业银行已经实现在网上银行、手机银行、直销银行、微信平台等互联网渠道销售理财产品。通过不断扩展线上销售渠道，已有部分银行基本实现了以互联网渠道销售为主的模式，其理财产品的成交额不断增长。如图 7 - 12 所示，2016 年，民生银行、上海银行与渤海银行的理财产品销售总额中线上销售占比都达到了 80% 以上。其中，民生银行的线上销售总额甚至超过了 98%。

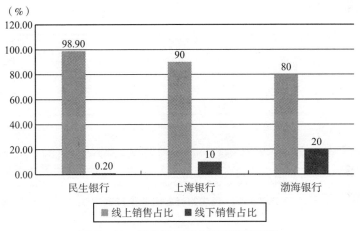

图 7 - 12　部分银行线上理财销售状况

资料来源：根据公开数据整理。

　　银行理财产品的创新除了这几种互联网渠道销售的创新以外，还结合不同类型的客户群体特征推出了更具特色化的服务。例如，针对具有一定经济基础的白领推出夜市理财服务。夜市理财，在晚上八点至十二点开放，用户需要通过手机银行或网上银行操作。与传统的理财产品相比，其收益普遍较高，因而受到了更多客户的青睐。此外，为了吸收客户，部分金融机构推出线上组团购买模式。团购理财，即用户可以发起团队，团队人数越多，客户的收益率越高。

三、 典型案例分析

（一）中国民生银行的互联网化

中国民生银行在互联网金融的冲击下，逐步构建形成了以网上银行、手机银行、直销银行为主，电话与微信银行相结合的完整的互联网金融体系。截至 2017 年末，民生银行各渠道银行所拥有的客户数量如图 7－13 所示。

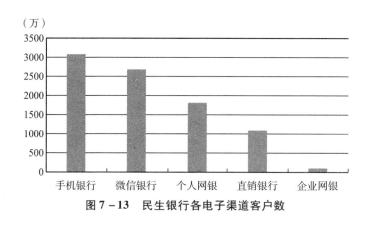

图 7－13　民生银行各电子渠道客户数

在网上银行方面，民生银行对于个人与企业用户提供不同的登录入口与服务。在个人网上银行方面，以统一的入口代替了以往不同安全机制的不同登录版本模式。在客户服务方面，根据不同类用户的需求和使用习惯，整合各项功能，优化布局。新增多款理财产品，使不同类型客户的理财需求得到满足。同时，上线近百项自助缴费服务，以及不同城市提供区域个性化服务，这一措施极大地便利了居民的生活。企业网银方面，统一提供单一入口，根据交易类别引导使用安全工具。根据企业的使用需求和习惯整合了转账与汇款功能，同时针对不同行业的企业用户提供不同种类的金融服务。

在手机银行方面，民生银行也提供了个人与企业两个版本。个人手机银行可以根据用户的需求配置个性化的页面与功能，同时为用户提供衣、食、住、行、娱等全方位的服务。如 2016 年推出的"家政服务"使得用户在家就可以根据不同的需求挑选合适的服务人员，"医疗服务"项目更是给用户带来了极大的便利，可以帮助用户在几分钟内实现全国多家医院的挂号服务。并且支持多种安全验证方式和在线办理信用卡业务，极大地方便了用户的生活。企业手机银行可以使企业随时随地掌握账户情况，提供网点查询与排号服务，以及月度与年度对账服务，高效满足企业用户的需求。

直销银行方面，民生银行的发展更加迅速，业务水平稳居全国第一。在 2014 年，民生银行首先试水，成为全国第一家上线直销银行的银行类金融机构。截至 2016 年底，民生银行的直销银行客户数量突破了 1100 万，金融资产总和超过了 1100 亿元。在产品方面，民生银行推出的如意宝产品因其巨大的优势在 2017 年总规模达到了 700 多亿元，在全国直销银行中占比高达 72%。在 2018 年的首届中国直销银行联盟高峰会上，民生银行正式推出了直销银行 2.0 版本——"4 朵云 +1 范式"，构建简单普惠的"财富云"、信任可获的"网贷云"、安全高效的"支付云"、智能风控的"数据云"和互惠共赢的"共享自金融平台"模式，为客户提供更加优质的服务。

电话银行方面，民生银行针对个人和企业提供不同的服务。个人方面，民生银行提供 7×24 小时的服务，个人用户可以随时随地查询、交易和办理各项业务。企业方面，在工作日提供业务咨询、账户查询、投诉等服务。电话银行使用户节省了时间和成本的同时，可以高效便利的办理各项业务。民生银行依托于微信平台，提供了各种"互联网 +"产品。在 2016 年，民生银行将房贷与互联网相结合，推出了"优房闪贷"服务，使得用户在 3 分钟内就可以完成贷款流程。

（二）中国工商银行的互联网化

随着互联网的持续发展，传统的工商银行向互联网靠拢是其维持在商业银行四大行之一地位的重要途径。互联网的快速发展使工商银行清晰地认识到了其所在银行业面临的巨大挑战，有着"宇宙行"之称的中国工商银行更加深刻地意识到了运用互联网思维构建普惠产品体系，提供更加简便与多样化服务的重要性。为推进互联网化进程，工行快速与互联网结合，构筑起了"三平台＋三大产品线"的互联网金融战略布局，如图 7 - 14 所示。其中，以融 e 购为依托的"电商平台"、以融 e 联为依托的"即时通信平台"和以融 e 行为依托的"直销银行平台"构成了工商银行的三大平台，这三个平台之间既保持有各自的特色，又实现了高度的协同和联动。对于，工商银行的三大产品线，即支付、融资和理财产品线是依托于三大平台应运而生的。

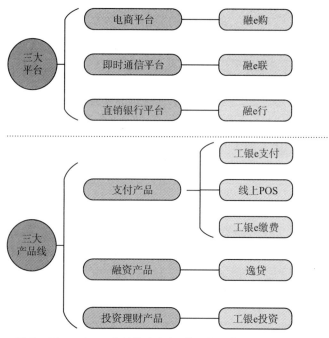

图 7 - 14　工行互联网战略布局"三大平台＋三大产品线"

融 e 购电商平台（见图 7 - 15）。该平台主要是为了集合众多客户与商家，为客户与商家建立联系的桥梁，促进用户与商家之间自相联系的新型合作关系，而不仅仅在平台进行产品的销售或者店铺的经营等。其本身具有明确的定位，即"名商、名品、名店"，是包含 B2B、B2G 和 B2C 三种对接方式的综合化平台，能够满足顾客在日常消费品、房地产、集中采购、汽车、旅游等领域方面的需求。如房地产方面，该平台与 20 多家知名的房地产企业进行合作，推行"线上选房、线上按揭、线上支付"的营销模式，仅在 2015 年一年就上线了来自 100 多个城市的 500 个楼盘项目，房产销售数量突破了 1 万套，交易额突破了 140 亿元。随着融 e 购电商平台在重点市场领域的拓展突破及其在商业模式上的不断创新，这一平台显著促进了工商银行的综合价值。目前该平台的注册用户已远远超过 2400 万人，并且截至 2016 年末，工商银行融 e 购平台的总交易额成功突破了 1 万亿元，显著提升了工商银行的市场地位。

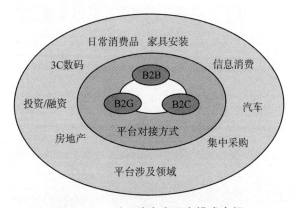

图 7 - 15 融 e 购电商平台模式介绍

"融 e 联"即时通信平台。工商银行建立该平台的目的是方便银行与企业、客户以及银行内部之间的沟通，集合了在线购物与交易、金融方面的资讯服务等项目，创造了一种互动营销及社交化金融的新模式。"融 e 联"即时通信平台的建立实现了客户经理对用户的个性化需求。在试点期，工商银行发展了 200 万"融 e 联"客户，在这次经验的基础上，不断优化该平台的功能，将其打造成具有丰富信息、交互及时、安全的社交金融平台，顺应了客户服务沟通的移动化、碎片化和即时性的趋势。截至 2016 年末，融 e 联已为 6000 万用户提供了服务。

融 e 行直销银行平台。工商银行对融 e 行直销银行平台的最初定位基于直销银行，为顾客提供精致产品新体验，吸引新顾客。随着融 e 行的持续发展，工行推出了升级版的融 e 行，通过对业务的开放、平台的开放和客户的开放对原有的手机银行和网上银行进行整合改造，实现线上业务的全面直销，拓宽工行的服务覆盖面。目前，工行手机银行的 1.65 亿客户量和网上银行的 2 亿客户量及 450 万亿元的交易量已经居于国内商业银行的首位，融 e 行的推行更加促进了客户数的显著增加。截至 2017 年底，融 e 行平台所拥有的客户数量已远远超过 2 亿户。

此外，依托三大平台工商银行还建立了支付、融资、投资理财三大产品线（见图 7-16），这使得工商银行在整个互联网金融生态圈中快速发展。如在支付方面，工行所提供的小额、便捷特色的"工银 e 支付"已拥有 6700 万用户，仅 2015 年前 9 个月的交易额就实现了 1200 亿元；在投资理财

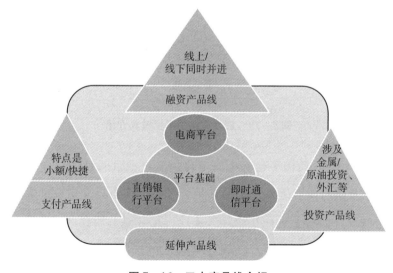

图 7-16 三大产品线介绍

领域，工行的"工银e投资"是针对个人投资者的投资交易平台，该平台覆盖了账户贵金属、账户基本金属、账户原油等多个种类，2015年的成交总额突破2500亿元。最后，根据不同类别客户群体需求的差异化，提供不同类型的服务。如为在校大学生推出了"工银e校园"平台，为线下商家建立了"工银e生活"平台，为商旅客户创建了"工银e商友"平台等。

第四节　商业银行互联化发展效果及建议

一、　互联化发展效果评估

面对互联网金融的威胁，商业银行的普遍做法是在总行设立网络金融或电子银行部分负责银行的金融业务。目前商业银行的互联网化主要集中在互联网渠道和产品两方面，因此对商业银行互联网化的效果需要分别从这两方面来衡量。

（一）渠道的互联网化效果

商业银行传统的经营渠道是在各地开办的银行网点柜台进行各项业务的办理，而互联网渠道的一个突出特点在于各项服务都是基于网络技术。互联网渠道只要求用户具备互联网或者通信功能，即可随时随地实现各项业务的办理。因此对于互联网渠道的衡量可以用银行的平均离柜业务率来衡量。平均离柜业务率越高，说明商业银行的互联网渠道构建越完善。从图7-17可以看出，2013~2016年平均离柜业务率逐年递增，且增长速度也不断加快。

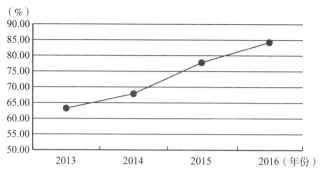

图 7 - 17　　2013～2016 年商业银行平均离柜业务率

资料来源：根据公开数据整理。

（二）产品的互联网化效果

目前银行已经形成支付、理财与融资三大产品线。多家银行在手机银行、直销银行、电商平台等上线理财产品，部分银行的理财产品互联网渠道销售额已经占到 80% 以上。商业银行的融资产品以互联网消费金融和小微网络贷款为主，其中部分产品的流程已经实现线上办理。

本书具体介绍融资产品的互联网化效果评估方式。借鉴《博鳌观察》、尼尔森、腾讯·企鹅智酷联合发表的"中国金融互联网化指数"来衡量银行融资产品互联网化的程度。融资维度的互联网化指数是衡量消费者通过互联网化贷款业务在获取贷款资源时的可得性、易得性和得益性。每一方面的指数都由 1～3 个相关数据进行衡量，每一数据都是线上和线下贷款的结果的比值。因为贷款包含个人和企业，因此先分别计算每一维度的个人和企业指数，然后通过平均数整合成单一指数。当指数等于 100 时，表明互联网化和未互联网化达到的效果一致。当指数大于 100 时，表明互联网化比未互联网化对消费者具有更加积极的影响。当指数小于 100 时，表明线上贷款的表现不及线下贷款，说明互联网化需要进一步加深。

1. 可得性。可得性是指金融资源能够获得，融资可得性是指消费者通过商业银行可以获得贷款。通过"贷款成功率"和"成功申请到贷款的借贷者数量"来计算，其计算方式如下：

贷款成功率 = 成功获得贷款的人数/总共申请贷款的人数

互联网化贷款成功率指数 = 网络贷款成功率/线下贷款成功率

互联网化成功借贷者数量指数 = 网络借贷成功者数量/线下借贷成功者数量

2015 年申请贷款的人数占到总贷款人数的一半以上，线下贷款的成功率 = 30.2% ÷ 43.9% = 69.6%，网络贷款的成功率 = 17.9% ÷ 30.2% = 59.3%。因此，互联网化贷款成功率指数 = 59.3% ÷ 69.6% = 85.2%，说明网络贷款对消费者的影响不及线下贷款。网络借贷成功者数量 = 2971 × 17.9% = 532，线下贷款成功者数量 = 2971 × 30.2% = 897。因此，互联网化成功借贷者数量指数 = 532 ÷ 897 = 59.3%，说明网络借贷的人数远远少于线下贷款的人数。这两个指标说明其可得性较低。同时 2015 年向银行申请贷款的消费者仍然以线下贷款为主，比例高达 62.1%。而非银行借贷机构的申请贷款中线下贷款的比例只有银行的 1/3。这一调查结果说明商业银行的互联网化在融资可得性方面需要进一步提高。

2. 易得性。易得性是指金融资源可以较为容易获得，融资易得性是指消费者通过商业银行可以较为容易地获得贷款。通过"申请借贷到获得贷款的速度（天数）""消费者对借贷速度的评价"和"消费者对申请借贷过程简便性的评价"三个指标计算，其计算方式如下：

互联网化申请借贷到获得贷款的速度 = 网络贷款获贷速度/线下贷款获贷速度

互联网化消费者对借贷速度的评价 = 网络贷款获贷速度评价/线下贷款获贷速度评价

互联网化消费者对申请借贷过程简便性的评价 = 网络贷款申请过程简便性的评价/线下贷款申请过程简便性的评价

同为网络贷款，银行网络贷款与非银行网络贷款具有明显的差异。《互联网金融报告 2016》课题组在 2015 年所开展的一项调查中指出，仅一半的受访者表明非银行贷款在申请当天即可获得，银行贷款则仅有 30% 可以在当天实现。同时，银行贷款的获贷速度评价与过程简便性评价都远远低于非银行贷款。

3. 得益性。得益性指可以便宜地获得，融资得益性是指消费者通过商业银行获得贷款的成本较低。通过"获贷成本"指标即获贷年利率来衡量，其计算方式如下：

互联网化获贷成本 = 网络贷款年利率/线下贷款年利率

从图 7-18 可以看到，对于银行而言，年利率 10% 以内的贷款线上和线下的比重几乎相同。网络贷款的年利率和线下贷款的年利率可以使用不同贷款利率进行加权平均计算得到。同时 2015 年的互联网金融数据分析结果表明，与银行借贷相比，非银行借贷降低了消费者借贷的难度，使得消费者的借贷成本有效降低。这对于商业银行具有非常不利的影响，商业银行需要加强其在互联网化融资得益性方面的工作。

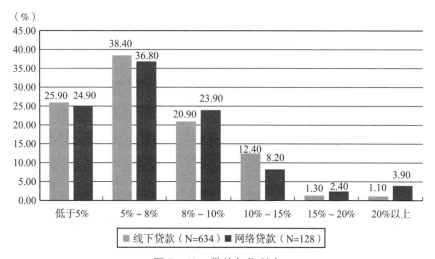

图 7-18　贷款年化利率

资料来源：根据公开资料整理。

二、 互联网化发展的一些建议

面对"互联网+"发展的大趋势，商业银行必须重新审视自身的发展与局限，重视其所面临的挑战，抓住这个发展机遇，引进各种资源从内部创新管理，从外部构筑平台，内外结合来提高其竞争能力。本章从合作、服务、人才、数字资源与产品等角度来提出一些建议（见图7-19）。

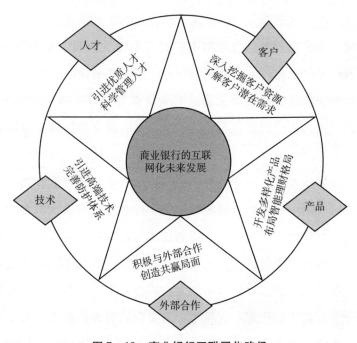

图7-19　商业银行互联网化路径

一是选择合适的合作对象，达到互利共赢的局面。商业银行是随着经济的不断发展而形成的主要为客户提供各种金融方面的服务的特殊企业，具有雄厚的资金。商业银行互联网化的难点在于如何准确把握消费群体的需求，提供合适的服务项目和良好的服务体验。与现有的互联网企业进行合作，不仅可以解决技术难题，而且双方可以共享资源，达到互利共赢的局面。商业银行可以借助第三方平台的渠道和产品等方面的优势，不仅可以节省搭建平台的时间成本和资金成本，还可以减少产品探索的风险，将资金、渠道与产品整合到一起，提供更好的产品和更好的服务。

二是提高服务效率和服务安全。首先，打造科学合理的服务流程。传统的商业银行所提供的各种服务需要一系列的流程和长时间的等待，给客户造成了不好的服务体验。因此，商业银行互联网化的过程中，要根据技术水平和服务经验对现有的服务流程进行改造，删减无关紧要的环节，减少某些环节流程项目，形成一套既合乎标准又简便合理的服务流程。其次，提供安全的网络环境。互联网技术给公众带来便利与享受的同时，也存在各种问题。例如，个人信息的泄露，支付漏洞的存在。安全性是金融交易的基础，如何在互联网环境中保证客户金融交易的安全是银行要解决的关键问题。因此，商业银行必须投入大量的资金来建立一套完善的网络防护体系保证客户的资金安全。

三是引进优质人才。互联网时代，科技是企业重要的生产力来源。但是科技在银行的应用中还处在初级阶段。整个行业对于信息技术人才的需求是非常巨大的。对于商业银行来说，信息技术与金融领域的双重人才更是重中之重。虽然目前管理类与信息类人才的量非常多，但是优质人才还是极度缺乏。对于信息类人才的过度重视可能会造成开发的产品不符合企业的管理与利益，对于客户需求的把握不太精准，造成企业资源的浪费。对于管理类人才的过度重视会使得企业无法高效的开发网络平台和配套的网络服务项目。因此，商业银行应该实现对两种人才的科学管理，同时加强对于企业人才的培养与培训，打造金融科技领域人才。商业银行应该制定恰当的符合规定的制度与发展规划，为金融科技领域人才的培养构建合适的环境。

四是充分利用大数据吸引客户。商业银行长时间的运营使得其本身具备大批量的稳定的客户资源。首先商业银行可以利用现有的技术对客户资源进行深入挖掘分析，了解客户的潜在需求，开发出更符合消费者需求的产品。其次可以在数据分析的基础上创新经营管理，同时降低经营风险。最后可以根据数据分析不同类型用户需求的差异化，打造出特色服务项目，满足不同客户群体的需求。

五是打造高引流的互联网产品。商业银行作为典型的金融机构，具备金融的三大功能：投资、融资与支付。由于用户的金融消费习惯和银行的基本功能，商业银行应该重点关注投资与融资领域，重点开发高引流的互联网理财与借贷产品。互联网理财产品方面，可以借鉴余额宝，为消费者提供低"门槛"、高收益，进入与退出灵活的产品。同时抓住人工智能与大数据融合发展的机遇，布局智能理财格局。互联网借贷产品方面，借鉴花呗、借呗等产品，打造低"门槛"、线上借贷消费的产品。

|第八章|
供给侧改革下商业银行
适度规模发展研究

第一节 引言

我国从改革开放起，强调需求侧管理政策促进经济规模扩张、稳定经济波动。需求侧管理政策促进了我国经济发展，但是大规模且持续不断的需求侧管理政策对我国经济发展也有弊端，较大地制约了我国经济发展方式的转变以及经济质量的提升。过去我国的经济发展方式更多地表现为"量"的增长而非"质"的提高。而且，我国商业银行的经营管理方式对应于我国经济增长的模式，在需求侧驱动的大背景下，商业银行主要借助追求发展速度、规模扩张、高资本消耗的发展方式，实现了十年的快速发展期。随着全球经济环境不断变化以及我国经济增长方式的变化，我国的金融需求正发生着持续的变革，在此经济环境下，商业银行面临着新的矛盾和问题。

商业银行作为经济金融体系的重要组成部分，过去在需求侧管理政策背景下所形成的粗放式的发展模式已经越发不合理，同时由于对供给侧管理的滞后性，使我国当前的金融供给质量和金融供给效率均无法与外部不断变化的金融需求相匹配。2015 年 11 月，我国提出供给侧结构性改革，习近平总书记强调在适度扩大总需求的同时，将我国供给侧、需求侧二者进行合理匹配，还需积极推进经济结构性改革，使得我国供给体系能够更加适应需求结构的变化，从而驱动我国经济持续、绿色发展。因此，在供给侧改革背景下，我国商业银行应当从"生产者"的角度出发去适应供给侧改革，进行适度规模发展，有助于商业银行更好地支持实体经济的发展，而且也有利于我国商业银行提高其要素生产效率。在我国经济转型发展的迫切要求以及当前供给侧改革大环境下，研究我国商业银行如何适应供给侧改革进行适度规模发展具有重大的现实意义。

本章首先分析了供给侧改革下我国商业银行所面临的内部、外部环境；其次从微观层面出发，综合组织规模（员工数量、分支机构数量）、资本规模（总资产、资产质量）、业务规模（资产业务、负债业务、中间业务）以及盈利规模（净利润、净息差、资本回报率）四个角度分析我国商业银行供给侧改革下发展现状，进一步得出供给侧改革下我国商业银行发展过程中所面临的问题；最后本章从人才引进、信贷结构、客户需求、产品创新四个方面提出商业银行适度规模发展的建议，坚持以效益为中心，以客户为导向，不断加快改变过去粗放型发展方式，注重资源的优化配置和科学利用，促进商业银行逐步适应供给侧改革，进行适度规模发展。

第二节　商业银行供给侧改革环境

过去我国在经济扩张时期，违规放贷行为频发使得商业银行坏账现象加剧，导致我国商业银行的不良贷款余额不断上升。当前，我国商业银行只有利用供给侧改革政策外力推动，才能深化内部金融管理体制改革，推动商业银行适应供给侧改革进行适度规模发展。

自从 20 世纪 90 年代起，我国陆续制定了《商业银行法》《中华人民共和国银行业监督管理法》等法律，并且在此法律基础上，我国建立了较为严格的金融管理制度，已经基本确定了我国具备金融行业实施供给侧改革的政策条件。2012 年 11 月，党的十八大报告对金融市场提出了"政府需要对金融市场加强引导和规范"的金融总方针。党的十八届三中全会强调了金融业工作总基调为坚持金融业稳中求进，着力"稳增长、调结构、促改革"。2015 年 10 月，党的十八届五中全会通过的"十三五"规划提出了"创新、协调、绿色、开放、共享"的发展理念，且在新时期下金融创新在经济发展中处于重要地位。2015 年 11 月，习近平总书记提出了"深化金融业供给侧结构性改革"的战略决策。因此，无论是在法律方面，还是在政策方面，国家都坚定不移地支持和鼓励商业银行供给侧改革。

一、 商业银行外部环境分析

（一）供给侧改革下商业银行面临的机遇

商业银行在供给侧改革下主要面临的机遇（见图 8 – 1）：

一是助力信贷结构调整。在供给侧改革下，我国当前面临着解决产业、经济、区域等一系列领域供需错位的问题，该问题涉及了我国经济发展中的众多行业，进行新旧动能的更替，促进了我国商业银行的经营发展，对于我国商业银行经营发展具有重要作用。在供给侧改革下我国商业银行适度规模发展，首先，需要积极与经济转型升级下的金融新需求相匹配，即各个领域投、融资方向作出调整。其次，我国实行供给侧结构性改革，这表明我国鼓励、支持发展绿色、健康经济模式，促进新兴产业、创新产业的发展。因此，在供给侧改革背景下，我国不断推出新政策去鼓励企业、支持企业发展，有利于商业银行信贷结构作出优化调整。商业银行应当及时把握优化信贷结构的机遇，逐步改变现有的不良信贷结构，从而减少商业银行的信贷风险。

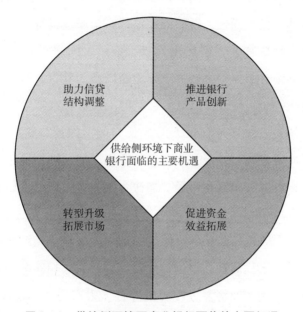

图 8 - 1　供给侧环境下商业银行面临的主要机遇

二是推进银行产品创新。当前，在供给侧改革背景下，实体经济转型升级，客户需求越趋向于综合化方向，同行业间竞争日益加剧。近些年来，互联网金融的快速发展同样冲击了商业银行的发展。当前，商业银行现有的传统业务、金融产品、金融服务已经不能满足当前的金融市场需求。同时，这也反映出当前银行产品已无法与居民投资理财的新需求相匹配。此外，国务院在供给侧改革意见中也要求鼓励商业银行发展创新型非抵押类贷款模式，发展融资担保机构。因此，无论从应对市场新需求还是响应国家供给侧改革号召的角度，都要求商业银行结合自身现实状况开展高效、审慎的金融创新，推出符合市场需求的金融产品。

三是转型升级拓展市场。供给侧改革背景下，中国经济增长方式已经逐步转变为以创新驱动为主的增长方式。因而商业银行应将发展重点放在有发展潜力的企业和新型朝阳产业上，商业银行通过为这些企业给予各种金融帮助，从而提高自身业务发展。同时，供给侧改革强调我国未来的发展方向将趋向于新兴领域、创新领域，因而商业银行应当通过自身转型升级来拓展新的市场。首先，传统行业不断优化升级，企业之间进行一系列整合并购贷款、重组、投资银行服务等金融需求且不断增多。其次，科技创新、商业发展模式不断优化升级，IT、航空航天、生物工程等新兴行业高速增长且在效率、技术、市场等方面均具有较大的成长空间。因此，顺应供给侧改革潮流，商业银行应通过转型升级，开拓新的市场，加速银行目标客户群体的规模，拓展商业银行发展渠道和市场，加快金融服务、产品的创新，为商业银行创造新的利润增长点。

四是促进资金效益拓展。供给侧改革是我国为寻求经济新增长所提出的新思路，其强调通过提高社会供给，使得供给与需求相匹配，从而促进我国经济增长。对于过剩产业将要进行"去库存、去产能、去杠杆"，而对于新兴行业将要进行降成本、补短板、支持企业创新发展、培育发展新产业等一系列做法。因此，在我国供给侧改革政策下，我国商业银行应当加快创新步伐，加快服务创新、产品创新和合作方式创新等，注重为新兴经济投入更多资金支持，提高我国金融资产投资的有效性和安全性，从而提升商业银行核心竞争力。

（二）供给侧改革下商业银行面临的挑战

商业银行在供给侧改革下主要面临的挑战（见图 8 - 2）：

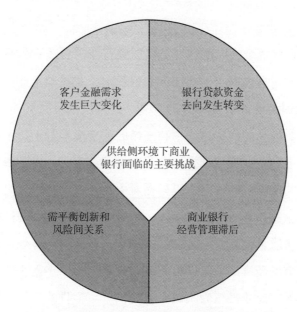

图 8 - 2　供给侧环境下商业银行面临的主要挑战

一是客户金融需求的深刻变化。当前，经济环境较为复杂，产业链分工继续调整，为应对当前的经济困境，我国提出了产业经济的供给侧改革，要求在过去分工和资源禀赋的情况下，用产业升级、科技创新、全生产要素效率提升所带来的新消费拉动型经济模式替代以扩张产能为主要动力的投资拉动型、出口导向型经济模式。金融业作为经济体系的主要组成部分，金融市场伴随供给侧改革的提出也发生着巨大变化。因此，我国逐步形成了多主体、多层次、多领域的综合性金融市场格局。同时，供给侧改革大力支持金融产业的多元化，民间金融、互联网金融等金融形式的不断发展形成了新的金融生态体系。另外，我国消费结构升级也不断地创造了新的、个性化的客户需求。客户对于消费需求尤其是金融产品和服务需求提出了更多个性化和多样化的要求。综上可知，在供给侧经济产业调整的政策驱动下，金融业多元化竞争激烈，以及客户自身消费能力的提升，使得商业银行需要满足客户更为个性化和多样化的金融产品和金融服务需求。

二是银行贷款资金去向的转变。当前银行业需要攻克的难题还包括银行资金新的去向。根据国家工信部统计数据显示，在我国企业中，中小企业占据99%，为我国经济贡献了60%的GDP，并解决了我国80%人口就业问题。但是，小微企业较高的信贷违约率和高昂的借贷成本对于每个国家来说仍然是难题。我国中小企业贷款难主要有两个原因：第一，由于双方信息不对称以及逆向选择的存在，使得商业银行在对中小企业进行信贷时，可能缺乏正确判断中小企业的能力的机制；第二，因为中小企业本身资产较少，缺乏抵押品，因此一些质量较高、风险较低的中小企业并不能有效地证明其信用等级。为了活跃市场经济，国家供给侧改革政策帮助中小微企业的发展，在政府的支持引导下，商业银行为小微企业提供了更多贷款支持，但贷款的同时也增加了贷款坏账的风险。

三是平衡创新和风险间关系。供给侧改革背景下，商业银行唯有加强自身创新能力，提高金融产品和金融服务创新力度，不断去满足客户日益变化的需求、实体经济的需求。同时，商业银行要平衡好创新与风险之间的关系，在保证满足客户需求的同时，防控自身业务风险。商业银行应当加强其创新能力，进一步创新金融产品和服务。我国商业银行相对于国外银行而言，发展时间短，而且我国当前商业银行是计划经济时期的专业性银行转变而来，因而我国商业银行相对于国外银行而言，在银行经营管理方式、人才储备等方面都存在不足之处。因此，对于我国商业银行而言，应当加强创新，不断扩大商业银行业务范围，积极利用先进的网络技术、互联网技术等创造多样化的金融产品来满足客户的多样化的需求。

四是商业银行经营管理滞后。供给侧改革对商业银行经营管理提出了诸多要求，当前复杂多变的市场形势情况下，金融业进行深化改革，加快经营转型的难度较大，长期形成的经营模式不易改变。商业银行开始从宏观战略角度转变发展模式。第一，商业银行供给侧改革除精简人员和机构数量之外，还着眼于银行体制机制和组织结构改革。但是商业银行长期以来形成的利益格局和固有观念，"小团体主义""部门主义"还在较大范围内存在。因此，银行改革推进存在阻碍。第二，从经营角度来看，商业银行长期以来将传统业务作为利润的主要来源，其经营追求短期绩效，并没有建立长期发展的战略体系。在供给侧改革下，商业银行纷纷进行金融产品和金融服务的创新。但是，长期以来商业银行处在较为保守的文化氛围里，经营业务大多都墨守成规，员工创新意识淡薄，造成了商业银行在供给侧改革下创新制度相对滞后。

二、 商业银行内部环境分析

（一）优势分析

商业银行在供给侧改革中主要有以下一些优势：

一是客户资源丰富。商业银行作为传统的金融机构，在我国过去经济高速发展中积累了丰富的客户资源和雄厚的资金基础，管理体系也在实践中逐渐完善健全。与此同时，政府对于银行业的政策支持是银行业发展的重要条件。

二是资本规模，实力雄厚。我国商业银行资产规模较大，在 2016 年《银行家》杂志的年度全球各大银行排名中，我国商业银行均进入了全球排名的前 30 名，此次排名的衡量标准是衡量银行的一级资本，银行一级资本也是衡量银行承担风险能力的指标，因此，该全球排名充分表明了我国商业银行具有雄厚的资金实力和资本规模。

三是运营管理制度健全。我国传统的商业银行经过若干年的发展，其客户资源丰富，资本规模和资本实力雄厚，国家公信力作为商业银行发展的保障，更具有商业信誉。商业银行长期积累、调整的业务管理制度日益规范，我国不断完善的金融法律制度也为商业银行的发展提供了更好的制度环境。其次，商业银行在常年的经营管理中对金融风险应对具有丰富的经验，例如，网上支付口令、硬件加密证书等都可以有效确保金融安全。

四是服务网点众多。我国商业银行经过多年的发展，各商业银行均建立了多个分行、支行以及服务网点，逐渐形成了覆盖全国的服务网络。商业银行众多的服务网点为商业银行发展提供了生机活力，开拓了新型业务，也为商业银行加强其服务能力奠定了基础。

（二）劣势分析

商业银行在供给侧改革背景下的劣势主要体现在以下一些方面：

一是冗员过多。这是我国国有企业存在的通病。尽管商业银行在供给侧改革背景下都在精简机构、精简人员，但依然存在冗员现象。商业银行人员过多的现象比较显著，且可能存在着部门重复、人浮于事的现象，这一现象不可避免地增加了商业银行的人力资源成本和经营成本，同时降低了商业银行的经营效率。

二是不良资产难以消化。商业银行不良资产主要来源于两个方面，一方面，来源于银行缺乏有效的信贷管理制约机制，由于商业银行采取重贷轻管、重放轻收的信贷管理方式，导致产生了大量的不良资产；另一方面，个别国有企业不良的资产质量和经济效益严重影响银行的资产质量和经济效益。根据相关资料统计，四大商业银行有将近 5000 亿元资产处于流失状态，而我国每年按照财政部所规定的计提比例提取的呆账准备金冲销商业银行多年以来积累的不良资产是非常困难的。

三是资产质量不高。商行现代化管理的主要方式为针对资产负债比例的管控。就国内商行目前的发展情况而言，其创建多元化的指标很难完成，商行的资产负债比例管理实行仍然存在问题，因此国内商行在此领域依旧应当做出巨大的努力。即便政府利用财政支持促使国内商行的资本金都符合了《商业银行法》的要求，然而其投入力度依旧有待加强，国内商行的信贷资产质量与抗风险水平不高，而且并未获得强化。国内商行信贷资产质量较差，导致资产负债比例管理难以实现有效地实行。

四是众多网点难以管理。商业银行的基层网点按照行政区域设置，这种体制机制具有浓厚的机关色彩，虽然近几年来，通过商业银行机构改革撤销合并了部分机构，但是这种体制在短期内仍然是难以改变的。其次，大量的商业银行在设置基层网点时，并没有充分考虑到每个行政区域的经济发展水平以及其与外部环境的差异，这样的设置并不利于调动各商业银行支行的积极性，更不利于提高全行的经济效益。

表 8 - 1　　　　　　　供给侧改革背景下商业银行发展 SWOT 分析

S： 　1. 商业银行客户资源丰富。 　2. 商业银行具资本规模，实力雄厚。 　3. 商业银行运营制度健全。 　4. 商业银行的服务网点众多	W： 　1. 商业银行存在冗员过多的现象。 　2. 商业银行的不良资产难以消化。 　3. 商业银行资产质量较差。 　4. 商业银行的众多网点难以管理
O： 　1. 促进商业银行信贷结构调整。 　2. 推进银行金融产品创新。 　3. 产业结构升级促进银行的市场拓展。 　4. 促进银行资金效益拓展	T： 　1. 顾客的金融需求发生巨大变化。 　2. 银行贷款去向发生转变。 　3. 银行需要平衡创新和风险之间的关系。 　4. 商业银行的经营管理滞后

第三节　供给侧改革下商业银行的规模发展现状

供给侧改革是实现经济可持续发展的战略支撑。尤其在目前，资源环境对中国经济发展的约束日益增强、要素驱动模式难以为继、国内经济发展面临新常态的现实背景下，供给侧改革对于优化产业结构、促进经济发展方式转变、防范重大金融风险、推动我国经济社会的全面进步有着至关重要的作用。

商业银行作为我国经济金融体系的重要组成部分，其规模大小、是否适度规模发展，能够充分发挥金融功能，稳定金融体系，不但影响商业银行自身发展，而且对于整个银行业的平衡发展也具有重要的作用。因此，对于商业银行供给侧结构性改革背景下适度规模发展的研究，是商业银行自身转型升级的方向，也是服务实体经济的需要，更是关系到改革成败的关键因素之一。

一、 供给侧改革下商业银行发展现状

商业银行作为承担信用中介的金融机构，具有企业特征，以盈利和经营为发展目的，其主要职责是存款、贷款、汇兑、储蓄等业务。从宏观视角来看，商业银行的规模可以从组织规模（员工数量、分支机构数量）、资本规模（总资产、资产质量）、业务规模（资产业务、负债业务、中间业务）以及盈利规模（净利润、净息差、人均创利润以及机构均创利润）四个角度综合分析。因此，本小节商业银行供给侧改革发展现状评估主要着眼于机构规模、资本规模、业务规模以及盈利规模，通过对上述四大类指标的评估，描述了商业银行供给侧改革背景下规模发展的现状。

（一）组织规模

1. 员工数量

截至 2016 年底，银行业从业人员 409 万人。与 2015 年银行业从业人员相比，各类金融机构的从业人员的数量均有所起伏。具体来看，五大行从业人员的数量明显下降，共精简了从业人员 53690 人。

2. 机构数量

截至 2016 年底，我国银行业金融机构共有 4398 家法人机构，与 2015 年银行业金融机构数量相比，银行业整体机构减少了 23 家。从组织规模角度看，在供给侧改革下，各大商业银行在员工和分支机构数量方面都呈现出精简趋势（见表 8-2）。

表 8-2　　　　　　　　　2016 年银行业结构数以及员工数量增减

银行业金融机构	机构数（家）	增减（家）	从业人员数（人）	增减（人）
五大商业银行合计	5	0	1676601	-53690
政策性银行合计	3	0	63700	753
股份制商业银行合计	12	0	435354	32922
城市商业银行	134	1	401003	30879
民营银行	8	—	2424	
农村信用社	1125	-248	297083	-72286
农村商业银行	1114	255	558172	94117
农村合作银行	40	-31	13561	-12263

资料来源：根据公开数据整理。

（二）资本规模

1. 总资产

截至 2016 年底，我国银行业金融机构的资产总额达到了 224.3 万亿元，与 2015 年底的资产总额相比，共增长了 31.4 万亿元，增速仅 16.30%。并且，2013 年以来，商业银行资产总量的增长速度显著放缓。可以看出 2015 年自供给侧改革之后，银行业各类金融机构，尤其是商业银行的资产扩张速度放缓，资产总量同比增速呈放缓之势（见图 8-3 和图 8-4）。

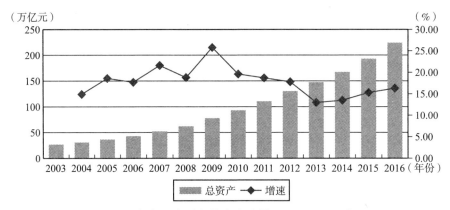

图 8 - 3　银行业金融机构资产总量（2003 ~ 2016 年）

资料来源：根据公开资料整理。

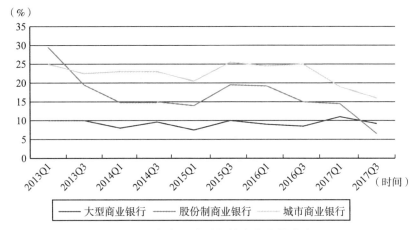

图 8 - 4　银行业金融机构资产总量增速

资料来源：根据公开资料整理。

2. 资产质量

从图 8 - 5 中可以看出，从 2014 年起，我国商业银行不良贷款余额显著上升，不良贷款率也明显上升。在 2017 年底，我国商业银行不良贷款余额为 1. 71 万亿元，比 2016 年底的不良贷款余额同比增长 12. 80%，增速放缓 6 个百分点；不良贷款率 1.74%，与 2016 年底持平。由此可见，在 2015 年底供给侧改革"去杠杆"的要求下，商业银行资产质量有所改善。

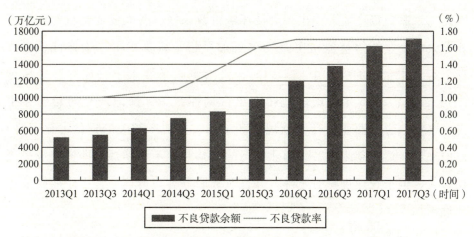

图 8-5 商业银行不良贷款余额及不良贷款率（2013~2017 年）

资料来源：根据公开资料整理。

（三）业务规模

1. 负债业务

商业银行的负债业务是指商业银行筹措资金、形成主要资金来源的业务。自从供给侧改革以来，商业银行负债业务最明显的特点是"存款流失"严重，各种存款类金融机构都面临着"保存款"的巨大压力。商业银行在供给侧改革背景下，各项存款依然是支撑其资产运作最重要的资金来源。总的来说，商业银行供给侧改革下，存款占负债总额的比重呈下降趋势，表明我国商业银行的资产累计速度在下降，负债业务规模有所缩小。

2. 资产业务

商业银行的资产业务是指其运用资金进行各种信用相关活动的业务。

供给侧改革下，我国政府宏观调控经济产业结构，出台一些政策鼓励中小微高科技企业以及双创企业的发展，因此，中小微企业开始逐步成为商业银行资产业务的重要客户群体。另外，供给侧改革提出"去产能、降成本、补短板"，煤炭、钢铁以及有色金属等行业的大型企业发展速度放缓，因此，为避免资产业务中出现大量坏账以及呆账，各大商业银行对钢铁行业等大型企业的信贷资格审查要求更加严格，减少对于"去产能、去库存"行业中企业的放贷金额。同时，供给侧改革要求"去库存"（房地产），因此，2016 年我国多地楼市出台调控政策，房地产交易量明显下滑，这将会影响商业银行贷款规模和结构，房地产相关的贷款占比下降。总的来说，近三年来，各大商业银行的贷款总额不断增加，即资产业务规模扩大，但增长速度略有下降，并且业务服务客户群体中，中小微企业占比逐渐加大。

3. 中间业务

通常商业银行的中间业务指的是不构成表内资产和负债，形成银行非利息收入的业务。2015 年 11 月，在供给侧改革背景下，我国各大商业银行响应国家供给侧改革政策，开始加大对中间业务的发展力度，但是由于我国现有体制的缺失、银行监管不足等原因，目前各家商业银行的轻资本的中间业务并没有真正发展起来，在总量上与传统业务还有不小的差距。商业银行的中间业务主要指的是从事汇兑、代理等较低层次的业务，而一些技术含量高、投资回报高的投资业务、资金交易业务、资产证券化、投资银行业务及理财业务仍处于成长初期。如图 8 - 6 所示，商业银行非利息收入占比相对较低，但近年来呈现不断增长的趋势。实际上，各大商业银行的中间业务虽然得到了一定程度的发展，但仍处于较低的水平并呈现出不平衡的态势。

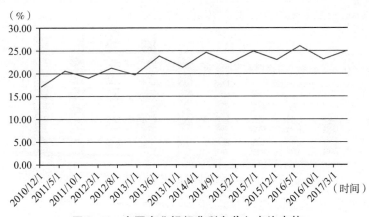

图 8 - 6 中国商业银行非利息收入占比走势

资料来源：根据公开资料整理。

（四）盈利规模

1. 净利润

2011 ～ 2015 年，我国商业银行的净利润增速持续下降。2015 年 11 月，供给侧改革提出后，截至 2016 年底，商业银行实现税后利润 1.65 万亿元，同比增长 3.54%。但是具体来看，商业银行净利润增速仍然保持下降状态，2016 年净利润增速开始负增长。因此，可以看出，在供给侧改革下，银行业的业绩迎来复苏，商业银行却持续走低（见图 8 - 7）。

2. 利息差

近些年来，商业银行净息差的整体水平保持逐年下降状态，2017 年起达到了商业银行净息率的最低水平 2.03%，之后开始出现边际改善，2017 年后三个季度均处于回升状态。因此，从图 8 - 8 中可以看出，在供给侧改革背景下，商业银行的盈利能力、经营业绩开始复苏。

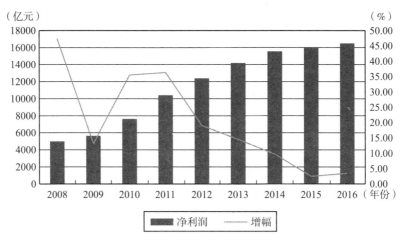

图 8 - 7   商业银行金融机构净利润

资料来源：根据公开资料整理。

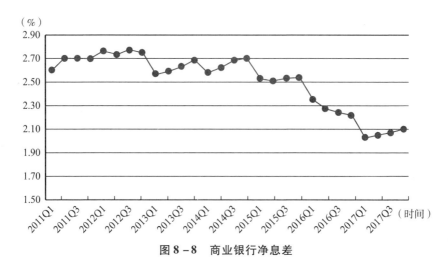

图 8 - 8   商业银行净息差

资料来源：根据公开资料整理。

3. 人均创利润和机构均创利润

从表 8 - 3 中可以看出，2015 ~ 2017 年，我国大型商业银行的人均创利润和机构均创利润逐步上升，但是每年仍比股份制商业银行低。在 2015 年供给侧改革下，商业银行的人员虽然精简，仍旧存在冗员，商业银行的人员规模优势和机构规模优势没有发挥出来。

表 8 - 3　　　　商业银行人均创利润、机构均创利润统计　　　单位：百万元

机构	人均创利润			机构均创利润		
	2015 年	2016 年	2017 年	2015 年	2016 年	2017 年
工商银行	0.42	0.51	0.56	10.10	12.34	13.63
农业银行	0.21	0.27	0.31	4.04	5.20	6.18
中国银行	0.39	0.45	0.48	9.92	11.92	12.90
建设银行	0.43	0.51	0.54	10.07	12.48	13.71
交通银行	0.46	0.57	0.62	14.77	19.24	21.61
民生银行	0.57	0.70	0.79	34.54	47.32	53.51

资料来源：《会计年报》、《中国人民银行网站统计年报》、证监会网站统计报告。

二、　供给侧改革背景下商业银行发展面临的问题

一直以来，商业银行在我国经济金融体系中占据着重要的地位，商业银行的人员数量、机构数量、资本规模等都高于其他类型的金融机构。2015年以来，商业银行在供给侧改革政策背景下，从组织规模、资本规模、业务规模以及盈利规模四个方面做出调整。商业银行精简金融机构数量、从业人员数量，开始调整信贷结构，并且加大中间业务比例。但是，在供给侧改革背景下，商业银行的发展仍然面临着许多问题和矛盾，这些存在的问题阻碍了商业银行经营发展，在很大程度上也束缚了我国金融体系的改革。

（一）高端人才稀缺

商业银行在供给侧改革下，其机构和人员虽然精简，但是仍然存在人员冗余以及资源浪费的现状，这是我国国有企业存在的通病。同时，2016年五大商业银行的员工学历情况可知，研究生及以上学历均不到15%（见图8-9），表明我国商业银行中的多数机构对于高端专业人才的需求仍旧没有得到满足。在供给侧

改革下，我国产业结构正在发生深刻的变革，导致实体经济的金融服务需求产生巨大的变化，大型商业银行已经面临着资本补充、核心人才、业务来源等能力考验，亟须储备具有独特金融视野和过硬专业素质的金融创新人才。

（二）资产质量需要提升

过去我国商业银行的贷款通常向一些与银行有"血缘关系"的国有企业倾斜，如煤炭等国家控制的能源行业。但是 2015 年供给侧改革政策实施以来，国家大力政策干预产业结构调整，积极主张"三去一降"。"去产能"使得我国大部分煤炭企业等利润下滑，这些企业的商业银行贷款也成为呆账、坏账，使得我国四大商业银行有近 5000 亿元的资产处于流失状态。尽管财政部每年都会按照规定计提一定比例的坏账准备金，但是仍旧不足以冲销多年来商业银行累计的不良资产。因此，我国大型商业银行亟须优化自身经营管理手段，改善资产质量，调整信贷结构，进而降低不良贷款率。

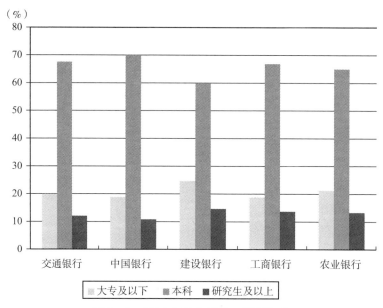

图 8 - 9 2016 年五大行员工学历情况

资料来源：《会计年报》《中国人民银行网站统计年报》、证监会网站统计报告。

（三）中间业务收入需有效增长点

在供给侧改革条件下，国内商业银行需要在中间业务领域投入足够的精力，同时提升其所占的比重。然而现阶段国内商行依旧仅仅重视以往的中间业务，例如结算、支付、汇款等部分过于单一的事项。针对部分具备先进技术的自信调研、资产评价和个人理财等并不重视，这是因为工作人员对这些方面并不熟悉。此外，伴随客户需求的多元化发展，以往的中间业务早已脱离了实际的需求，问题突出，亟待创新与完善。由于以往的中间业务缺少业务特点，同时种类不足，科技含量较低，难以吸引到新客户，所以导致商行的中间业务即便收益在不断增长，然而增长的速度一直在下降，这表示规模较大的商行盈利水平不高。

（四）监管体系亟待优化

针对供给侧改革来说，信贷资金风险控制的问题持续被放大，但是商行在监管中所采用的方式过于简单，而且效果较差，脱离了时代发展的需求。现阶段，国内商行的内控机制不仅缺少有效的规范风险的指标，还在市场运转环节内缺乏健全的监管体系。国内商行监管体制所表现出的最为显著的不足即为国内商行固有的机制与合理的运行体系。国内商行中并未设置专门的风险管控机构，同时也没配置相应的岗位，因此资金风险问题在持续严重化。综上所述，国内商行的风险管理存在不足的根本原因是在较大水平上缺少独立性与权威性。

（五）产品和服务创新能力需要加强

伴随供给侧结构性改革配套市场政策的实施，导致互联网金融的飞速发展、市场利率化以及民营银行常态化，使得金融客户尤其是大型商业企业的选择更加多样化，这造成的直接后果就是，一直以利差为主要盈利收入的商业银行的盈利模式受到巨大冲击。商业银行不得不优化收入结构，创新业务能力。另外，供给侧改革下政府对我国产业结构调整实施政策干预和引导，积极鼓励技术创新，转型升级居民消费结构。这也为商业银行加快业务创新、开拓多元业务提供了有效契机。并且，供给侧改革下，我国政府大力扶持新兴战略产业的发展，这也要求银行对其不同的金融需求做出适应性的调整和创新。但是，一直以来我国商业银行金融产品种类不全、滞后，缺乏创新，并且传统的存贷款业务仍旧占据着理财业务的很大比重。但是供给侧改革下，国家支持银行业经营的多元化，并且提出了民营银行准入机制政策。客户的投资选择更多，由此直接导致老牌商业银行的资本市场份额被挤占，其他业务和产品创新能力面临考验。并且单一的存款业务并不能满足客户多样化的资产管理需求。同时，随着我国民营资本在金融业乃至整个经济体系中的比重不断攀升，政府对其政策支持力度不断加大，造成的直接后果就是商业银行原有的制度福利与牌照福利消失。由此可见，商业银行急需创新其金融产品和金融服务，从而提高自身的市场竞争力。

第四节　供给侧改革下商业银行适度规模发展建议

商业银行应当在供给侧改革条件下，进一步探究供给侧改革，符合其改革的要求，确定商行在此改革过程中需要坚持的原则与方向，进而为商行的稳定发展提供良好的保障。同时在此改革下，商行应当以实际运营状况作为出发点，从根本上抓住面对的时机，不断完善金融产品与服务机制，持续达到客户多元化的要求，坚持差异性与独特性的原则，面对风险从根本上采取有效的应对措施，实现自身的可持续发展。因此，探求供给侧结构性改革下的商业银行适度规模发展对于充分发挥其合理管控规模、优化资源配置、提高资产质量、优化金融服务、防控金融风险等，具有重大现实意义。

　　本节通过上述对商业银行供给侧改革的组织规模、资本规模、业务规模以及盈利规模四个角度发展现状以及存在的问题的描述分析，进一步探讨供给侧改革下商业银行的适度规模发展的建议对策（见图 8 - 10）。

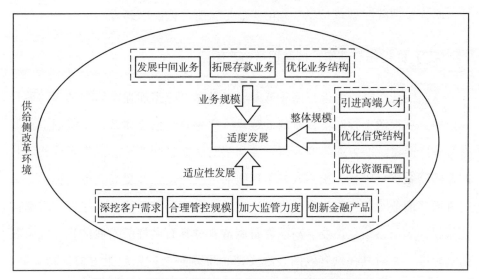

图 8 - 10　供给侧改革下商业银行适度规模发展战略路径

一、　商业银行整体规模适度发展

（一）引入高端人才，提高经营管理水平

　　为在供给侧改革下商业银行整体规模的适度发展，人才队伍的建设以及管理制度的改革尤为重要。一方面，商业银行要重视金融创新人才的培养，金融创新人才作为商业银行经营管理水平有效提高的中坚力量，带动商业银行的服务、产品、管理、制度等各方面进行创新。因此，商业银行应当加强对从业人员独特金融视野的培养，对于资本市场变化的敏锐度的训练，同时，商业银行管理人员应当学习如何有效激励创新型金融人才，从而吸纳更多的金融创新型人才。另一方面，商业银行要完善内部管理体制，通过优化

公司治理机制，进一步完善有中国特色的商业银行治理机制，充分发挥管理层的作用，实现管理体系的协同性和差异化，创立符合客户需求的、高效协同的管理体系，为有效服务供给侧结构性改革奠定治理基础。总而言之，我国商业银行在供给侧改革的大环境下，要深刻认识经济盘整的持续性和趋势性，必须要摒除"速度情结"，由"做大"向"做好"转变。

（二）优化信贷结构，提高银行资产质量

商业银行在当前的供给侧改革发展背景下，应当加强对信贷结构与质量的把控，从根源上控制不良贷款的数量，完善银行信贷体系，从机制上控制银行资产质量。一方面，商业银行要加强对产能过剩严重、依靠粗放式增长产业的贷款资格审核，预测其发生坏账的金融风险，并提高其借贷标准。另一方面，商业银行应当将资金投入适度地向受到国家政策扶持的新兴战略产业倾斜，如新兴信息产业、高端装备制造业等具有良好的发展前景，放宽其信贷标准，并对其提供有效的金融支持，也就是与国家政策方向保持一致，这在一定程度上规避了信贷风险。商业银行实施差异化的金融信贷政策，能够有效地降低"僵尸企业"的贷款比例，进一步控制商业银行的不良贷款率，降低其面临的信贷风险概率。

（三）打造合理布局，优化金融资源配置

商业银行通过大力纠正金融资源配置不均衡，根据我国产业结构调整，我国商业银行减少了对落后行业和过剩产能行业占用信贷资源，我国开始大力支持产业升级和并购重组，发展资产证券化，降低融资成本和杠杆率。商业银行优化金融资源配置，首先，要对宏观经济环境做出准确分析，精确判断出我国产业发展趋势；其次，优化银行资金投入的产业结构，加大对"蓝海"产业和传统优势行业的金融力度支持，提高其供给侧金融资源比例；再次，积极响应国家对于优质小微企业的政策资金支持，将资金投放到为国家

经济发展提供持续动力的行业中，使金融资源的配置方向与经济转型方向一致，在供给侧改革下发挥出商业银行的杠杆作用，提高融资效率；最后，加大对高端客户的推广和拓展，包括为个人资产较大、现金等流动资产占比较高的客户提供差别化产品与服务。

二、 商业银行业务规模适度发展

（一）聚焦客户需求，发展中间业务

在供给侧改革下，商业银行业必须尽力满足客户个性化、多样化的需求。这就要求商业银行摒弃传统的有形产品服务模式，大力发展无形产品服务模式，充分运用互联网、移动通信、人工智能等技术更好为实体经济服务。在经营模式上，要挣脱固有的发展模式，以客户需求为导向，依靠互联网云技术精准定位预测不同产业不同客户的需求，并为其提供针对性的差异化金融产品；在业务创新上，积极与保险企业以及各大券商合作，加快各类金融产品以及服务的迭代创新，健全各类金融业务，不断扩宽商业银行中间业务的涉及领域。

（二）优化金融服务，扩展存款业务

在供给侧改革下，商业银行能够通过数字化、信息化模式改变传统负债模式，在协调资金配比的同时，持续完善基础存款服务，确保负债的流动性及可靠性。首先，商业银行需要持续革新完善现金管理类商品，确保商品能够满足顾客多元化需求。其次，将现金管理类商品作为管理核心，丰富现金管控、财富管控、企业理财等商品体系，提高金融服务方案的营销强度，增加顾客满意率。最后，运用数字化的管理模式，全方面、多层次地增加与网络的契合度，增加虚拟账户等销售渠道，让顾客能够享受到方便、高效的资

金管理服务，以提高顾客的满意度。

（三）突出价值导向，优化业务结构

在供给侧改革下，顾客需求产生了深刻的改变，商业银行需要培养为顾客创造价值的观念，将顾客作为重心，按照顾客的独有特点研发金融商品、风险管理计划等，全部的业务活动都要将顾客的实际需求为核心，从而完善借款结构，增加资源的分配效率，强化借款定价的合理性及高收益阶段的比重；盘活低收入贷款产品，把新增借贷产品投入战略性服务里，对所有到期的借款，逐一筛查，合理评估，明确续贷的要求及售价；为低收入的借贷制定置换方案，腾出充足空间投放到战略领域；对尚未到期的低收入借贷产品，需通过灵活的手段提高其流动性。完善存款结构，增加代发工资等成本不高、稳定性强的存款占比，努力争取更多定期存款等成本不高。稳定性强的优质存款；为能够给商业银行提供优质存款的顾客，商业银行需要为其设计优惠方案，予以其资源及考评上的优惠；遵守高进高出的准则，提高商业银行金融服务的发展潜力。强化新兴服务，增加新兴服务的经营收入，做好资产管理服务、债务资本市场服务及同业费信贷资产服务。

三、 商业银行适应供给侧改革发展

（一）深挖客户需求，联动客户服务

在供给侧改革下，商业银行始终摸索着金融服务供给侧的创新模式，首先，商业银行需要利用新发展的金融市场服务抢占优质顾客，为中小型顾客量身打造金融服务计划，在管控风险的同时，也需要适度增加金融产品售价，增加商业银行的经营业绩。其次，需要将工作的中心转移到优质顾客的服务上，统一银行内部资源支持一线开展业务，积极增加商业银行的顾客服

务水平。再次，将优势资源投放到核心区域、核心顾客、核心服务、核心商品中，以寻求发展空间，所有单位、所有经营组织需要协调同步，深入挖掘重点顾客，锁定目标、组织团队、开拓市场。最后，鼓舞公私协作、中小协作、会计协作，充分调动职工的工作热情，确保营销渠道的拓宽。

（二）合理管控规模，优化资产结构

供给侧改革增加了商业银行不良贷款的风险暴露比率，所以商业银行需要按照其实际体量，提足拨备，加快核销速度，尽可能减少不良贷款比率。虽然这会使得短时间内的营业收入降低，可是资产机构的合理调整能够确保将来商业银行的长远发展，能够让资金在效益更优的朝阳行业流动，从而更好为实体经济服务。

（三）加大监管力度，强化风险管理

在进行供给侧改革时，借贷资金风险管控需求持续增加，这就需要商业银行在进行资源配比及优化金融供给之时，持续增加其风险管控能力。首先，商业银行需要时刻重视市场风险、政策调整和监督体系上的变化，把涵盖市场风险、表内外风险等一同并入风险体系，构建完善的风险内外部防控制度，重点关注"两高一剩"这类核心行业的风险及危机，高效处理实体公司转型带来的风险及机遇。其次，文件推行借贷退出机制，将科学满足顾客多样化金融需求为引导，在借贷规模体量得到有效控制的状况下，按照供给侧改革的原则，始终坚持有扶有控的准则，逐渐退出产能过剩的市场，逐步调整借贷资产结构，科学预防并降低风险，由于供给侧改革的逐步推行，商业银行的借贷风险管理需求不断增加，商业银行必须落实风险管理，调整其组织框架，预防因为条块切割及流程衔接而造成的风险评估偏差问题。除此以外，内部风险管理制度的完善也需要获得关注，清晰划分相关责任人权责。

（四）勇于突破创新，促进金融产品升级

由于供给侧行业结构优化及国民消费水平不断降低，2015 年，中国GDP 增长速度实现"破七"。另外，银行不良贷款比率更接连十个季度持续增长，这样高的不良贷款比率说明实体经济已经遭遇了不容小觑的危机。这需要商业银行关注创新商品的类型，研发出满足顾客信息需求的商品，持续增加商业银行的综合实力。商业银行需要研究目前市场和顾客的需求，把所有金融商品及顾客紧密相连，并尽可能最大化经营收益，一方面要确保商业银行金融商品的创新，另一方面需要考量目前的状况，并联系市场的要求及顾客的要求。银行创新商品及服务有三个方式：第一为改良，改良商业银行的金融服务商品，利用持续完善、健全服务及商品内容的办法来满足市场及顾客多元化的需求。第二为移植，联系商业银行的真实状况，参考欧美等发达国家或一线城市商业银行的金融业务内容，最终设计并完善自身的金融创新业务模式。第三为创造，商业银行能够把金融服务及金融商品与大数据、AI、VR 等现代科技相结合，确保金融服务及金融商品的简单高效，让商业银行开展的关于理财商品及保险服务的营销活动更为精准。从总体上分析，创造为创新的根源，更是在市场竞争力拔得头筹的关键，唯有此才可以抢占更多的市场份额。

| 第九章 |

结论与展望

一、 研究结论

通过全书的研究，得出如下结论：

（1）在对规模测度方法进行比较借鉴的基础上，界定商业银行规模含义并构建测度指标体系；基于我国上市商业银行数据，运用因子分析方法，实证检验了商业银行规模测度的层次，即包含基本体量、广度规模、深度规模，并运用新的指标体系和运算方法对我国上市商业银行规模进行了测度。本书提供了一种新型的商业银行规模测度方法，可用于包括上市银行在内的所有商业银行规模测度，研究结果能为下一步加强银行监管和推进银行业改革发展提供依据与借鉴。

（2）本书对商业银行规模发展进行了路径分解，结合中国商业银行发展的实际情况，规模发展路径主要包括四类：一是内生化发展；二是综合化发展；三是国际化发展；四是互联网化发展，并对供给侧改革下商业银行适度规模发展提出有效建议。本书以工商银行、建设银行、中国银行 2012 年的数据为例，内生化发展仍然是主流，占有较大的权重，国际化发展次之，综合化发展的比重相应较低。这也表明，内生化发展空间广阔，国际化发展也有较大空间，综合化发展的空间相对有限，互联网化发展和供给侧改革下商业银行适度规模发展是顺应新时代潮流，应对市场新需求的有效发展途径。

（3）商业银行面临着新的金融生态环境，宏观经济增速降低但仍然保持中高速；监管和政策环境更为开放、更为市场化，改革在提速；以互联网金融为代表的潜在竞争暗潮涌动；银行内部竞争更加白热化。商业银行在新的金融生态环境下，既面临着严峻的挑战，同时也迎来了重大的机遇，在内生化发展的道路上需要进一步促进经营转型，深化银行内部改革，盘活内部资源，最大程度挖掘内部增长的动力和潜力。

（4）在内生化发展方面，三大商业银行2006～2012年实际增长率总体高于可持续增长率，建设银行实际增长率与可持续增长率相差较大（6.53%），工商银行相差较小（5.48%），中国银行居于中间（6.50%）。表明近年来，相对而言，工商银行比较注重从内源性获得规模发展，相对较为稳健。建设银行实际增长率较工商银行高，但可持续发展能力稍差。为了提高可持续增长率，并使实际增长率趋于可持续增长率，商业银行一要大力发展中间业务；二要正确处理内源性融资和外源性股权融资的关系；三要提高资产的运营能力；四要提高资产负债管理水平；五要合理分红。商业银行在收益结构方面，非利息收入和利息收入呈现高度正相关关系，但非利息收入的稳定性不如利息收入高；商业银行NIM代表了定价能力，贷款产生的平均利息收入取决于议价能力、贷款周转速度，因此两者之比体现了商业银行贷款盘活的速度。在经营效率方面，三大商业银行近年来经营效率在提升，但不可否认，与股份制银行等中小银行相比，仍有较大差距。从三大商业银行的比较情况看，工商银行、建设银行经营效率指标基本相同，高于中国银行经营效率指标。工商银行的效率改善情况优于建设银行，建设银行优于中国银行。

（5）在综合化发展方面，商业银行综合化发展是国际银行业发展的主流趋势，是金融市场开放发展的必然产物，也是客户融资渠道和需求推动的现实要求。加强综合化能够获得风险分散效应、市场内部化效应、协同效应、差异化竞争效应。当然也需要规避管理成本、内部市场的非效率性、跨行业补贴、信息不对称等问题。

近几年，我国商业银行加强了综合化经营步伐，顺利进入基金、保险、租赁、信托、证券、投行领域，综合化经营已初具成效。根据对国外银行综合化模式的分析，德国模式收益大、风险也大；日本模式风险小、收益也小；美国模式居于中间。结合我国大型商业银行的实际情况，中国目前包括两种模式。中国银行采取的更多的是类似日本模式的综合化方式；而工商银行、建设银行以及其他一些银行所采用的是美国模式。

本书运用熵值原理和方法对银行综合化程度进行了度量：

$$CHS = \sum_{i=1}^{n} A_i \ln\left(\frac{1}{A_i}\right)$$

$$i = 1, 2, 3, \cdots, n$$

式中：CHS：商业银行的综合化程度；A_i：商业银行综合化领域资产占总资产的比例；n：商业银行综合化进入的领域数。CHS 值随着商业银行所涉猎领域的增加而增加。如果商业银行只在一个领域经营，则 $A_i = 1$，CHS $= 0$；如果两个商业银行所涉猎的领域相同，则在各个领域所分布的资产越趋于平均，综合化程度越高，当资产等额分布时，即企业所经营的行业数目相同，则在各行业分布的销售额越趋于平均，多元化程度越大，当销售额在各行业等额分布，即 $A_i = \frac{1}{n}$ 时，CHS 值最大。根据三大商业银行的数据分析，中国银行综合化程度最高，建设银行次之，工商银行稍低。分行业统计，三大商业银行基金公司的绩效水平较高，其他领域 ROA 水平一般高于集团平均水平；ROE 水平低于集团 ROE 水平。

（6）在国际化发展方面，通过 2006～2012 年 7 年来工商银行、中国银行、建设银行国际化发展的有关数据，运用聚类分析方法比较了三大商业银行国际化发展程度，从总量绩效、平均绩效、边际绩效、联动效应四个维度分析了国际化发展程度与绩效的关系。研究表明，中国银行国际化发展程度最高，工商银行次之，建设银行稍低；国际化总绩效和国际化发展程度呈正相关关系，平均绩效和国际化发展程度呈"U"型曲线关系，边际绩效和国际化发展程度呈水平"S"型曲线关系；国际化发展后，工商银行集团一体化程度最高。

（7）在互联网化发展方面，通过 2013～2018 年 6 年商业银行互联网化发展的相关数据，从渠道和产品两个方面出发分析了我国商业银行互联网化发展规模。首先，渠道的互联网化，一是自网上银行推出后，网上银行的注册客户数量持续上升；二是手机银行已成为商业银行客户服务的主渠道之一，手机银行的客户注册数量以及交易规模保持平稳上升；三是民生银行 2014 年推出国内第一家直销银行开始，不到五年的时间各大银行的直销银行已经纷纷运营；四是 2013 年招商银行率先推出全国首家"微信银行"之后，各大银行也纷纷推出微信银行服务。其次，产品的互联网化，一是网上支付产品快速发展；二是网络融资产品提高服务效率，提升融资的可获得性和易得性，因而迅速发展；三是网络理财产品，通过不断扩展线上销售渠道，已有部分银行基本实现了以互联网渠道销售为主的模式，其理财产品的成交额不断增长。

（8）供给侧改革下商业银行适度规模发展方面，2015 年 11 月，我国提出供给侧结构性改革，本书通过 2011～2017 年 7 年来我国商业银行发展的相关数据，以 2015 年为节点，对供给侧改革前后商业银行组织规模、资本规模、业务规模、盈利规模作对比研究。供给侧改革下，人员数量、机构数量均出现精简趋势，资产增速放缓，资产质量提高，商业银行加大了对中间业务的发展力度。在供给侧改革下，银行业的业绩迎来复苏，但商业银行却持续走低，净息差的整体水平保持逐年下降状态。

二、 对商业银行发展的参考借鉴

本书提供了一种新型的商业银行规模测度方法，可用于包括上市银行在内的所有商业银行规模测度，研究结果能为下一步加强银行监管和推进银行业改革发展提供依据与借鉴。

本书通过理论研究和实证分析，对商业银行规模发展、提升竞争实力具有一定参考借鉴作用。通过本书的研究，得出如下建议：

（1）商业银行要提高可持续发展水平。一要大力发展中间业务；二要正确处理内源性融资和外源性股权融资的关系；三要提高资产的运营能力；四要提高资产负债管理水平；五要合理分红。同时要在收益结构、资源盘活、经营效率等方面持续改进。

（2）商业银行应该加强综合化公司的治理，筑牢风险管理的防火墙，同时要通过市场化运作的方式，提高综合化子公司的竞争力。一要加强信息系统的整合；二要明确综合化经营的分润机制；三要加强子公司的治理；四要加强子公司和集团的互动共享。

（3）商业银行应该提高国际化发展水平，一要遵循"跟随客户、追求成长、注重安全"的原则，完善境外布局；二要通过机构申设与兼并收购并举稳步推进；三要加强国际化过程中的风险控制；四要加强管理整合；五要加强内外联动。

（4）商业银行应该提高互联网化发展水平，一要选择合适的合作对象，达到互利共赢的局面；二要提高服务效率和服务安全；三要引进优质人才；四要充分利用大数据吸引客户；五要打造高引流的互联网产品。

（5）商业银行应该响应国家供给侧改革号召，结合自身的实际情况，走差异化、特色化的道路，切实把握供给侧改革的机遇，稳定扎实地走好每一步。一要引进高端人才，提高经济管理水平；二要优化金融资源配置；三要聚焦客户需求，发展中间业务；四要加大监管力度，强化风险管理；五要勇于突破创新，促进金融产品升级。

三、 未来展望

应该用发展的眼光来看待商业银行规模发展的路径，在不同的时期和不同的形势下，商业银行规模发展的路径应该有所差别。本书根据商业银行近年的发展战略，借鉴国内外有关商业银行规模发展路径的理论，将发展路径归纳为内生化发展、综合化发展和国际化发展、互联网化发展，并对供给侧改革下商业银行适度规模发展提出有效建议。随着科学技术日新月异的发展，尤其近期互联网金融的出现，在渠道上具有领先优势，改变了人们的生活和金融服务需求，影响了人们的金融消费习惯。未来需要着重研讨的仍然是商业银行网络化发展的相关问题。网络作为一种新型的渠道，方便快捷，吸引力很强，对商业银行规模发展无疑具有重要的作用，商业银行网络化发展也是未来发展的一个重要方式和有效途径。

附　　录

主要符号

变量符号	注释	变量符号	注释
γ	受资本制约的可持续增长率	FP	境外税前总利润
α	实际增长率	FR	境外总收入
ROI	当年净利润与总收入的比值	AFP_{FS}	境外人均利润
AT	当年总收入与总资产的比值	AFP_{FO}	境外网均利润
RER	净利润去除应发股利后的留存比例	AFP_{FA}	境外资产回报
EM	资产总额相当于股东权益的倍数	MFP_{FS}	边际人员产出
CHS	商业银行的综合化程度	MFP_{FO}	边际机构产出
ROE	净资产收益率	MFP_{FA}	边际资产产出
ROA	总资产收益率	NIM	净利息收益率
FO	境外机构数量	ICBC	中国工商银行
FS	境外雇员人数	CCB	中国建设银行
FA	境外总资产	BOC	中国银行

参 考 文 献

1. 中文部分

[1] 鲍新仁，孙明贵．企业规模或边界——内生的生产与外在的市场理论研究综述和评价 [J]．生产力研究，2007（18）：147－148.

[2] 毕继繁，胡振兵．供给约束与萨伊定律：金融机构中间业务案例研究 [J]．金融研究，2002（2）：119－124.

[3] 蔡宁伟．供给侧改革的实质、特性及其对商业银行的机遇与挑战——基于文献的质性分析与典型案例研究 [J]．西南金融，2016（10）：31－34.

[4] 蔡则祥，董菁．供给侧改革导向下银行信贷资金渠道研究 [J]．现代经济探讨，2017（7）：16－22.

[5] 仓明，鞠玲玲，孟令杰．互联网金融对我国商业银行效率的影响研究 [J]．金融与经济，2016（6）：62－65.

[6] 曹国华，刘睿凡．供给侧改革背景下我国商业银行信贷风险的防控 [J]．财经科学，2016（4）：22－30.

[7] 陈孝明，张伟，刘裕文．互联网金融提升了商业银行的创新能力吗？——基于中国上市银行面板数据的实证研究 [J]．金融与经济，2018（7）：17－23.

[8] 陈东领．商业银行规模经济和范围经济的超成本函数实证研究 [J]．商业现代化，2005（9）：186－187.

[9] 陈前．供给侧改革下商业银行产品创新现状及问题研究 [J]．全国

— 244 —

流通经济，2017（19）：73－74.

[10] 陈艺云. 商业银行对互联网金融的学习效应——基于上市银行经营数据的实证研究 [J]. 证券市场导报，2017（6）：12－20.

[11] 陈敬学，别双枝. 我国商业银行规模经济效率的实证分析及建议 [J]. 金融论坛，2004（10）：46－50.

[12] 陈小宪. 风险资本市值 [M]. 北京：中国金融出版社，2004.

[13] 陈小宪. 中国商业银行稳健经营研究 [M]. 北京：中国经济出版社，1999.

[14] 陈小宪. 重塑商业银行长期发展模式 [J]. 金融研究，2003（12）：19－27.

[15] 陈郁. 企业制度与市场组织 [M]. 上海：上海三联出版社，1996.

[16] 成思危. 路线及关键：论中国商业银行的改革 [M]. 北京：经济科学出版社，2005.

[17] 陈璐. 银行并购实证研究的发展及方法论演进 [J]. 金融研究，2005（1）：164－174.

[18] 陈科. 商业银行规模扩张的动因与机理研究 [J]. 区域金融研究，2018（2）：37－42.

[19] 戴国强，方鹏飞. 利率市场化与银行风险——基于影子银行与互联网金融视角的研究 [J]. 金融论坛，2014，19（8）：13－19.

[20] 单莉. 商业银行规模与竞争力关系研究 [D]. 吉林：东北师范大学，2006.

[21] 邓启惠. 对寡占条件下企业规模经济的探析 [J]. 经济评论，1997（1）：75－79.

[22] 邓典雅. 资本市场、互联网金融对银行绩效的影响——基于异质性视角 [J]. 财会月刊，2018（2）：169－176.

［23］丁思颖，饶光明．基于核心能力半径的企业规模边界［J］．重庆工商大学学报（西部论坛），2008（1）：94－99．

［24］董雨涵．互联网金融及其风险研究［J］．经贸实践，2016（23）．

［25］杜莉，王峰，齐树天．我国商业银行规模经济及其状态比较［J］．吉林大学社会科学学报，2003（1）：88－95．

［26］董金荣．我国商业银行并购的规模经济效应研究［D］．青岛：中国海洋大学，2009．

［27］方先明．我国商业银行竞争力水平研究——基于2010～2012年16家上市商业银行数据的分析［J］．中央财经大学学报，2014（3）：31－38．

［28］冯方昱，姜薇．互联网金融环境下我国商业银行技术效率分析——基于三阶段DEA方法［J］．武汉金融，2018（10）：35－40．

［29］冯璐，吴梦．互联网金融对中国商业银行利润效率的影响研究［J］．武汉金融，2018（10）：41－47．

［30］郭妍．我国银行海外并购绩效及其影响因素的实证分析［J］．财贸经济，2010（11）：27－33．

［31］国家统计局统计设计管理司．企业规模划型标准简介［J］．2003（10）：5－5．

［32］郭佳佳，程惠新，李瑞斌．互联网金融对商业银行的冲击与对策研究［J］．纳税，2017（21）：131．

［33］高宏伟．规模边界与大型国有企业技术创新策略选择——一个动态分析方法［J］．技术经济，2011（8）：17－20．

［34］高蓉蓉，盖锐．基于TCF函数的银行规模经济的实证研究［J］．统计与决策，2015（19）：161－163．

［35］高文娜．互联网金融背景下我国商业银行效率的研究［J］．中国市场，2018（12）：189－193．

[36] 葛兆强. 规模经济、银行规模与银行规模边界 [J]. 华南金融研究, 1999 (1): 4 - 10.

[37] 葛兆强. 管理能力、战略转型与商业银行成长 [J]. 金融论坛, 2005 (5): 10 - 17.

[38] 葛兆强. 银行并购、商业银行成长与我国银行业发展 [J]. 国际金融研究, 2005 (2): 30 - 36.

[39] 宫晓林. 互联网金融模式及对传统银行业的影响 [J]. 南方金融, 2013 (5).

[40] 关新红. 中国商业银行创值能力研究 [M]. 北京: 社会科学文献出版社, 2006.

[41] 管仁荣, 张文松, 杨朋君. 互联网金融对商业银行运行效率影响与对策研究 [J]. 云南师范大学学报 (哲学社会科学版), 2014 (6): 56 - 64.

[42] 郭洪珍, 张卉. 我国商业银行中间业务的资源配置行为分析 [J]. 国际金融研究, 2003 (4): 19 - 24.

[43] 郭品, 沈悦. 互联网金融对商业银行风险承担的影响: 理论解读与实证检验 [J]. 财贸经济, 2015.

[44] 何自云. 商业银行的边界: 经济功能与制度成本 [M]. 北京: 中国金融出版社, 2003.

[45] 赫国胜. 我国商业银行非利息收入业务创新的对策 [J]. 中国金融, 2007 (1): 28 - 29.

[46] 贺健健, 王姣姣. 互联网金融背景下商业银行发展策略研究 [J]. 商业经济, 2018 (8).

[47] 胡挺, 刘娥平. 中国商业银行海外并购经济后果研究——以招商银行并购永隆银行为例 [J]. 金融论坛, 2009 (12): 37 - 42.

[48] 胡振兵, 冯波. 实现城市商业银行发展规模的关键是提高核心竞

争力 [J]. 济南金融，2006（3）：50 – 51.

[49] 胡春生，沈强. 绿色金融：将可持续发展内生化的新经济发展方式 [J]. 改革与战略，2012（2）：66 – 69.

[50] 黄泽勇. 多元化经营与商业银行绩效的门槛效应 [J]. 金融论坛，2013（2）：42 – 49.

[51] 黄金鑫. 对我国城市商业银行几种主要发展战略的思考 [D]. 成都：西南财经大学，2011.

[52] 姜翔程，孔唯，乔莹莹. 供给侧改革背景下商业银行信贷风险管理的行业思维 [J]. 管理现代化，2017，37（6）.

[53] 卡尔·马克思. 资本论（第一卷）[M]. 北京：人民出版社，1975.

[54] 科斯. 企业、市场与法律 [M]. 上海：上海三联出版社，1990.

[55] 黎宇. 广西城市商业银行规模经济问题研究 [J]. 广西金融研究，2007（12）：55 – 58.

[56] 李陈华. 企业规模报酬与规模边界：一个研究述评 [J]. 产业经济研究，2009（4）：81 – 88.

[57] 李成，赵琳. 我国商业银行规模与效率：理论与现实的悖论 [J]. 西安财经学院学报，2009（1）：20 – 23.

[58] 李淑锦，陈银飞. 第三方支付对我国上市银行非利息收入的"溢出效应"研究 [J]. 金融理论与实践，2017（3）：70 – 74.

[59] 李好好，周南. 互联网金融对商业银行的冲击及相应对策 [J]. 企业经济，2015，34（10）：97 – 100.

[60] 李萱. 国有商业银行竞争力比较研究 [J]. 金融研究，2000（9）：67 – 75.

[61] 李英，陈册. 我国股份制商业银行的可持续增长分析——以招商银行为例的实证研究 [J]. 技术经济与管理研究，2008（1）.

[62] 李晨曦. 互联网金融对商业银行的影响与对策研究 [J]. 国际商

务财会, 2018 (5).

[63] 林金忠. 论企业规模经济的四种形态 [J] 经济科学, 2002 (6): 99－106.

[64] 林金忠. 中小企业也能实现规模经济 [J] 经济学家, 2001 (2): 44－49.

[65] 林再兴, 陈一洪. 国内城市商业银行规模扩张的路径分析及启示 [J]. 金融发展研究, 2012 (12): 65－69.

[66] 梁燕子. 互联网金融对商业银行的冲击——基于第三方互联网移动支付的视角 [J]. 金融理论与实践, 2017 (2): 81－86.

[67] 廖戎戎, 蒋团标, 喻微锋. 互联网金融对银行创新能力的影响——基于 58 家商业银行面板数据的实证 [J]. 金融与经济, 2018 (9): 52－57.

[68] 刘笑彤, 杨德勇. 互联网金融背景下商业银行并购重组选择差异的效率研究——基于商业银行异质性的 Malmquist 指数实证分析 [J]. 国际金融研究, 2017 (10): 65－75.

[69] 刘华龙. 基于 VAR 模型的互联网金融对我国商业银行影响的实证研究 [J]. 唐山学院学报, 2017, 30 (3): 96－102.

[70] 刘忠璐. 互联网金融对商业银行风险承担的影响研究 [J]. 财贸经济, 2016 (4): 71－85.

[71] 刘斌, 黄玉娟. 我国商业银行表外业务发展的若干思考 [J]. 科技信息 (学术研究), 2007 (26): 62－64.

[72] 刘芬华, 汪明. 区域经济中的银行业规模边界研究 [J]. 财贸经济, 2011 (8): 68－74.

[73] 刘高峰, 孙继锋. 基于供给侧改革视角的商业银行资产管理业务转型发展研究 [J]. 区域金融研究, 2017 (1): 54－56.

[74] 刘澜飚, 沈鑫, 郭步超. 互联网金融发展及其对传统金融模式的影响探讨 [J]. 经济学动态, 2013 (8).

［75］刘勤福，孟志芳．基于商业银行视角的互联网金融研究［J］．新金融，2014（3）．

［76］刘辉锋．演化经济学中的企业理论评述［J］．国外社会科学，2005（5）．

［77］刘孟飞，张晓岚，张超．我国商业银行业务多元化、经营绩效与风险相关性研究［J］．国际金融研究，2012（8）：59－69．

［78］刘宗华，范文燕，易行健．中国银行业的规模经济与技术进步效应检验［J］．财经研究，2003（12）：32－38．

［79］刘宗华，邹新月．中国银行业的规模经济和范围经济——基于广义超越对数成本函数的检验［J］．数量技术经济研究，2004（10）：5－14．

［80］刘艳．基于银行体系稳定角度的商业银行适度规模研究［J］．华北金融，2013（12）：48－51．

［81］刘刚．商业银行适度规模分析——基于金融体系稳定的视角［J］．青海金融，2014（4）．

［82］刘佳．我国商业银行规模与风险的相关性研究［D］．南宁：广西大学，2014．

［83］刘宇康．对银行业供给侧结构性改革的思考［J］．宏观经济管理，2017（5）：64－67．

［84］刘志洋．规模大的银行风险真的高吗？——基于中国上市商业银行的实证分析［J］．金融论坛，2015（1）：66－72．

［85］陆岷峰，张惠．中国商业银行保持适度规模发展的研究——基于银行业饱和度与系统性风险的分析［J］．衡阳师范学院学报，2011（1）：42－49．

［86］陆岷峰，杨亮．供给侧改革下商业银行机遇、使命与对策［J］．西南金融，2016（3）：3－7．

［87］买建国．简论资本约束下的银行资产可持续增长［J］．华东师范

大学学报（哲学社会科学版），2006（4）.

［88］迈克尔·波特. 竞争优势（原著1985年出版）［M］. 北京：华夏出版社，2003.

［89］穆丹丹. 我国商业银行资产规模对风险的影响研究［D］. 天津：南开大学，2017.

［90］穆瑞. 农村金融内生化的途径——"互联网＋产业链"［J］. 价值工程，2018（17）：121 – 122.

［91］马汝银. 我国商业银行并购效率的研究［J］. 商场现代化，2015（24）：134 – 135.

［92］彭纯. 商业银行资产驱动策略［J］. 中国金融，2016（15）：12 – 14.

［93］齐麟. 供给侧改革下商业银行机遇［J］. 商，2016（29）：182 – 182.

［94］秦厉陈，余林举. 我国商业银行规模与增长的LPE检验［J］. 时代金融，2007（5）：54 – 56.

［95］秦宛顺，欧阳俊. 我国国有独资商业银行的费用与规模偏好［J］. 金融研究，2002（1）：63 – 74.

［96］邱靖. 我国商业银行规模经济效益研究［J］. 上海金融学院学报，2016（4）：51 – 57.

［97］强浩桐. 我国商业银行规模经济研究基于超越对数成本函数的实证分析［J］. 经贸实践，2017（7）：28 – 29.

［98］任萍. 我国商业银行规模与系统性风险的现状探微［J］. 科技创业月刊，2013（5）：50 – 53.

［99］孙杰. 传统银行的互联网思维与互联网金融融合之道［J］. 北京金融评论，2014（4）.

［100］孙杰，贺晨. 大数据时代的互联网金融创新及传统银行转型［J］.

财经科学，2015（1）.

[101] 沈小胜．促进商业银行实现适度规模的政策思考 [J]．现代管理科学，2013（3）：86－88.

[102] 宋清华，陈雄兵，曲良波．商业银行规模与风险：来自中国的经验证据 [J]．财经政法资讯，2011（6）：13－20.

[103] 宋亮华．供给侧改革与银行业实业投行模式创新——从经营货币资本到经营知识资本的路径探索 [J]．南方金融，2017（4）：33－39.

[104] 孙洛平．竞争力与企业规模无关的形成机制 [J]．经济研究，2004（3）：81－87.

[105] 孙秀峰，迟国泰，杨德．基于参数法的中国商业银行规模经济研究与实证 [J]．中国管理科学，2005（4）：24－32.

[106] 孙超，杨建波．银行跨国并购绩效的实证研究——基于中国银行业跨国并购实践的分析 [J]．金融经济，2009（20）：83－84.

[107] 邵际树．跨境经营、资产规模与商业银行业绩 [J]．财会月刊，2017（29）：122－128.

[108] 邵平．商业银行的供给侧改革 [J]．中国金融，2016（2）：16－19.

[109] 王聪，邹鹏飞．中国商业银行规模经济与范围经济的实证分析 [J]．中国工业经济，2003（10）：21－28.

[110] 王国顺，王昶．企业边界分析的基本命题 [J]．求索，2004（11）.

[111] 王建平．商业银行规模扩张方式初探 [J]．经济问题，2004（11）：65－67.

[112] 王锦虹．互联网金融对商业银行盈利影响测度研究——基于测度指标体系的构建与分析 [J]．财经理论与实践，2015，36（1）：7－12.

[113] 王曼怡，赵婕伶．供给侧改革背景下商业银行转型升级的路径 [J]．国际经济合作，2016（9）：66－69.

[114] 王菁. 我国商业银行收入结构转型的收益评价 [J]. 当代财经, 2009 (5): 44-50.

[115] 王鹏飞, 韩春明. 中国商业银行规模经济状况的实证再分析 [J]. 经济与管理研究, 2013 (6): 105-110.

[116] 王斌, 李刚, 陈凯. 基于组合赋权法的商业银行规模效率评价研究 [J]. 东南大学学报, 2017 (4): 76-83.

[117] 王磊. 新常态下处理好商业银行经营规模、质量和效益关系的思考 [J]. 农银学刊, 2016 (5): 57-60.

[118] 王素珍. 资产负债、规模控制与宏观调控 [J]. 金融研究, 1993 (11): 14-15.

[119] 王晓, 赵慧芳. 河南省商业银行适度规模问题探析 [J]. 金融理论与实践, 2011 (2): 109-112.

[120] 王亚辉. "互联网+" 背景下商业银行业务创新发展问题研究——以济源市为例 [J]. 金融理论与实践, 2015 (12): 65-69.

[121] 王振山. 银行规模与中国商业银行的运行效率研究 [J]. 财贸经济, 2000 (5): 19-22.

[122] 魏先华, 沈强. 商业银行企业并购业务的绩效评价 [J]. 商场现代化, 2017 (4): 250-256.

[123] 吴晗, 贾润崧. 银行业如何支持实体经济的供给侧改革?——基于企业进入退出的视角 [J]. 财经研究, 2016, 42 (12): 108-118.

[124] 吴念鲁. "金融脱媒" 的挑战 [J]. 中国投资, 2008 (1): 25.

[125] 吴念鲁. 利率市场化可实现商业银行利润的合理性 [J]. 金融博览, 2012 (7): 16.

[126] 吴念鲁. 论现代商业银行的发展趋势 [J]. 国际金融研究, 1998 (7): 24-28.

[127] 吴念鲁. 商业银行经营管理 [M]. 北京: 高等教育出版社,

2004.

[128] 吴念鲁. 商业银行提升竞争力的六个"必须" [J]. 金融博览，2012（10）：40.

[129] 吴念鲁. 西方商业银行成本、利润及纳税管理综述 [J]. 内蒙古金融研究，2008（7）：3 – 7.

[130] 吴炎钟. 商业银行中间业务的发展问题——论我国当前发展状况 [J]. 科技经济市场，2006（12）：136 – 137.

[131] 吴琼. 基于 DEA 方法的中国商业银行适度规模研究 [D]. 内蒙古：内蒙古大学，2014：4 – 51.

[132] 吴腾. 浅析以余额宝为代表的基金类互联网金融产品的发展及与商业银行的博弈 [J]. 河南工业大学学报（社会科学版），2014，10（4）：73 – 79.

[133] 武志勇，李冯坤. 多元化经营与我国商业银行绩效关系研究——基于银行规模和银行性质的视角 [J]. 金融发展研究，2018（4）：34 – 41.

[134] 夏雯雯. 互联网金融影响银行经营的主要模式及其作用机制 [J]. 经济研究参考，2015（71）：20.

[135] 奚君羊，曾振宇. 我国商业银行的效率分析——基于参数估计的经验研究 [J]. 国际金融研究，2003（5）：17 – 21.

[136] 肖建军，李天锋，吴艳文. 商业银行资产规模与经营业绩、股东权益之间的协整分析——汇丰银行并购绩效实证分析 [J]. 现代管理科学，2009（3）：109 – 111.

[137] 谢朝华. 基于 DEA 方法的我国商业银行适度规模的实证研究 [J]. 金融理论与实践，2007（3）：45 – 48.

[138] 谢玲玲. 从花旗、富国银行看我国商业银行增长方式的转变 [J]. 海南金融，2009（6）.

[139] 谢罗奇，龚霁虹. 我国上市商业银行经营收入结构分析 [J]. 石

河子大学学报，2009（3）：47－50.

[140] 谢俊明. 我国商业银行规模对银行风险承担的影响研究 [J]. 哈尔滨商业大学学报（社会科学版），2015（6）：71－78.

[141] 徐传湛，郑贵廷，齐树天. 我国商业银行规模经济问题与金融改革策略透析 [J]. 经济研究，2002（10）：23－30.

[142] 徐天纬. 互联网环境下商业银行发展策略浅析 [J]. 市场研究，2015（7）：70.

[143] 徐刚. 企业规模理论的批判性回顾 [J]. 经济科学，1997（1）：54－63.

[144] 徐高，林毅夫. 资本积累与最优银行规模 [J]. 经济学（季刊），2008.

[145] 徐忠爱. 企业边界如何确定 [J]. 南京财经大学学报，2005（6）.

[146] 徐婷婷，刘阳. 商业银行信贷投放结构对银行经营效率的影响——基于中国14家上市银行的实证分析 [J]. 金融与经济，2017（9）：15－22.

[147] 薛超，李政. 多元化经营能否改善我国城市商业银行经营绩效——基于资产和资金来源的视角 [J]. 当代经济科学，2014（1）：12－22.

[148] 亚当·斯密. 国民财富的性质和原因的研究 [M]. 北京：商务印书馆，1972.

[149] 鄢红兵. 商业银行供给侧结构性改革下的金融产品新需求与新供给的思考 [J]. 武汉金融，2016（8）：38－43.

[150] 殷醒民. 中国工业企业规模的变动趋势研究 [J] 管理世界，1997（3）：136－146.

[151] 于良春，高波. 中国银行业规模经济效益与相关产业组织政策 [J]. 中国工业经济，2003（3）：40－48.

[152] 喻微锋，周黛. 互联网金融、商业银行规模与风险承担 [J]. 金融研究，2018（1）：59－69.

［153］袁武聪，夏春玉，曹志来．中国大型零售企业规模扩张方式的选择——基于上市零售公司的实证研究［J］．中国零售研究，2009（1）：31 - 41.

［154］杨德勇，高威，刘笑彤．互联网金融驱动我国商业银行并购重组［J］．金融经济，2016（18）：47 - 49.

［155］徐婷婷，刘阳．商业银行信贷投放结构对银行经营效率的影响——基于中国 14 家上市银行的实证分析［J］．金融与经济，2017（9）：15 - 22.

［156］杨梅英，熊飞．高新技术企业规模测度探析［J］．科学学与科学技术管理，2008（1）：164 - 169.

［157］杨天宇，钟宇平．中国银行业的集中度、竞争度与银行风险［J］．金融研究，2013（1）：122 - 134.

［158］杨青坪，袁伟雄．商业银行适度规模分析研究——基于金融体系稳定角度分析［J］．金融事务，2014（5）：40 - 46.

［159］杨吉峰．供给侧改革对商业银行的影响［J］．青海金融，2016：27 - 29.

［160］殷孟波，王松．基于超越对数成本函数的我国城市商业银行规模经济实证研究［J］．现代管理科学，2014（9）：27 - 29.

［161］张丽哲．大银行间并购绩效不显著的原因分析——基于规模经济与规模边界的解释［J］．上海经济研究，2006（10）：66 - 69.

［162］张艳英．经济发展模式转型下推进商业银行供给侧改革的整体思路及布局［J］．改革与战略，2016（11）：97 - 100.

［163］张正平，何广文．我国国有商业银行规模经济效应的实证研究［J］．广东社会科学，2005（2）：29 - 34.

［164］张中华．供给侧改革下商业银行的发展前景［J］．时代经贸，2017（18）：6 - 7.

［165］张秋，朱翠华．传统商业银行的互联网化转型研究［J］．财会月

刊，2018（21）：157 – 162.

［166］张翘楚. 论互联网金融背景下商业银行的并购重组［J］. 商丘师范学院学报，2018，34（5）：89 – 92.

［167］张萌. 互联网金融与传统金融［J］. 中国经济报告，2014（2）.

［168］翟成玲. 供给侧改革下商业银行的新发展——以中国邮政储蓄银行为例［J］. 现代国企研究，2016（14）.

［169］翟莉莉. 国有商业银行规模经济实证研究［J］. 现代商贸工业，2017（16）：89 – 90.

［170］赵怀勇，王越. 论银行规模经济［J］. 国际金融研究，1999（4）：27 – 31.

［171］赵宏. 商业银行供给侧改革的有效方式［J］. 财税金融，2017（21）：67 – 68.

［172］赵明敏，王海芳，尹文兰. 企业多元化投资与业绩实证研究——以新疆上市公司为例［J］. 财会通讯，2013（8）：19 – 20.

［173］郑兰祥. 基于 Granger 因果检验的商业银行规模与效率关系研究［J］. 经济理论与经济管理，2006（10）：28 – 33.

［174］郑荣年，牛慕鸿. 中国银行业非利息业务与银行特征关系研究［J］. 金融研究，2007（9）：129 – 137.

［175］郑志来. 互联网金融对我国商业银行的影响路径——基于"互联网 +"对零售业的影响视角［J］. 财经科学，2015（5）：34 – 43.

［176］郑志来. 供给侧视角下商业银行结构性改革与互联网金融创新［J］. 经济体制改革，2018（1）：130 – 135.

［177］郑霄鹏，刘文栋. 互联网金融对商业银行的冲击及其对策［J］. 现代管理科学，2014（2）.

［178］周好文，王箐. 中国银行业非利息收入与利息收入相关性研究［J］. 广东金融学院学报，2009（1）：46 – 52.

［179］朱东方. 国有商业银行经营规模与效益探讨［D］. 长沙：湖南大学，2003.

［180］朱富强. 企业规模边界的系统审视——基于马克思主义协作系统观的视角［J］. 财经研究，2007（10）：83－94.

［181］朱伟军. 互联网金融对商业银行的影响探究［J］. 金融经济，2018（8）.

［182］朱建武. 中小银行规模扩张的动因与行为逻辑分析［J］. 财经理论与实践，2007（4）：2－7.

［183］张玉利，段海宁. 中小企业生存与发展的理论基础［J］. 南开管理评论，2001（2）：4－8.

［184］张博. 城市商业银行规模扩张与绩效关系的实证研究［J］. 特区经济，2014：136－137.

［185］张东龄. 商业银行规模与效率关系的实证分析［J］. 财政金融，2016：178－179.

［186］邹朋飞. 我国城市商业银行规模扩张的动机与效应研究［J］. 南方金融，2008（10）：14－17.

［187］邹朋飞. 中国商业银行效率结构与改革策略探讨［J］. 金融研究，2004（3）：58.

［188］宗良. 商业银行应对互联网金融挑战的策略选择［J］. 国际金融，2014（6）.

2. 英文部分

［1］Afsaneh Assadian，Jon M. Ford Determinants of business failure：The role of firm size［J］. Journal of Economics and Finace，1997（21）：15－23.

［2］A. K. Mistra and A. K. Das. Bank scale economies，size & efficiency：the Indian experience. IBA bulletin special issue，2005（1）：145－155.

［3］Aggeler H. and Feldman R.，Record bank profitability：how，who and what does it mean? Federal Reserve Bank of Minneapolis [EB/OL]. Fedgazette, 1998 (4): 2 - 6.

[4] Aigbe Akhigbe and James McNulty. Profit efficiency sources and differences among small and large U. S. commercial banks [J]. Journal of Economics and Finance, 2005 (29): 289 - 299.

[5] Akhigbe, A. , Mcnult y, J. The profit efficiency of small US commercial banks [J]. Journal of Banking & Finance, 2003 (2): 307 - 325.

[6] Altunbas. Y. , Molyneaus. P. Economies of scale and scope in European banking. Applied Financial Economics, 1996, 6 (4): 367 - 375.

[7] Ansoff, H. I. Strategies for diversification [J]. Harvard Business Review, 1957 (9): 113 - 124.

[8] Asli Demirguc-Kunt, Ross Levine. Bank-Based and Market-Based financial systems cross country comparisons [Z]. World Bank Policy Working Paper No. 2143, 1999.

[9] Berge A. N, W. C Hunter, S. G. Timme. The efficiency of financial institutions: a review and preview of research past, present, and future [J]. Journal of Banking and Finance, 1993 (17): 221 - 249.

[10] Bikker J. A. and Haaf K. , Competition, Concentration and their Relationship: an Empirical Analysis of the Banking Industry [J]. Journal of Banking and Finance, 2002 (26): 2194 - 2214.

[11] Boyd, J. H. , C. Chang, and B. D. Smith (1998), Moral Hazard Under Commercial and Universal Banking [J]. Journal of Money, Credit, and Banking, 30 (3.2): 426 - 468.

[12] Brewer E. , Relationship between bank holding company risk and non-bank activity [J]. Journal of Economics and Business, 1989 (4): 337 - 353.

[13] Carbo-Valverde S. and Femandez F. R. , The determinants of bank mar-

gins in European banking [J]. Journal of Banking and Finance, 2007 (31): 2043 - 2063.

[14] Cebenoyan A. S. Multi product cost functions and scale economies in banking [J]. Financial Review, 1998, 23: 499 - 512.

[15] Clalmes, C., Liu Y.. Financial structure change and banking income: A Canada-U. S. comparison. Int. Fin. Markets, Inst. and Money, 2009 (19): 128 - 139.

[16] Clark J. A. Economic cost, scale efficiency, and competitive viability in banking [J]. Journal of Money, Credit, and Banking, 1996, 28 (3): 242 - 264.

[17] Clark J. A. Economies of scale and scope at depository institution: a review of the literature. Federal Reserve Bank of Kansas City [J]. Economic Review, 1988 (73): 16 - 33.

[18] Cyree, K. B. Wansley, J. W., Black, H. A.. Bank Growth and Changes in Operating Performance [J]. Working paper, University of Tennessee, Knoxville, T N., 1998.

[19] Cyree, K. B. Wansley, J. W., Black, H. A., Boehm, T. P. Determinants of bank growth choice [J]. Journal of Banking & Finance, 2000 (5): 709 - 734.

[20] Contraetor, F. J., Kundu, S. K., and Hsu, C. C.. A Three - Stage Theory of International Expansion: the Link between Multinationality and Performance in the Service Sector [J]. Journal of International Business Studies, 2003, 34 (1): 5 - 18.

[21] Daniels, J. D., Bracker, J. Profit performance: Do Foreign Operations Make a Difference? [J]. Management International Review, 1989, 29 (1): 46 - 56.

[22] Daniele Archibugi, Rinaldo Evangelista, Roberto Simonetti Concentration, firm size and innovation: evidence from innovation costs [J]. Technovation, 1995, 15 (3): 153 – 163.

[23] Dunning, J. H. Multinational Enterprises and the Global Economy [M]. NewYork: AddisonWesley, 1993.

[24] David J. Smyth, William J. Boyes, Dennis E. Peseau The measurement of firm size: Theory and evidence for the United States and the United Kingdom [J]. The review of economics and statistics, 1974 (3): 111 – 114.

[25] David K. Round Economics of firm size: A note of their calculation and relationship with concentration [J]. Australian Economic Papers, 1978: 356 – 361.

[26] De Young, R. , Goldberge, G. , Lawrence, G. , et al. Youth adolescence and maturity of banks: credit availability to small business in an Era of banking consolidation [J]. Journal of Banking & Finance, 1999 (1): 463 – 492.

[27] De Young, R. , Hason, I. . The performance of de novo commercial banks: a profit efficiency approach [J]. Journal of Banking & Finance, 1998 (5): 565 – 587.

[28] DeYoung R. and Rice T. , "How do banks make money?" The fallacies of fee income, Federal Reserve Bank of Chicago, Economic Perspectives, 2004 (28): 34 – 51.

[29] Dimitrios Vasiliou and John Karkazis, The Sustainable Growth Model in Banking: An Application to the National Bank of Greece, Managerial Finance, Vol. 28 (Number 5 2002).

[30] Eisemann P. . Diversification and the congeneric bank holding company [J]. Journal of Bank Research, 1976 (7): 68 – 77.

［31］ Francesa Lotti, Enrico Santarelli, Marco Vivarelli, The relationship between size and growth：the case of Italian newborn firms ［J］. Applied Economics Letters, 2001 （8）：451 - 454.

［32］ Franklin Allen, Douglas Gale. Comparing Financial systems ［M］. Cambride, MA：MIT Press, 2000.

［33］ Geringer, J. M. , Beamish, P. W. , and Dacosta, R. C. . Diversification and Internationalization：Implications for MNE Performance ［J］. Strategic Management Journal, 1989 （10）：109 - 119.

［34］ Gomes, L. , Ramaswamy, K. . An empirical Examination of the Form of the Relationship between Multinationality and Performance ［J］. Journal of International Business Studies, 1999 （30）：173 - 188.

［35］ Grant, R. M. . Multinationality and Performance among British Manufacturing Companies ［J］. Journal of International Business Studies, 1987, 18 （3）：79 - 59.

［36］ Hitt, M. A. , Hoskisson, R. E. , and Kim, H. . International diversification：Effects on innovation and firm performance in product-diversified firms ［J］. Academy of Management Journal, 1997, 40 （4）：767 - 798.

［37］ Hughes, J. P. , Lang, W. W. , Mest er, L. J. , et al. Do bankers sacrifice value to build empires？ Managerial incentives, industry consolidation, and financial performance ［J］. Journal of Banking & Finance, 2003 （3）：417 - 447.

［38］ Hunter W. C, S. G. Timme, W. K. Yang. An examination of cost subadditivity and multiproduct production in large U. S banks ［J］. Journal of Money, Credit and Banking, 1990 （22）：504 - 525.

［39］ Hunter W. C, S. G. Timme. Technical change, organization form, and the structure of bank production.

［40］J. H. Boyd，B. D Smith. The evolution of debt and equity markets in economic development ［J］. Economic Theory，1998（12）.

［41］Jackson，P.，Furfine，C.，Groenveld，H.，Hancock，D.，Jones，D.，Perraudin，W.，et al. 1999. Capital requirements and bank behaviour：The impact of the Basle Accord. Basle Committee on Banking Supervision. Working Paper Number 1.

［42］Jacquemin，A. P.，Berry，C. H. Entropy measure of diversification and corporate growth ［J］. Journal of Industrial Economics，1979（4）：359 – 369.

［43］Jason Allen and Ying Liu. Efficiency and economies of scale of large Canadian banks ［N］. Banke of Canada Working Paper 2005 – 13，2005.

［44］John Ashton. Cost efficiency，economies of scope in the British retail banking sector. Bourne mouth University，School of Finance & Law，Working Paper Series No. 98 – 13，1998.

［45］K. C. Tseng. Bank scale and scope economies in California. American Business Review，1999，17（1）：79 – 85.

［46］Kahane，Y. . Capital Adequacy and the Regulation of Financial intermediaries ［J］. Journal of Banking and Finance，1977（1）：207 – 218.

［47］Kaufman，G. G. . Too big to f ail in banking：What remains? ［J］. The Quarterly Review of Economics and Finance，2002（3）：423 – 436.

［48］Kolari J，A. Zardkoohi. Futher evidence on economies of scale and scope in commercial banking ［J］. Quarterly Journal of Business and Economics，1991（30）：82 – 107.

［49］Lu，J. W.，Beamish，P. W. . The internationalization and Performance of SMEs ［J］. Strategic Management Journal，2001（22）：565 – 586.

［50］Lu，J. W.，Beamish，P. W. . International diversification and firm performance：The S-curve hypothesis ［J］. Academy of Management Journal, 2004 (47)：598 – 609.

［51］ Laura Cavallo. Scale and scope economies in the European banking systems ［J］. Journal of Multinational Financial Management, 2001 (11)：515 – 531.

［52］ Milborn, T. T. Boot, W. A., T hakor, A. V. Mega mergers and expanded scope：theories of bank size and activity diversity ［J］. Journal of Banking & Finance, 1999 (2)：195 – 214.

［53］ Meng-Ling Wu Corporate Social Performance, Corporate Financial Performance, and Firm Size：A Meta-Analysis ［J］. The Journal of American Academy of Business, 2006 (8)：163 – 1710.

［54］ Muller, D. C.. A theory of conglomerate mergers ［J］. Quarterly Journal of Economics, 1969 (83)：643 – 659.

［55］ Nicola Cetorelli, Michele Gambera. Banking market structure, financial dependence and growth international evidence from industry data ［J］. The Journal of Finance, 2001 (2).

［56］ Nourlas A. G, S. C. Ray, S. M. Miller. Returns to scale and input substitution for large banks ［J］. Journal of Money, Credit and Banking, 1990 (22)：94 – 108.

［57］ P. Coccorese. An investigation on the causal relationships between banking concentration and economic growth ［J］. International Review of Financial Analysis, 2008 (3).

［58］ Penrose, Edith. The theory of the growth of the firm ［M］. Third Edition, Oxford University Press, 1959.

［59］ Rosie Smith R. C., Staikoura and G. Wood. Non-interest Income and Total Income Stability, Bank of England, 2003 (11)：198 – 202.

［60］ Ruigrok, W. , Wagner, H.. Internationalization and Performance: An Organizational Learning Perspective ［J］. Management International Review, 2003, 43 (1): 63 –83.

［61］ Ruigrok, W. , Amann, W.. Wagner, H. The Internationalization-Performance Relationship at Swiss Firms: A Test of the S-shape and Extreme Degrees of Internationalization ［J］. Management International Review, 2007, 47 (3): 349 –368.

［62］ Saunders A. , I. Walter. How Risky Would Universal Banks Be, Universal Banking in the United States: What Can We Gain? What Can We Lose? ［M］. New York: Oxford University Press, 1994: 13 –15.

［63］ S. Claessens, L. Laeven. Financial dependence, banking sector competition and economic growth ［J］. Journal of the European Ecomomic Association, 2005 (3).

［64］ S. E. Blace, P. E. Straham. Entrepreneurship and bank credit availability ［J］. Journal of Finance, 2002 (6).

［65］ Shafer. A, E. David. Economies of supers scale in commercial banking. Applied Economics, 1991 (23): 283 –293.

［66］ Shaffer. The winner's curse in banking ［J］. Journal of Financial Intermediation, 1998 (4).

［67］ Shankha Chakraborty, Tridip Ray. Bank-Based versus Market-Based Financial systems: a growth theroretic analysis ［J］. Journal of Monetary Economics, 2006 (2).

［68］ Sinkey J. T. , The derivativatives activities of U. S. commercial banks, Proceedings of the 30th Annual Conference on Bank Structure and Competition, 1998 (31): 165 –185.

［69］ S. S. Shalit, U. Sankar The measurement of firm size ［J］. The review of economics and statistics, 1976 (9): 290 – 298.

[70] Stiroh K. and Rumble A. , A Portfolio The dark side of diversification: the caseof US financial holding companies [J]. Journal of Banking and Finance, 2006 (30): 2134 – 2432.

[71] Stiroh K. J. , A Portfolio View of Banking with Interest and Non-interest Activities, 2006 (38): 1351 – 1361.

[72] T. G. Papry, J. F. Watson, Economies of firm size in Australian manufacturing industry [J]. Australian Economic Papers, 1977: 249 – 266.

[73] VanHoose, D. . Theories of bank behavior under capital regulation. Journal of Banking & Finance, 2007 (31): 3680 – 3697.

[74] W. Carlin, C. Mayer. Finance investment and growth [J]. Journal of Financial Economics, 2003 (1).

[75] Wrigley, L. . Divisional Autonomy and Diversification [D]. Boston, MA: Unpublished Doctoral Dissertation, Graduate School of Business Administration, Harvard Business School, 1970.